JRは生まれ変われるか

国鉄改革の功罪

読売新聞経済部

中央公論新社

プロローグ　日本の姿を映す組織　採算と公共のはざまで

世界中で猛威をふるった新型コロナウイルスは、日本の鉄道網の姿を変えるかもしれない。「地域公共交通の活性化及び再生に関する法律（地域交通法）」の改正法が2023年10月、施行された。コロナ禍に伴うJR各社の経営苦が鮮明になったことで起きた、鉄道のあり方を見直す動きの産物だ。

改正法の施行によって、著しく不採算なローカル線の存廃について、沿線自治体と鉄道事業者らが話し合う場「再構築協議会」を、国土交通相の判断で設置できるようになる。今も協議の場につくことさえ嫌がる沿線自治体は少なくない。改正法を巡る国会論戦でもそれは明らかだった。

「協議会を設置すれば、廃線になるのではと不安視する声がある。国はあくまで中立的な立場を堅持し、自治体の意向を十分に踏まえた上で協議会を設置すべきだ」

改正法案が審議入りした第211通常国会、23年3月14日の衆院本会議。伊藤渉衆院議員（公明）はこうただした。翌15日の衆院国土交通委員会では、加藤鮎子衆院議員（自民）が、「自治体のあずかり知らぬところで、勝手に廃線の話が進むようなことはないと、改めて確認をしたい」と迫った。

いずれも与党からの法案への注文だった。協議会が設置された途端、JRが廃線ありきの議論に突き進み、政府もこれを黙認するのではないかとの懸念が地方に根強いことを示した。

しかし、郷愁だけで鉄道に固執できる時代は過ぎた。問題を放置すれば、人口減少とともに、交通網は細るばかり。結局、困るのは地元だ。

再構築協議会は、決して廃線ありきで設けられるものではない。工夫次第で収支を上向かせられるなら、鉄路を残すのも一手となる。バスへの転換なども含め、持続可能な地域交通網のあり方を話し合ってもらいたい――。

改正法は、政府がこのように促していくことを、「努力義務」と規定した。国交相に協議会設置の強制力はないが、関係者間の協議を政府が直接促す意味は重い。法改正で、地元の姿勢はどう変わっていくのか。

◇

地域交通網の見直しへとつながる発端となった出来事があった。コロナ禍が本格化し、史上初めて無観客での五輪が東京で開かれていた21年7月28日。JR西日本が発表した同年10月のダイヤ改正だ。福井県内のJR小浜《おばま》線（敦賀《つるが》―小浜）の平日の運行を1日30本から24本に、同県のJR越美《えつみ》北《ほく》線（福井―越前大野）は18本から15本に削るなど、北陸地方を中心に大幅減便するとの内容だった。

JR西はコロナ禍で乗客が激減し、21年3月期連結決算では過去最悪となる2332億円の最終赤字を計上していた。やむなくコストを削減し、運行費用の圧縮を目指したのだ。

例年のダイヤ改正は春に行われ、秋の実施は15年ぶりだった。異例の時期の見直しで全国の自治体に「次は自分たちの地元で列車が減らされるのではないか」との危機感が広がった。わずか5日後の8月2日、東北や北信越、中四国など23道県の知事が連名で、当時の赤羽一嘉国交相に、「地方の鉄道ネットワークを守る緊急提言」と題された文書を提出した。

「ローカル線の存廃や運行計画の変更が企業の論理に委ねられ、地域の公共交通網の構成を脅かす現状は看過しがたい」

提言はその上で、地域の足を守るため、鉄道事業者の判断に基づく届け出で廃線が可能となっている現行の鉄道事業法に疑問を呈し、手続きの厳格化に向けた見直しや、コロナ禍で経営が悪化したJR各社への経営支援を訴えていた。

翌22年4月、JR西は赤字ローカル線の収支公表に踏み切った。経営基盤の強いJR本州3社では初めてのことだった。同年7月、JR東日本も収支公表へとカジを切った。グループの長男格で、安定企業の代表とみなされていたJR東日本の発表はとりわけ波紋が大きかった。

両社がローカル線の収支を公表したことが大きなきっかけとなり、政府は地域交通法の改正に向けて動き出した。

JR発足から35年をへた22年、くしくも日本で鉄道が開業して150周年を迎えた。祝賀にとどまらず、国民がこの国の鉄道のあり方に真剣に向き合わざるを得なくなった年だった。

◇

実は、ローカル線の後には本丸が控えている。貨物列車や特急列車が走る幹線だ。「特急が走る幹線も、このまま放っておけば停車駅が減り、無人駅が並び、利便性が悪くなってさらに乗客が減っていく。利用者にとって十分な足と言えなくなるのではないか」。国土交通省の前鉄道局長、上原淳国土交通審議官はこう語り、鉄道網の先行きに懸念を深める。

幹線は、有事の利用も想定される国の大動脈。しかし、JRはかつての「日本国有鉄道」ではない。JRとは、国鉄が政治の介入を許しつづけて巨額の負債を背負った末、分割民営化を経て発足した組織である。各社はそれぞれの利益の最大化を目指すのが民間企業としての役割となった。

それから干支《えと》が3度巡り、当時は考えもしなかった人口減少という未曽有の課題を突きつけられている。「都会の稼ぎで地方を支える」構図を維持できなくなりつつある姿は、今の日本を投影するかのようだ。採算性と公共性のはざまで、JRはどこへ向かおうとしているのか。

目次

写真　読売新聞社
カバー写真　日刊スポーツ／アフロ
装幀　中央公論新社デザイン室

ＪＲは生まれ変われるか

国鉄改革の功罪

本書は「読売新聞」に2022年7月から2023年6月まで連載された「JR考」をもとに、書籍化にあたって大幅な加筆を施し、改題したものです。

本文中に登場する方々の肩書き・年齢などは基本的に新聞に掲載された時点のものです。また敬称は原則として略しました。

第1章

限界

公共交通機関のジレンマ

「取扱注意」と押印された国鉄改革の記録

1　国鉄改革時の警鐘　現実に

「国鉄改革の記録」。そう題された全679ページの記録書がある。表紙には「取扱注意」と押印されている。1990年、運輸省（現国土交通省）の官僚ら34人が、国鉄が分割民営化された直後に作成した。限られた関係者にしか配られなかった秘録だ。

「日本国有鉄道」の正式名称が示すように、その鉄道網は国が保有し、国策として拡充させてきた。87年の国鉄改革を経て、「民」の力で進めるよう変わった。秘録は、赤字のローカル線問題を国鉄改革時の「裏の重要課題」だったとする一方、こう指摘している。

「分割民営化は地方ローカル線の廃止に拍車をかけることになるのではないか」

国鉄時代の公共性が弱まり、経営効率化を進めざるを得なくなるとの懸念だ。改革から35年が過ぎ、その警鐘が現実になろうとしていた。

◇

2022年4月、JR西日本から噴煙は上がった。窮状を訴えようと、ローカル線の実態公表に踏み切ったのだ。1キロメートルあたりの1日の平均利用者数「輸送密度」が、維持が困難とされる2000人未満の17路線30区間の収支を明らかにした。

JR西の幹部は当時をこう振り返る。「それまでは国交省に言われた通りに従ってきたが、今回ばかりは突っぱねた。兄（JR東日本）より先に、弟（JR西日本）がやった」。それほど、経営の先行きに対する危機感が高まっていた。

7月28日、JR東日本が続いた。「輸送密度」が2000人未満の35路線66区間の収支を示した。在来線の3分の1に相当し、全てが赤字だった。赤字額の合計は19年度で693億円に上った。「実態を理解してもらうには情報開示が必要だと考えた」。記者会見した高岡崇執行役員は言った。「(ローカル線の)経営は一層厳しさを増す。時間の余裕があるとは思っていない」

JR東の公表時期は周到に練られた。中央突破の道を選んだJR西に対し、JR東は国交省の有識者会議の提言を待った。7月25日、コロナ禍を受けたJR各社の経営苦や、いつまでたっても広がりそうにない存廃論議の先行きに焦点を当て、政府が自治体と事業者を仲介する制度の新設を打ち出した。

提言は、輸送密度1000人未満の危機的な経営状況にある路線を協議入りの「目安」とした。その後の地域交通法改正の下地となるものだった。JR東は提言が出た後の方が、イメージの悪化を少しなりとも和らげられると踏み、提言の3日後を公表日に選んだ。

◇

「地方の人口減少は国鉄改革の想定外だった」。国鉄民営化の87年に運輸省に入省し、国交省で鉄道部門のトップ・鉄道局長を務める上原淳氏は振り返る。

全国の鉄道網は国鉄の時代から、都心部や新幹線の収益で地方ローカル線の赤字を支える「内部補助」で成り立ってきた。民営化の際、採算の悪い路線の多くをバス転換などで切り離しており、この仕組みを続けられると想定していた。内部補助は、一定以上の人口が前提となっていた。

JR各社の在来線のうち、輸送密度2000人未満の路線の割合

※国土交通省の資料から

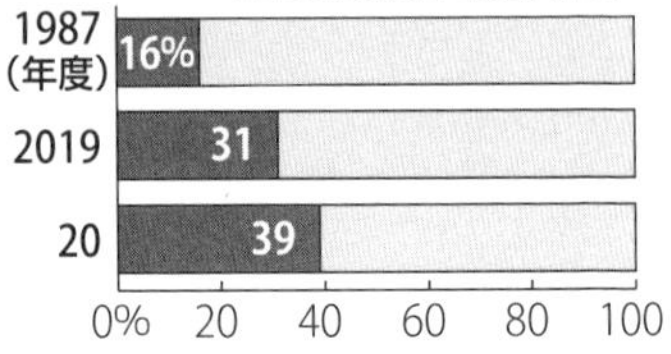

「国鉄改革の記録」によると当時、合計特殊出生率は１・７弱～１・８程度で推移するとみていた。現実には急減し、足元では１・４程度まで落ち込んだ。

ここにコロナ禍が襲いかかり、都会でも乗客数が激減した。２０２１年度のＪＲ東の運輸収入はコロナ前に比べ４割減。内部補助は見直しを迫られた。

輸送密度が２０００人未満の路線は、大幅な赤字を計上していると見込まれる。ＪＲ発足時に該当したのはＪＲグループ全体の16％だったが、19年度には31％に増え、20年度は40％目前に迫った。ＪＲ東西２社はローカル線見直しを22年の最重点課題とし、首脳同士が水面下で会談するなど、収支公表に向けて準備を進めていた。

◇

ＪＲ西の公表に、自治体から批判の声が沸騰した。

「鉄道は公共性が非常に高い。市場原理主義のような発想に陥ることのないよう、地方切り捨ての議論にしないでいただきたい」。広島県の湯崎英彦知事は批判の急先鋒《せんぽう》に立つ。５月11日には、湯崎氏ら３人の知事が国交省を訪れ、今後の鉄道網のあり方について28道府県知事が連名でまとめた緊急提言を出した。

ＪＲ東西２社や東海、九州の上場各社は、ＪＲ会社法の指針で「現に営業している路線の適切な

維持」をするよう定められている。過疎地を含め鉄路を維持する義務が課され、廃線は簡単にはできないことを意味する。一方で、鉄道事業法に基づけば、廃線には許認可が不要で、国交省への届け出だけで可能としている。制度上もあいまいにし、踏み込んでこなかった。

国鉄が民営化したJRは公的な役割を担い、株式会社として利益も求められる特殊な企業となった。とりわけ本州3社は、国鉄時代から継承した資産を生かし、不動産や流通業でも莫大《ばくだい》な利益を上げてきた。「これまではJRのもうけ、株主のもうけ、社会貢献がバランス良く出来ていた」(国交省幹部)。それをコロナ禍が突き崩した。

斉藤鉄夫国土交通相は7月26日、閣議後の記者会見でこう述べた。

「何もしないで持続可能な公共交通が破綻するのは目に見えている。どうすれば地域住民にとって最も幸せな公共交通になるのか、国と自治体と事業者が一体となって話し合うことが非常に重要ではないか」

2　地元へ根回し要求なお

JRの前身である国鉄は、1949年に発足してからしばらくは経営が順調だった。戦後復興にベビーブーム。人々の往来は活発化し、鉄道は利用者で沸いた。

ところが、64年度以降、国鉄は高度成長期にあっても慢性的な赤字となった。運賃改定には国会の審議が必要で、物価や賃金の上昇に対して値上げが遅れたという要因が大きい。

80年度以降、赤字は毎年1兆円以上にのぼった。当時は金利が高く、それまでの債務に対する利払いは年1兆円以上になり、新たな借り入れを利払いに充てる自転車操業に陥った。債務は雪だるま式に膨らみ、87年の分割民営化時には37兆円に達した。

国鉄の分割民営化を進めたのは、政治の影響を受けないようにするのも目的の一つだった。政府は、保有するJR東日本、西日本、東海の本州3社の株を2002～06年にそれぞれ全て売却して完全民営化し、政治の影響を受けないようになったはずだった。

◇

政治の影響は続いた。

JRグループ内で、「筋を通した議員」と語り継がれている面々がいる。菅義偉前首相、平沢勝栄前復興相、河野太郎自民党広報本部長ら13人だ。

国は1998年、国鉄時代の年金積立金の不足分を、国だけでなくJR各社にも負担させる旧国鉄長期債務処理法を制定しようとした。87年の分割民営化時に片がついたとされた債務について、JRに追加負担を強制する内容だ。JR各社は訴訟も辞さない姿勢を見せた。

処理法は最終的に成立した。だが、菅氏ら当時自民党の若手議員だった13人は、党議拘束に反し、本会議の採決を欠席したり棄権したりして、賛成票を投じなかった。JR東は今も、賛成を拒否した議員の名前を社内記録に残し、東京・永田町の議員会館に足しげく通う。関係法案などが俎上《そじょう》に上がれば「ご説明」に出向く。

「要望書を持ってきた」。21年7月13日、大阪市北区にあるJR西の本社の一室で、長谷川一明社長と和歌山県の仁坂吉伸知事が向かい合っていた。10月のダイヤ改正の計画発表前に、JR西側が沿線自治体に示した減便の再考を求め、関西広域連合長も務める仁坂氏が地元を代表して直談判に訪れたのだ。

面談後、仁坂氏は報道陣に対し、「地域の要望に応じて（減便数を）修正する用意があると理解した」と語った。

◇

世界遺産である有数の観光地・日光へと結ぶ栃木県のJR日光線。利用者減には逆らえず、22年3月のダイヤ改正で鹿沼《かぬま》駅の午前7時台の便が3本から2本に削減された。

その結果、通学に使う高校生らは、体を押し込まないと乗れないすし詰め状態になった。まるで都心の通勤電車のような混雑に地元の反発は大きく、日光市の自治会連合会は6月、JR東にダイヤ改善の要望書を提出した。

JR東日本大宮支社はダイヤ改正実施前に、地元自治体に何度も説明をしていた。それでも起きた地元の反発に抗しきれず、「23年のダイヤ改正で再び調整が入る」（栃木県関係者）方向だという。

「みどりの窓口一つを廃止する際も、地元に事前説明しないといけない」（JRグループ社員）ほど、JRには政治や行政への徹底した根回しが要求される。

ローカル線の廃線が難しい最大の理由がここにある。法律上はJRが届け出をすれば廃線は可能であり、「投資家から『なぜ廃線しないのか』と迫られる」（JR東首脳）のが実情でも、現実には自治体の了解なしにはできない。

JR西は業績悪化を受け、22年4月、利用が極めて少ない17路線30区間の収支状況を初めて公表した。JR西の幹部は「ローカル線の収支を国土交通省や永田町の議員に説明した時も、聞かれたのは『地元の理解は得られるのか』の一点だった」と打ち明ける。

政治からの圧力は避けたい。一方で、政治に気を配らなければ事業は成り立たない。JRは政治に翻弄《ほんろう》される宿命を持つ。

民営化から35年が過ぎ、今やJR東の取締役のうち国鉄入社組は冨田哲郎会長と深澤祐二社長の2人だけとなった。副社長以下は全員JR入社組だ。JR西でも経営陣8人の半分をJR入社組が占める。政治との間合いに変化は出てくるだろうか。

「我田引鉄」次々

政治家が有権者の支持を得るために、鉄道を敷く「我田引鉄」の例は、枚挙にいとまがない。最も有名なものは、1970年代の田中角栄元首相による上越新幹線だ。田中氏は政治主導で新幹線建設を進める全国新幹線鉄道整備法を制定し、上越新幹線の着工に持ち込んだ。

66年、埼玉県を地盤とする荒舩清十郎《あらふねせいじゅうろう》運輸相（当時）は大臣就任直後、高崎線深谷駅に急行列車を停車するよう指示した。批判を浴びた結果辞任し、事実上の更迭に追い込まれた。

3 在来線 国の予算わずか

北海道から九州まで各地に張り巡らされたJRの鉄道網。その源流をたどると、かつて地元の名士や事業家らの手で敷かれた私鉄に行き着く。

国内初の私鉄は1881年に設立された日本鉄道で、現在のJR東北線にあたる路線やJR山手線の一部区間を建設した。業績が良かったことから、明治時代には全国で私鉄建設ブームが巻き起こった。当時の政府は財政難で、1905年時点で、私鉄の営業路線は計約5200キロメートルと、官営鉄道の2倍に上った。

鉄道の有用性を鮮明にしたのは戦争だ。当時の大日本帝国は04年の日露戦争で、朝鮮半島に敷設した京釜《けいふ》鉄道を使って兵士や兵器を戦地に送った。ロシア軍はシベリア鉄道を使った。鉄道は物や人を一度に大量輸送できる点で、道路に勝る。その特性が最も生きたのが、兵站《へいたん》が勝敗を左右する戦争だった。

政府は戦争を通じて鉄道の重要性を痛感、06年には国の大動脈になりそうな私鉄を国有化できる鉄道国有法を制定した。今でいう合併・買収（M&A）で、全国に敷かれた17の私鉄は次々と国有化された。JRのもとになる鉄道の大動脈は、こうして出来上がった。

JR鶴見線（神奈川県）は元々、私鉄の鶴見臨港鉄道だった。JRの主要路線が私鉄を母体としていることの名残《なごり》は、路線名に残る。

「鉄道局はとにかく予算が少ない。他の局から見れば鼻で笑われる規模だ」。初めて国土交通省鉄道局に配属された中堅キャリア官僚は言う。

総延長約2万キロメートルのJRを所管する鉄道局に割り当てられる予算は約1000億円。国交省全体の2％弱にすぎない。そのうち約800億円は、整備新幹線の建設費に充てられるため、在来線に使える金額は残された年間約200億円だ。JR東日本が2022年7月28日に公表した利用者の極めて少ないローカル線の赤字額は、2019年度で合計693億円。鉄道局が在来線に割ける予算が、いかに限られているかが分かる。

◇

一方、国交省の道路関係予算は毎年、予算全体の3割にあたる1・7兆円程度を確保し、道路整備に充てることができる。同じインフラ（社会資本）を扱うのでも予算額の桁が違う。総延長約128万キロメートルに及ぶ道路を管轄する、国交省道路局の力の源泉となっている。

◇

鉄道局の予算はなぜ、これほど少ないのだろうか。鉄道は道路に比べ、新設するべき路線が少なく、成熟産業であることも一因だが、国鉄時代の巨額債務の影響が大きい。

国鉄が1987年に分割民営化した際、残った債務は37兆円に上った。このうちJR各社の負担分などを除いた25・5兆円は、国側で処理することになった。債務残高を減らそうと、運輸省（現国交省）では次官から入省1年目の新人までが土地売却に奔走、現在と違って高金利の時代で、借金は雪だるま式に増えた。

このままでは、国鉄債務で国の予算が食いつぶされかねない。懸念を深めた政府が苦肉の策として編み出したのが、たばこ特別税の創設だった。新たな財源を作り、国鉄の債務返済に充てるという方策だ。嗜好《しこう》品で国民の反発が少ないことを理由に、現在も鉄道とは全く無関係のたばこに1本あたり0・82円の税がかかっている。

国民に負担を求めざるをえなかった——。この重い反省こそが、鉄道局の予算の少なさにつながっている。運輸省は国鉄の分割民営化後、鉄道業界に赤字補塡《ほてん》のような財政支援をしなくなった。この大原則は「旧運輸省の憲法」（国交省幹部）と呼ばれる。鉄道官僚に脈々と意識づけられ、その思想と行動を規定する。予算のぶんどり合戦に明け暮れる他省庁の官僚とはこの点で異なる。

鉄道予算は、これ以上減らされないようにと防戦を強いられている。そうした中、一気に焦点の当たったローカル線の赤字問題にどう対処するのか。

国交省内の他の部局から予算を取ってくるのも容易ではない。どの部局も前年並みの予算を確保するのに必死で、「予算が前年より5億円減れば、担当者はただではすまされない」（幹部）のが現実だ。重い憲法を背負う鉄道官僚たちが限られた予算をどう生かすか。今ほど知恵が試されるときはない。

鉄道局が使える予算はわずかだ

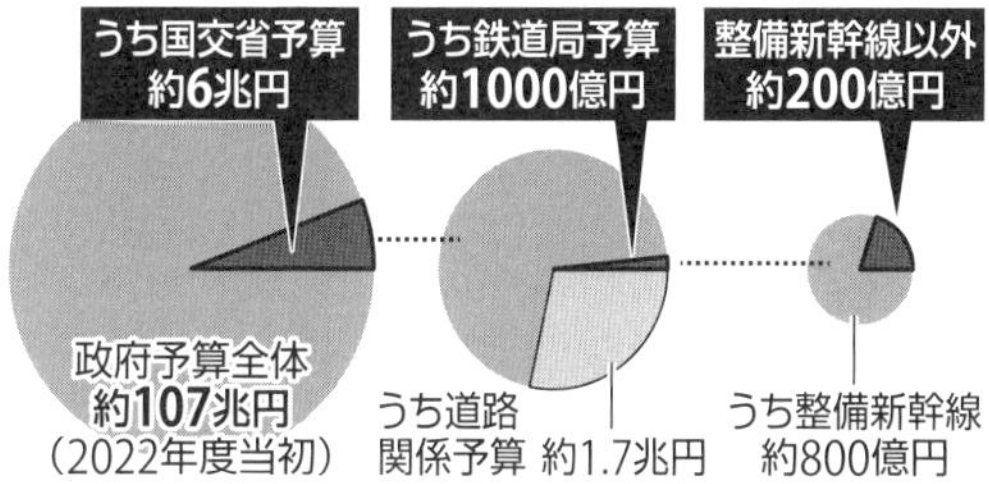

戦時の輸送強化　運輸省に

国内の鉄道会社は、国鉄から事業を継承したＪＲ各社と、ＪＲ以外の民営鉄道（民鉄）に分けられる。民鉄には、民間企業が運営する私有鉄道や、地方自治体が運営する公営鉄道、自治体と民間企業が共同出資して設立する第３セクターなどが含まれる。

鉄道を所管する行政組織は、１８７１年に工部省鉄道寮が設置されたのが始まりだ。国内の鉄道網が発展するのに合わせて、１９０７年に帝国鉄道庁、翌08年に鉄道院となった。鉄道建設を積極的に進めた原敬内閣では、20年に鉄道省に格上げした。戦争での海運や陸運の物資輸送を強化するため組織再編が起き、45年に運輸省となった。

ＪＲの前身の国鉄は、運輸省の現業機関として運営された。第２次世界大戦後の49年、連合国軍総司令部（ＧＨＱ）の意向で、公共性と経営効率を両立させる政府全額出資の公社として、日本国有鉄道が発足した。

4　路線存続　地元に負担

ＪＲ只見《ただみ》線（福島県－新潟県）は２０２２年10月1日、11年ぶりに全面復旧した。11年の豪雨で橋が3か所落ちて線路が寸断、全長135キロメートルのうち28キロメートルが不通となり、バス路線への転換が検討課題となった。沿線自治体は鉄道を残す道を選んだ。

風光明媚《めいび》な山々に囲まれた会津地方と魚沼地方を結び、短い列車が山間部や渓流のそばを縫うように走る。どこから写真を撮っても絵になるとして、鉄道ファンの間で「ローカル線の王者」と呼ばれてきた。

もともと、不通区間では、1キロメートルあたりの平日の乗客数が平均50人に満たなかった。崩落した橋や線路などの復旧には90億円かかり、全国屈指の豪雪地帯であることから、除雪費用もかさむ。JR東日本は廃線にし、バスに転換したいと持ちかけた。

沿線自治体の多くは高齢化率が5割に達し、観光以外の産業に乏しい。議論を繰り返した末、観光資源として鉄道を維持するという賭けに出た。国、沿線自治体、JR東がそれぞれ30億円ずつ負担して橋や線路を復旧させ、県が線路や駅などの施設を保有して維持管理を担い、運行はJRが行う。いわゆる「上下分離方式」だ。

只見線復旧に向けたJR東日本と自治体の協議内容

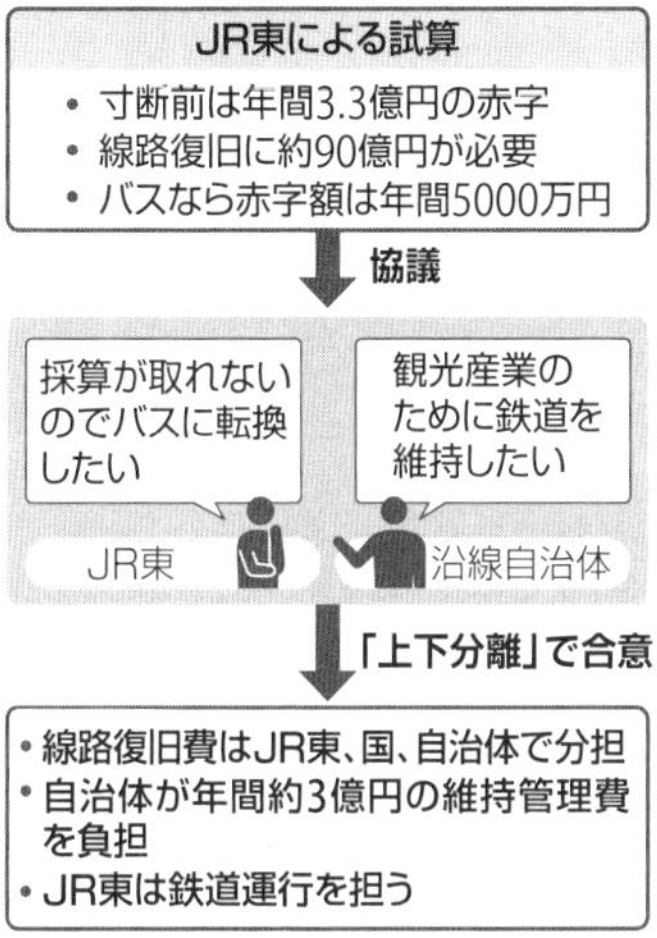
JR東による試算
・寸断前は年間3.3億円の赤字
・線路復旧に約90億円が必要
・バスなら赤字額は年間5000万円
協議
採算が取れないのでバスに転換したい
観光産業のために鉄道を維持したい
JR東
沿線自治体
「上下分離」で合意
・線路復旧費はJR東、国、自治体で分担
・自治体が年間約3億円の維持管理費を負担
・JR東は鉄道運行を担う

今後、県と市町村は年約3億円と見込まれる維持管理費を負担しなければならない。県以外で最も負担割合の多い福島県只見町は、年2000万円を支払う。22年度当初の一般会計予算額が56億円の町には軽くない負担だが、渡部勇夫町長は言う。「町の将来には観光が必要だ。鉄道はかけがえがない。なくなって初めてありがたみを知った」

◇

ローカル線の最大の問題は、鉄道会社、自治体、国が負担をどう分かち合うかだ。

滋賀県は鉄道を残すため、納税者に直接負担を求めようとしている。鉄道やバスなどの公共交通を維持する財源として「交通税」創設の検討に入ったのだ。

有識者らでつくる県税制審議会は22年4月、「地域公共交通をこれまでの利用者負担の考え方で全県的に維持することは相当困難」とし、県に交通税の創設を答申した。

これは、琵琶湖の東側を南北に走る近江鉄道の経営難がきっかけだった。コロナ禍前から20年以上も営業赤字が続き、近江鉄道は単独での経営維持が困難として、県に支援を求めていた。

県は24年度から上下分離によって、鉄道を残すと決めた。駅や線路の維持管理費を自治体と共に負担する。県内では第3セクターの信楽《しがらき》高原鐵道も経営が悪化しており、将来に向けて公共交通機関を維持する財源を確保しておく必要があると判断した。

◇

一方、BRT（Bus Rapid Transit＝バス高速輸送システム）に転換した例が、JR東の大船渡《おおふなと》線や気仙沼《けせんぬま》線の一部区間だ。いずれも11年の東日本大震災で線路が津波に流された。

BRTは、線路の敷地を舗装し、専用道路として活用する。スピードを出せて渋滞に巻き込まれず、定時運行という鉄道の良さも引き継げる。駅を増やす場合は雨よけや案内板などを設置すれば良く、運行本数も増やしやすい。

両線はBRTに転換後、1日あたりの便数が鉄道の頃に比べて1・5～3倍になり、駅数は29か所から51か所に増えた。地元の高校生は「停車場所も本数も多くて便利」と口をそろえる。

JR東はBRT転換を震災復興と位置づけ、地元自治体に負担を求めなかった。岩手県大船渡市の戸田公明《きみあき》市長は、「第3セクターの三陸鉄道には補助金を出しているが、BRTに出す補助金はゼロで済んでいる」と話す。

ただ、BRTの運行費用はJR東の見積もりで鉄道の4割超ほどで、10分の1程度に圧縮できる一般のバスに比べるとコスト削減効果は小さい。震災復興でなければ地元の負担は大きくなり、他のローカル線の見直しで有効とは言い切れない。

どんな未来を選ぶか。沿線自治体や住民の判断に委ねられるところが大きい。

交通手段確保　行政の責務

地域住民の足を守るのは誰の役割なのか。それを規定する交通政策基本法が2013年に施行された。国と地方自治体に対し、国民が日常生活を送るための交通手段を確保するよう求める一方、鉄道会社など事業者には行政への協力を求めている。

利用者が極めて少ないローカル線問題に関しては、過疎地に住み、自家用車を持たない交通弱者の移動手段をいかに確保するかが行政の責務となる。鉄道会社は協力する必要がある。ただ、負担の分かち合い方に関する規定はなく、これがローカル線問題の議論が進みにくい一因となっている。移動手段を行政が保障するべきだとの考えは、一般に「移動権」や「交通権」と呼ばれる。交通政策基本法の制定過程で、交通権の明記が検討されたが、あらゆる人の交通権を保障するだけの財源の裏打ちがないという問題などを踏まえ、明記が見送られた。

5　苦境　歩み寄った国交省

2022年の初春、東京・有楽町駅近くのJR西日本東京本部を、国土交通省鉄道局の上原淳局長ら幹部が訪れた。JR西の長谷川一明社長と、ローカル線について意見を交わした。

長谷川社長「輸送密度2000人未満の路線で収支を公表します」

上原局長「こちらは鉄道局としての考えを打ち出していきます」

JR西は4月、1キロメートルあたりの1日の平均利用者数を表す「輸送密度」が2000人未満の路線の収支を公表した。それに7月、JR東日本が続いた。こうした動きを牽制《けんせい》するかのように、鉄道局は7月、輸送密度1000人未満の路線について、国がJRと地方自治体の協議を仲介する枠組みを設けると表明した。基準となる輸送密度の人数の差は、より多くの路線を見直したいJRと、見直しを最小限にとどめたい鉄道局のスタンスの違いを鮮明にした。

◇

ＪＲに限らず、鉄道会社と監督官庁である国交省鉄道局が火花を散らすことは少なくない。21年に東京都の小田急電鉄や京王電鉄の車内で乗客が相次いで襲われた事件を受け、鉄道局は22年6月24日、再発防止策を協議する検討会を開いた。鉄道局は、東京、大阪、名古屋の三大都市圏を走行する鉄道車両に防犯カメラの設置を義務化する案を提示した。

ところが出席したＪＲや大手私鉄の担当者からは、反発の声が相次いだ。すでにカメラを設置している車両もあるが、仕様は社によってまちまちだ。カメラ設置費用を賄う経営体力のない会社もある。防犯カメラ設置の意義は理解するものの、一律で縛りをかけるやり方には納得できないと各社が口をそろえた。

公共交通機関が人命を最も重視しなければならないのは論をまたない。いきおい、鉄道局が進める施策は規制色が強くなる。一方で鉄道会社は日常の運行を担い、採算も考慮しなければならない。見解の相違は、時に感情的になることもある。

「鉄道局は要らない。現場のことがわかっていない」（ＪＲ東幹部）

同じ国交省の中でも、道路局は国道事務所に転任し、国道の整備や維持管理に汗をかく。一方で鉄道局はデスクワークが中心だ。

鉄道統計年報によると、鉄道業の従業員数は、ＪＲや私鉄、第３セクターなどを合わせて約20万人。最も従業員数の多いＪＲ東日本では、４万３０００人のうち本社部門は１万人で、残る３万３０００人は駅員や運転士、保線などの現場に配属される。採用は部門別に実施し、強固な縦割り組織で専門性を身につける。

JR東日本（単体）の主な仕事と人員配置

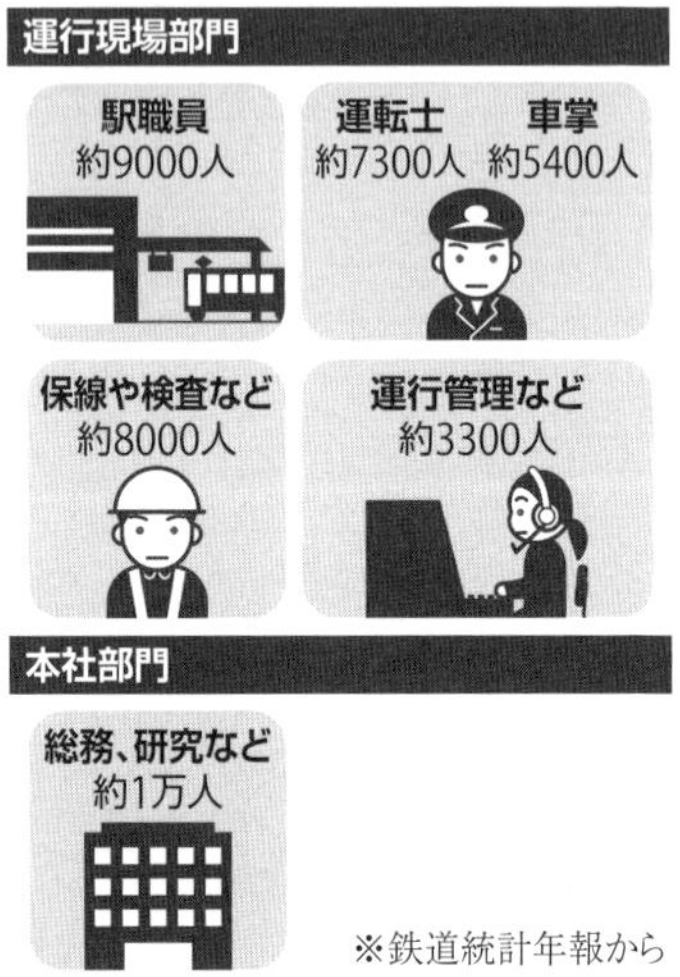

※鉄道統計年報から

鉄道局と鉄道会社ではマンパワーに差がある。鉄道局が事業会社から「現場を知らない人たち」と軽んじられるゆえんがある。

◇

そうした鉄道会社と監督官庁の関係に、変化が芽生えてきた。

鉄道局は22年7月、従来と違って柔軟に運賃を定められるよう規制を緩和する中間報告をまとめた。業界の目を引いたのは、JR東が23年春の実施を要望していた「時間帯別運賃」の導入が、そこに明記されていたことだ。通常の定期券の運賃を値上げし、朝の混雑時を避ける定期券は値下げする。鉄道局内で賛否が分かれていた施策だが、JR東の要望に沿った形となった。

規制緩和に縁遠かった鉄道局の今回の判断の背景には、人口減に伴うローカル線の衰退に加え、コロナ禍で鉄道全体の収益が厳しくなっている状況がある。これまでのような鉄道の事業展開が限界に近づいたことが、皮肉にもこうした歩み寄りを招いた。

鉄道開業150年、JR発足35年の2022年は、限界に挑む転機となった。

6社社長「国鉄キャリア組」

国交省は、主に旧運輸省と旧建設省が統合されてできた。運輸省時代に採用されたキャリア官僚は、鉄道局や航空局、自動車局、港湾局など運輸関連部局をローテーションで異動する。

国鉄は東京大卒業生などを幹部候補生のキャリア組として国鉄本社で採用する一方、運行現場の職員は支社ごとに大卒や高卒を採用していた。

国鉄は運輸省の外郭団体だったが、その組織規模や権限などから、国鉄のキャリア組のほうが運輸官僚より格上とされていた時代もあった。

JR東日本や西日本などJRの旅客鉄道6社の現社長は、全員が国鉄時代にキャリア組として入社している。監督官庁である鉄道局とJRが緊張関係に陥る一因とも言われている。

インタビュー

地方活性化 汗かく使命

深澤祐二《ふかさわゆうじ》氏 JR東日本社長

国鉄という組織は37年間でつぶれた。2022年は民営化から35年。構造改革をしなければならないタイミングは定期的にやってきており、今がそのタイミングではないかと思う。国鉄の最期を知っている私が今ここにいるのは、巡り合わせだと感じている。

もともと鉄道は、新幹線や大都市圏では売上高の大きな変動は起こらないという前提だった。そのため、都市部の収益でローカル線の赤字を補う内部補助が成り立っていた。だが今回、新型コロナウイルス感染拡大による移動需要の減少で大きな打撃を受け、売上高は大きく変動した。コロナ禍が収束しても元には戻らないだろう。

これまでのビジネスの前提とは状況が大きく変わっている。とりわけローカル線は民営化時から乗客が9割以上減った区間もあり、このままではいずれもたなくなる。地元の皆さんとしっかり話をし、将来に向けて抜本的な構造改革を進めないと大変なことになると思い、今回収支を開示した。収支を発表した区間全てで、他の交通手段に転換しようと考えているわけではない。個別の区間の状況を見て、地域をどう活性化させるかを話し合いたい。

鉄道は地域に昔からある特別な存在だ。鉄道に郷愁を持っていただくことは、とてもありがたい。東日本大震災で途切れた路線の開通式に出席した際、地元の皆さんにすごく感動してもらったことをよく覚えている。鉄道は単なる輸送手段ではないということを我々も強く感じており、その気持ちは大事にしたい。

そうは言っても、鉄道はある程度利用してもらえないと成り立たない。地域を盛り上げる手段は鉄道だけではない。例えば宮城県や岩手県では、震災で寸断した路線をBRT（バス高速輸送システム）で復旧させ、道の駅や街の施設の前に新たに停車駅を作った。どんな街を作り、それにふさわしい交通はどんなものか。交通にとどまらず、まちづくりの発想で取り組んだ。

廃線した沿線の名物を、首都圏で販売している例もある。民営化後の35年で我々の事業も拡大した。経営資源を活用して、地域を潤すのが目指す姿だ。

国もローカル線の問題に危機意識を持ち、鉄道会社と国、地域で話し合う新たな制度を創設してもらえることになった。制度を受けて、具体的な協議の中身をどう作っていくかは我々の責務だ。

我々はインフラ（社会資本）をつかさどる企業として、地域を支えてきたという思いがある。地方活性化のために汗をかくのは使命だ。ＪＲ東日本として、しっかり責任を持って取り組みたい。

35年前の分割民営化は鉄道の復興再生がテーマで、様々な方にお世話になった。今度は地域をどう復興していくかを一緒に考えていきたい。我々はそこから逃げない。

（22年8月5日掲載）

１９５４年、北海道函館市生まれ。78年東大法卒、国鉄入社。87年のＪＲ東日本発足後、取締役人事部長などを経て２０１８年４月から現職。父親は国鉄が運航していた青函連絡船に勤務していた。大学時代は体育会のヨット部に所属。

インタビュー

路線存廃の議論　支援

斉藤鉄夫《さいとうてつお》氏　国土交通相

島根県と広島県を流れる江《ごう》の川に沿って走る国鉄三江《さんこう》線の沿線で生まれ育った。子供の頃、鉄路を見て、都会までつながっているのだとよく想像した。レールの先に未来があると、自分の人生を投影させていた。

三江線は2018年に廃線となった。全線開通から約40年だった。地域の悲しみは尋常ではなかった。鉄道には輸送密度だけでは判断できない文化や歴史的な価値がある。

国鉄の分割民営化から35年がたち、利用者が90%減った路線もある。大きな構造変化の中で、どうしたらこれまで愛されてきた鉄道を地域に残していけるのか、真剣に話し合う時期に来ている。何もしなければ、地域にとって取り返しのつかないことになる。事業者任せにせず、地域と事業者が話し合っていかなければいけない。

国土交通省の有識者検討会は22年7月下旬、国と自治体、事業者が話し合いの場を持つ目安として「輸送密度1000人未満」の路線を掲げた。対象区間は100以上ある。まず話し合いましょうというのが一番のポイントだ。

検討会の提言が出てから、「廃線ありきなのではないか」と心配する首長や地域の声を直接聞いた。私は生まれ故郷の三江線の例もあり、廃線がいかに地域にとって寂しいことかを実感している。1000人未満はあくまで話し合いを始める目安で、全ての鉄道が廃線になることはあり得ないと思っている。国交省がJRの側に立っているとの指摘も全く当たらない。

話し合いの期間と定めた3年間の中で、いろいろな提案が出てくるだろう。利用を増やすために増便したり、バスやBRT（バス高速輸送システム）への転換を検討したりする提案もあるかもしれない。国はまずそういう社会実験に必要なお金を支援する。その上で、こういう公共交通機関にしたいと結論が出れば、恒久的な措置も後押ししていく。

支援には根拠となる法律や予算が必要になる。岸田首相には了解を頂いている。政治的にエネルギーのかかる手続きが待っているが、地域の公共交通を守るのは、国土交通省の大きな使命であり最優先課題の一つだ。

ＪＲ東日本や西日本が、赤字ローカル線の区間別収支を開示したこと自体は決して悪いことではない。民営化した当初は、都市部の利益でローカル線の赤字を補塡《ほてん》しても余りある形だったが、これからも公共交通を持続可能にするためには、ＪＲも頑張れる事業形態でなければならない。

ＪＲの公共性と、民間事業としてのバランスをどう取るか。国民の側に立って監督していくのが国土交通省の仕事になる。ＪＲには話し合いの場でどんどん情報を開示してもらいたい。ローカル線の話し合いのベースになるのは信頼関係だ。「地域はこれだけ頑張るから、ＪＲもここは頑張ってほしい」という信頼関係が必要だ。国も持っている情報はしっかりと開示していく。地域の公共交通を守る我々の思いは全く揺るがない。

（22年8月6日掲載）

１９５２年島根県生まれ。東工大院修了。清水建設で原子力発電所や宇宙関連の技術開発に携わる。93年、公明党から衆院選初当選。環境相などを歴任し、２０２１年10月から国交相。岸田首相とは中選挙区時代の旧広島１区で初当選した同期。鉄道マニアで時刻表を愛読する。

第2章

転機

国と歩調を合わせられるのか

利用者が減少しているＪＲ北上線

1　黒字目指せ　トップ号令

釣り好きのゼネコン社員ハマちゃんこと浜崎伝助が、日本海沿いの港町に左遷される。与えられた仕事はバブル崩壊に苦しむ会社が苦し紛れに始めたスッポンの養殖事業だった。ハマちゃんは手塩にかけて育てるが、ある日、スッポンは共食いで全滅してしまう。

国民的娯楽映画「釣りバカ日誌5」（1992年公開）の一場面だ。その前からこの事業に取り組んでいた企業があった。JR東日本だ。

87年4月、国鉄の分割民営化と同時に、多角化経営を目指し始めた。新潟県にある上越新幹線の車両基地に養殖池を整備し、約500匹のスッポンを育てたが、スッポンは共食いで全滅。採算が見込めず、91年9月にあえなく撤退した。

他のJR各社も相次いで副業に乗り出した。トンネル内でシメジ栽培、高架下のパソコン教室、車両の廃品を利用した家具製造──。88年度末時点で、JR7社で延べ88業種への参入が当時の運輸相に認められた。株式会社にはなったが、政府が実質的に100％出資する特殊会社。政府の意向を気にしつつ、手探りで新たな収益源を開拓する。これがJR黎明《れいめい》期の姿だった。

「黒字を目指せ」。JR東の職場には、元運輸次官で同社初代社長の住田正二氏が記した色紙が掲げられた。民間企業なら言わずもがなのことを、トップが打ち出さねばならないほど、組織の隅々まで「親方日の丸」体質が染みついていた。「武士の商法」で新規事業の多くは短命に終わったが、

「民」への意識改革はじわじわと進んだ。

◇

背番号「93」。2022年7月18日に東京ドームで行われた都市対抗野球の始球式で、JR東日本野球部の応援に駆けつけた深澤祐二社長がユニホームに背負った数字だ。第93回大会にちなむが、JR東にとっては悲願の上場を果たした年も示す。記念すべき数字を背にして放った1球は、3日間の練習のかいあり、地面につくことなくキャッチャーミットに収まった。

JR東は93年、グループの先陣を切って、東京、大阪、名古屋、新潟の各証券取引所に株式を上場した。東証では初値が公開価格を6割上回る60万円をつけた。96年に西日本、97年に東海、2016年には九州が続いた。

民間企業の自覚は強まり、政府離れは加速した。

JR各社は民営化後、経営安定のために固定資産税などの軽減措置を受けてきた。96年11月、政権与党の自民党は優遇の延長と引き換えに、整備新幹線の未着工区間の財源を確保しようと、JRに新たな負担を求めた。

JR東日本、西日本、東海のいわゆる本州3社は「自立経営の精神に反する」と猛反発し、軽減措置の延長を拒否した。東日本の松田昌士《まつだまさたけ》、東海の葛西敬之《かさいよしゆき》、西日本の井手正敬《いでまさたか》。「国鉄改革3人組」と称され、それぞれ社長に上り詰めた3氏は並んで記者会見し、政府を批判した。国鉄時代では考えられない景色だ。恩恵を拒んででも、政治介入されるしがらみを断ち切ることを優先した。

「採算性の範疇《はんちゅう》に入らないものを、企業としてやることはできない」。井手氏はJR西が翌97年に

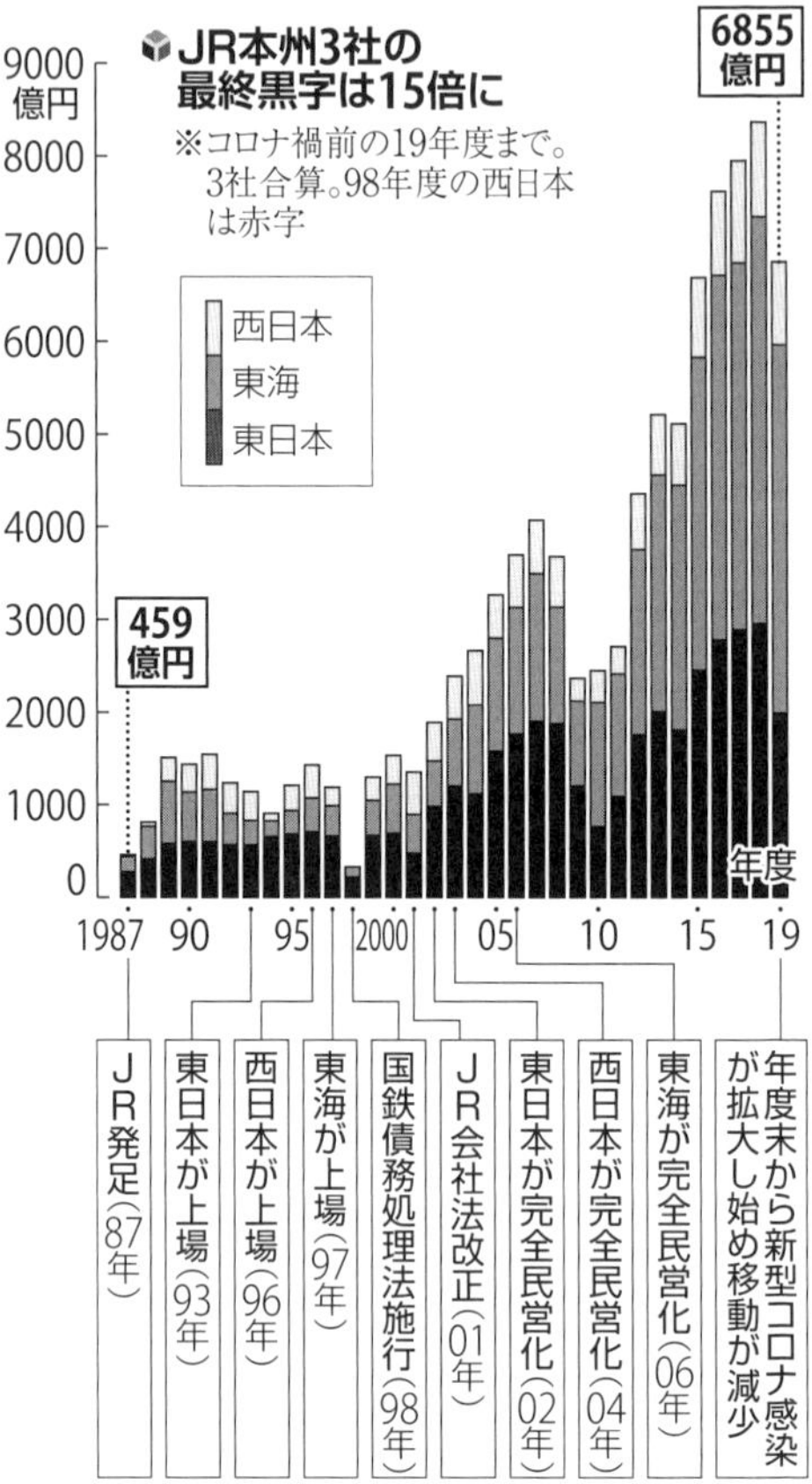

まとめた10年史で、こうつづった。

◇

もっとも、政府にも言い分はあった。国鉄民営化の時点で債務は37兆円に上り、国が25・5兆円を引き継ぐことになった。このうち13・8兆円が国民負担に回された。政府が今もことあるごとにクギを刺す、JRのアキレス腱だ。

政府は98年、民営化後経営が順調なJRにも追加負担を求める法案を提示した。JRは自民党の一部若手議員を味方につけるなどして防戦したが、最後は政府が押し切り、法案を成立させた。「（国鉄改革の）約束を守ってください」。JR7社は連名で新聞に全面広告を出し、政府に対抗する姿勢を国民にアピールした。

JRの成長は2000年代以降、勢いづいた。経営を縛ってきたJR会社法が改正され、完全民営化への道筋がついたためだ。資金調達や投資の自由度が高まり、企業の合併・買収（M&A）が本格化した。

JRの本州3社と九州は、政府が株式をすべて手放し完全民営化を果たした。それでも、政府の軛《くびき》がなくなったわけではない。コロナ禍を契機に動き出したローカル線の存廃問題で、それが表面化することになる。

金を失う……「鉄」の字使わず　JRのロゴ

「東日本旅客鉄道会社」などJR各社の正式名称を記したロゴマークには、民間企業としてもうけを出さなければならないという思いが込められている。鉄の文字が、常用漢字の金へんに「失」ではなく、右側が「矢」の「鉃」となっている。巨額債務に苦しんだ国鉄を念頭に、「金」を「失う」と書くのは縁起が悪いとされたためだ。

JR西日本はかつてホームページで、「JRが発足時に正式社名ロゴを決定する際、『鉄道＝お金を失う道』となるのを避け、正式には『西日本旅客鉃道株式会社』と書きます」と説明していた。分割民営化前の1987年2月21日の読売新聞は、「難字大鑑」（柏書房刊）に掲載されている鉄の古字の中に、「鉄」が俗字として記載されており誤字でないことが確認され、使用が決まったと報じている。

なお、JR四国はJRグループで唯一、ロゴで常用漢字の「鉄」を使っている。

2 「廃線届け出」抜かずの宝刀

「鉄道が未来永劫《えいごう》営業できるのか、地域の皆さんと話し合っていきたい」

2022年6月下旬、秋田県横手市のホテル。JR北上《きたかみ》線の利用促進を検討する沿線自治体との会議で、JR東日本盛岡支社の井上宏和企画部長は切り出した。

北上線は1キロメートルあたりの1日の平均利用者数（輸送密度）が500人にも満たない。JRはもちろんのこと、沿線自治体に配慮する国土交通省でさえも見直し協議を促さざるをえない大赤字路線だ。100円の収入を得るのに必要な経費は3466円（ほっとゆだ－横手）に上る。

JRは民営化後も営利と公共性のはざまで揺れ動いてきた。営利を前面に出すならば、利用の少ないローカル線はバスへの転換などを視野に廃線を進めたいのが本音だ。だが、地域の足を守るという公共性を置き去りにすることはできない。

JRには「伝家の宝刀」と呼ばれる手段がある。鉄道事業法は、鉄道事業の廃止は国土交通相に届け出ればできると定めている。国や沿線自治体などの合意が必要な「許可制」ではなく、事業者の判断で赤字路線を廃止できるのだ。

しかし、伝家の宝刀が抜かれたことは一度もない。

◇

JRは政府が実質100％出資する特殊会社として誕生した。会社になったとはいえ政府の監督下に置かれ、定款の変更や代表取締役の人事など経営判断の多くの場面で運輸相（当時）の認可を受けることを義務づけられていた。

JRは、政府が保有株式をすべて放出する完全民営化をもって、政府の影響から逃れようとしてきた。これに対し、政府はあの手この手でタガをはめようとした。

その一つが、2001年のJR会社法改正に際し、国交相が定めた指針だ。「路線の適切な維持」を求め、廃線には沿線自治体への「十分な説明」を課している。指針に違反すれば国は勧告や命令を出せる。事実上、地元の理解を得ずに廃線はできない。完全民営化に合わせて経営の自由を認める一方、赤字路線の廃止に歯止めをかけた。

扇《おおぎ》千景《ちかげ》国交相は国会で狙いをこう述べた。

「民営化すればJRが採算性を重視するのは目に見えている。採算の合わないところをすぐ切ってしまう一般の民間の経営の考え方をされると、民営化してがんばってくださいという（法改正の）趣旨に反する」

◇

国鉄民営化後に廃止された主なJR線

※第3セクターなどへの移管含む

民営化以降、JR各社は計18路線を廃線にしたが、地域の了解がないまま強行した例はなかった。国の指針を受け入れてきたJRだが、国交省との信頼関係が薄氷の上にあることを改めて示す出来事があった。

22年6月4日。中国地方の地元紙に掲載された国交省の上原淳鉄道局長のインタビュー記事が、JR各社に波紋を広げた。

「地元の了解がなければ（JRはローカル線を）廃線はできない」

この発言に対し、JR各社から鉄道局に真意をただす電話が相次いだ。「完全に了解を得ないと動けないということか」

4月に赤字ローカル線の見直しを地域に問題提起したばかりのJR西、その準備を進めていたJR東からすれば、「これから地元の声に耳を傾けようとするところなのに、牽制するつもりか」と映ったわけだ。国交省は「制度の実質的な運用の話をしただけ」（鉄道局幹部）と火消しに追われた。

◇

ＪＲ東日本が完全民営化して20年。今や名実ともに日本を代表する優良企業となった。国の鉄道行政の軸足も、２０１０年代以降は経営難が深刻なＪＲ北海道や四国の救済に移り、対立が目立つことはなかった。

「コロナ禍で経営に余裕がなくなり、ＪＲ東の危機感が一段と強まっている」。北上線を巡る協議の場で、沿線自治体の内記《ないき》和彦西和賀《にしわが》町長は、ＪＲ側の態度に変化を感じたという。

大都市圏での稼ぎが減り、地方の赤字ローカル線を支える余力が乏しくなる中、ＪＲと国、地域がこれまでと同じような関係でいられるのだろうか。

国鉄技術者の洞察　惨事防ぐ

ローカル線の中には山あいを走るところも多く、土砂崩れの危険がつきまとう。ただ、国鉄は厳しい経営の中にあっても必要な安全対策を講じていた。そのことを示したのが、２０１０年７月に起きたＪＲ東日本の岩泉線（岩手県、38・4キロメートル）の脱線事故だ。

岩泉線は山あいを縫うように路線が敷かれている。土砂崩れで列車が脱線し、レールも土砂で埋まった。だが、乗員乗客９人は命をとりとめた。

事故現場は、国鉄時代に落石対策として列車１両分の長さのシェルターが設けられていた場所だった。シェルターがなければ列車は土砂に突っ込んで谷底に落ちていた可能性もあった。国鉄当時の技術者が、限られた予算の中で最も危ない箇所とみて作ったものだった。１９５５年の工事記録に「（全面的な安全対策は）貧乏人国鉄のすることではない。一番危ないここだけにシェルターをかけておく」と記している。

JR東は事故後、復旧費用が130億円超に上ることから岩泉線の復旧を断念。2014年に、JR東発足以来、初の全線廃止となった。

3 タブーのはずの運賃値上げ

値上げが半ばタブー視されてきた鉄道運賃に、変化の波が訪れようとしている。

「経費削減に取り組んできたが、収支改善は限界だ」

JR四国の西牧世博《つぐひろ》社長は2022年5月10日、来春をメドに全路線で運賃を値上げすると表明した。利用者に理解を求めようと、20年度は全路線が赤字だったことを公表、もはや打つ手がないと強調した。JR四国が消費税率引き上げ以外の理由で値上げを行うのは1996年以来となる。

コロナ禍前から経営は苦しかったが、値上げはせずにきた。JR各社に共通する姿勢だ。JR東日本、東海、西日本の本州3社は、消費増税の転嫁を除けば、87年の「分割民営化」以来35年にわたり運賃を据え置いている。

鉄道運賃は人件費などの原価（費用）に適正な利潤を上乗せした「総括原価」を基に算出する。値上げには国土交通相の認可が必要で、3年間赤字が続く見通しを示す必要がある。地域独占の状態にあるＪＲの「もうけ過ぎ」を防ぐための仕組みだ。見方を変えれば、よほど追い込まれない限り値上げはできない。

電力料金も同じ総括原価方式を採用している。ただ、電力料金は、３年間の赤字見通しを示す必要はなく、燃料費の上昇分を機動的に転嫁できる。鉄道運賃の方が硬直的だ。

◇

「国鉄《わたくし》は話したい」

１９７０年代、国鉄は職員のボーナスを払えなくなるほどの窮状に陥った。民間企業なら破綻直前の状況だ。

追い込まれた国鉄は世論に直接訴える手段に出た。75年6月、運賃の50％値上げを求める意見広告を３日間にわたり全国紙に掲載した。翌76年にようやく値上げは認められた。

国鉄は、高コスト体質が巨額債務を生んだと指摘されるが、柔軟な運賃改定を封じられていたことも経営悪化の一因だった。国鉄運賃法が運賃設定を縛り、64年度に赤字に陥ってからも、政府になかなか値上げを認めてもらえなかった。

第１次オイルショックに端を発した「狂乱物価」が国鉄の経営悪化に拍車をかけた。73年5月、物価上昇率は10％に達し、74年1月には20％を超えた。国会に国鉄の値上げ法案が上程されても、ロッキード事件とその後の政局のあおりで、廃案にされてきた。

こうした反省を踏まえ、物価上昇率に応じて値上げできるようにする国鉄運賃法の改正が77年度に行われたが、時すでに遅かった。80年代は債務の利払いだけで年１兆円に上った。値上げで反転

この20年、鉄道運賃の水準は上がっていない

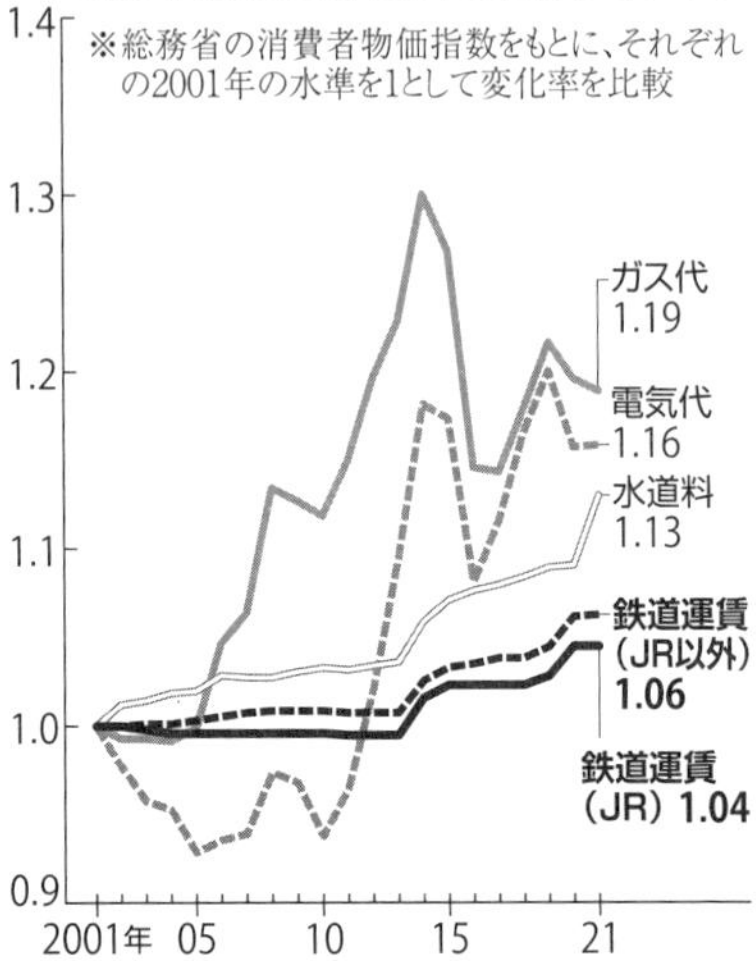

できる状況は過ぎていた。自民党運輸族の実力者だった三塚博《みつづかひろし》元運輸相は著書で、「国鉄の力が既に衰えていて遅すぎる措置だった」と振り返っている。

運輸省の90年の内部文書は、「国鉄運賃が公共料金の目玉として常に抑制の対象となり、適宜適切な改定を行えなかった」と指摘した。

◇

運賃制度の見直しは「危ない橋だ」（国交省幹部）。政治や自治体との調整も要るテーマとして、長らく避けられてきた。

分割民営化後30年以上にわたり、ＪＲ本州３社が安定的な成長を遂げ、運賃値上げをしないで済んだのは、「日本はデフレが続いていたことがプラスに働いた」（ＪＲ東日本の深澤祐二社長）面が否めない。

鉄道は人件費や設備の維持修繕費など、列車を走らせなくてもかかる固定費の割合が高い。安全を保つため多くは削れない。一方で値上げのハードルは極めて高い。深澤氏は「鉄道会社の経営はインフレ（物価上昇）には非常に弱い」という。

コロナ禍でテレワークや旅行控えにより人々の移動需要は激減、ロシアのウクライナ侵略などを引き金に物価上昇の波が押し寄せる。ローカル線問題の構造的要因である人口減少と併せ、ＪＲの

経営は「三重苦」に見舞われた。安定していたはずの本州3社は2020、21年度の2年連続で連結決算が最終赤字となった。

国交省は、JR側の要望を受け、鉄道運賃の柔軟化に向けた制度設計に着手した。ローカル線の事業者が自治体と合意すれば国の認可なしで値上げできる「協議運賃制」や、ラッシュ時の運賃を値上げして他の時間帯で値下げする「時間帯別運賃」などの導入が柱だ。

危機に至ってようやく、JRと国は歩調を合わせ始めた。

品川―横浜　私鉄より安く

かつて国鉄の運賃は私鉄より高いのが通り相場だった。今やJRの運賃が私鉄より安いところも多い。例えば、並行する品川―横浜間を見ると、分割民営化前年の1986年時点では国鉄260円、京浜急行電鉄230円だったのが、2022年8月時点ではJR東300円、京急310円（いずれも紙の切符の場合）と逆転した。

関西でも、阪急電鉄と比べると、並行する大阪（阪急は大阪梅田）―高槻（同高槻市）間は、分割民営化前年の1986年時点では国鉄240円、阪急210円だったのが、JR西260円、阪急280円（いずれも紙の切符の場合）となっている。

「親方日の丸」の国鉄は高コスト構造だったため、分割民営化後、JRは改札業務の機械化や人件費の抑制などで収支を改善できた。一方、私鉄は線路の複々線化など輸送力強化のための設備投資がかさみ、値上げを進めた。この結果、次第に運賃が接近していった。

国鉄は民営化直前、膨張する債務の対応に追われて値上げを繰り返し、国民にツケを回す形で最後を迎えた。国鉄を引き継いだJRは政府にも配慮しながら「運賃は変えないのが是」（JR東日本の深澤祐二社長）との姿勢を貫いてきた面もある。

今後の運賃の動向は、私鉄との競争をどう捉えるかもポイントとなる。

4　最高顧問に首相　議連動く

JR東日本がローカル線の収支を初めて公表した2022年7月28日午後。斉藤鉄夫国土交通相と藤井直樹国交次官は首相官邸で岸田文雄首相と向き合っていた。

3日前。国交省の有識者会議は、赤字ローカル線をバスに転換する際には国が財政支援をするべきだと求める提言をまとめた。首相との面会は、予算獲得をにらんだ地ならしの意味合いがあった。

斉藤氏が提言内容を伝えると、首相は「地域の意見を聞き、しっかり取り組んでほしい」と応えた。中選挙区時代、ともに旧広島1区で戦い、自公連立政権の今に至るまで気脈を通じた間柄だ。

首相がローカル線問題に前向きな姿勢を見せたのは、地方への配慮もある。地盤の広島県では、4月にJR西日本がローカル線の収支を公表し、廃線を警戒する湯崎英彦知事らがJR批判を強めていた。手をこまぬいていれば、矛先が政府に向かないとも限らない。国が地方とJRの間に入り、議論を後押ししていく姿勢を示す必要があった。

◇

「地域公共交通ネットワークの再構築にあたっては、国が中心となって従来とは異なる支援等を実施する」

政府が6月に閣議決定した「経済財政運営と改革の基本方針（骨太の方針）」に盛り込まれた一文だ。前年の骨太の方針は、鉄道を含む地域公共交通について「持続可能性を確保し、維持・活性化を図る」という表現にとどまっていた。22年は文字数はおよそ3倍に増え、支援の実施にまで踏み込んだ。

骨太の方針は、国の重要課題や翌年度予算の方向性を示す政権の羅針盤となる。首相が議長を務める経済財政諮問会議が毎年6月頃に策定する。

骨太の方針を政策運営のエンジンとした小泉純一郎政権時代に比べると、その重みは下がったと指摘されるが、今もどこまで具体的に表現されるかが財務省との予算折衝に大きく影響する。各省庁は少しでも政策実現に近づく記述が載るよう、懸命に働きかける。

◇

裏で動いたのは、3月に発足した自民党議員約100人の議員連盟だった。

「ポストコロナの地方創生実現のための公共交通ネットワークの再構築を目指す議員連盟」。最高顧問は岸田首相。議連会長の宮沢洋一自民党税制調査会長が、いとこにあたる首相を口説き落として就任が決まった。

議連の主なメンバー

議連の役職	氏名	主な肩書
最高顧問	岸田文雄	首相
顧問	逢沢一郎	元党国対委員長
	石破茂	元党幹事長
	細田博之	衆院議長
	塩谷立	元文部科学相
	渡辺博道	元復興相
	金子恭之	元総務相
	中曽根弘文	元外相
	世耕弘成	党参院幹事長
会長	宮沢洋一	党税調会長
会長代行	加藤勝信	厚労相
会長代理	赤沢亮正	元内閣府副大臣
	西村明宏	環境相
	宮下一郎	元財務副大臣
幹事長	橘慶一郎	元復興副大臣

設立趣意書には、首相肝いりの政策「デジタル田園都市国家構想」を交通分野で実現すると盛り込んだ。元国交官僚で議連発起人の赤沢亮正《りょうせい》衆院議員は、「現職の首相が新たに発足する議連の最高顧問に就くのは異例だ」と話す。会長代行に加藤勝信氏（厚生労働相）が就くなど、役員には地方を地盤とする党重鎮が並んだ。

赤字ローカル線の問題は、地元自治体が廃線をおそれるあまり、議論そのものがはばかられてきた。選挙民への配慮から、大企業ＪＲは悪者に仕立てられることもしばしばだった。だが、人口減とコロナ禍で、地方交通網を今のまま維持するのは難しいとの認識は議員にも広がりつつある。自治体とJRをテーブルにつかせ、建設的に協議できる環境を整えることを、議連は狙う。

国会内で開かれた3月24日の議連初会合には、財務省主計局の奥達雄次長、総務省自治財政局の前田一浩局長らの姿があった。宮沢氏は、自民党税調会長として両省ににらみがきく。霞が関では議連の対応は課長級に任せることも多く、破格の対応といえた。

宮沢氏は5月19日、議連会長として官邸に首相を訪ね、とりまとめた提言を政府に提出した。提言に盛り込まれた「従来とは異なる、実効性のある支援を導入・実施すべきだ」との記述は、ほぼそのまま骨太の方針に反映された。

議連の提言と骨太の方針。国交省有識者会議の提言と、JR西日本、東日本による赤字線区の収支公表。ローカル線の存廃論議は一気に動き出した。

8月末、各省庁は23年度予算の概算要求を財務省に提出。国交省は、ローカル線対策への財政支援を求めた。

自民党重鎮らの援護射撃を得て、例年にも増して予算獲得に熱がこもったのだ。

「交通」記述　人口減が契機　14年に

骨太の方針を初めて採用したのは2001年、「聖域なき構造改革」を掲げた小泉内閣だ。郵政民営化や公共事業費削減といった関連業界、族議員らの反発の多い政策を、首相官邸主導で進めるために活用した。民主党政権で一時中断したが、12年12月の第2次安倍内閣発足後に復活した。

骨太の方針で「鉄道」が目立つ扱いになったことはなく、一切触れられなかった年もある。記述されたとしても、災害復旧やインフラの海外輸出といった文脈が大半だ。

ただ、14年に、人口減少を受けたコンパクトなまちづくりを進めるためとして、鉄道を念頭に「地域公共交通ネットワークの再構築」という文言が盛り込まれた。この言葉が22年の骨太の方針に引き継がれ、さらに国などが支援するとまで言及された。

5　必然の赤字

ＪＲ留萌《るもい》線。北海道の中部、石狩平野の北端にある深川市から日本海に向かって延びる50・1キロメートルをディーゼル車が走る。

かつては沿線で掘り出された石炭を港に積み出す貨物路線としてにぎわった。炭鉱は閉山し、今は旅客列車が深川―留萌間を1日7往復するだけとなった。留萌から海沿いに南西方向の増毛《ましけ》まで16・7キロメートルの線路が延びていたが、その区間は2016年12月に廃線された。

22年6月、この地に国土交通省幹部の姿があった。

「そろそろ決めませんか」

沿線自治体の首長らを秘密裏に訪ね、留萌線の廃線に向けて決断を促したのだ。これをきっかけに、自治体は協議を加速させた。

「このままではＪＲ北海道は潰れる」。国交省の行動の背景には危機感がある。

ＪＲ北海道は16年11月、単独では維持が難しい13路線を公表した。このうち、利用者が特に少ない5路線を廃止してバス輸送に転換するよう求めた。これまでに4路線が廃線を受け入れたが、留萌線だけは5年以上たっても結論を出せていない。ＪＲ北の綿貫泰之社長は22年8月17日の記者会見で、留萌線について「バスに転換して便利になったと思ってもらえるのが大切だ」と述べ、引き続き地域に理解を求めていく考えを示した。

◇

JR北、四国、九州は「3島会社」と呼ばれ、国鉄が1987年に分割民営化された当時から経営の先行きが危ぶまれていた。東日本、西日本、東海の「本州3社」のように大都市近郊路線や新幹線といったドル箱がなく、過疎地を走る赤字ローカル線を多く抱えるためだ。JR九州は不動産や飲食など事業の多角化が実を結び、3島会社では唯一上場を果たしたが、JR北と四国は国に100%保有された特殊会社のままだ。

分割時、3島会社は計1兆2781億円の経営安定基金を受け取った。いわゆる「持参金」だ。その運用益で収入の不足を埋め、営業収入の1%の経常利益を確保する皮算用だった。だが、バブル経済の崩壊で金利が低下し、運用益も目減りすると、業績は一気に悪化した。

特にJR北は惨状を呈する。経営陣は収支のつじつまを合わせるため、車両や設備の修繕費を削った。そのツケは、2010年代以降相次いだ脱線事故やレールの検査データ改竄といった不祥事に表れた。国から14年と18年の2度、JR会社法に基づく監督命令を受け、経営を厳しく監視されることになった。

「車両も線路も電気設備もおんぼろだ」

立て直しのため14年にJR東から送り込まれ会長に就いた須田征男《ゆきお》氏は、現場を見て危機感を強めた。

安全対策への投資を増やし、収支を改善するため、JR北は倹約に取り組む。会長や社長の専用車は用意されず、列車で通勤することになった。東京出張時の移動はタクシーを使わず地下鉄を利

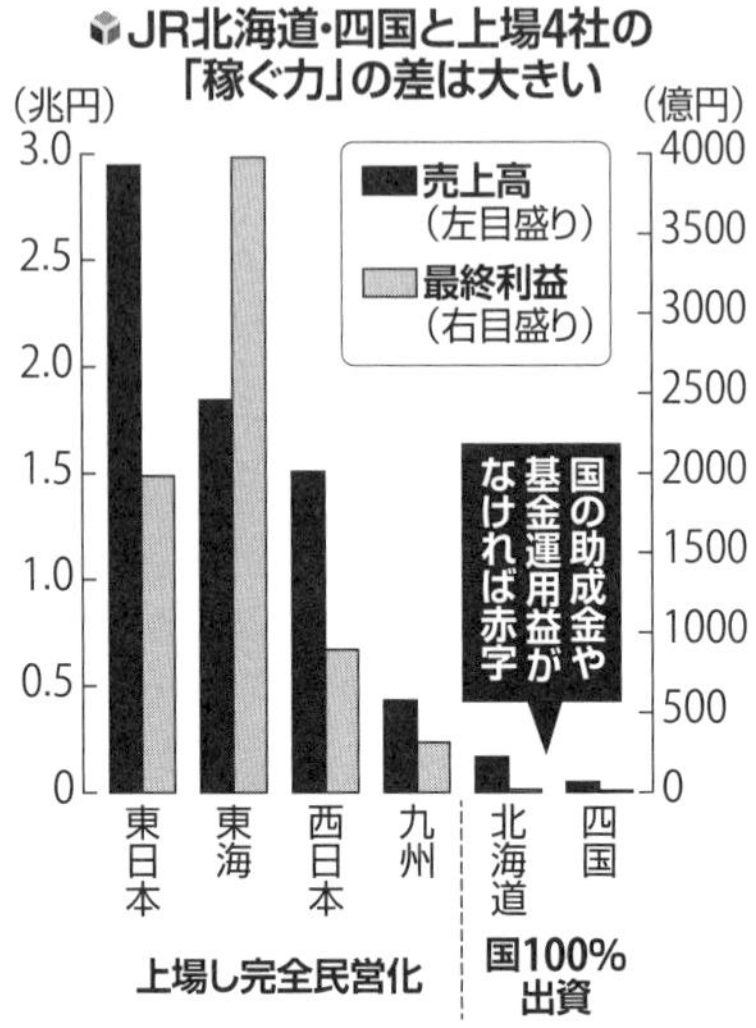

※コロナ影響が本格化する前の2019年度連結決算

用。16年には都市対抗野球大会の常連で国内最古の企業チームだった「JR北海道野球部」を休部させ、社員やOBらの寄付などでまかなうクラブチームに衣替えした。

それでも本業では黒字を出せない経営状況が続く。

JR四国も苦しい。20年度は全路線で収支が赤字となった。唯一黒字だった本州と四国を結ぶ本四備讃《ほんしびさん》線もコロナの影響で赤字に転落した。JR旅客6社の中で唯一新幹線が走っていないのも不利な点となっている。西牧世博社長は22年7月26日の記者会見で「新型コロナウイルスの影響は長期化しており、経営の厳しさは増している」と嘆いた。

◇

「JR北と四国だけは国が責任を取らないといけない」

国交省幹部は、両社の経営難は、国鉄改革により誕生と同時に運命づけられていたとの見方を示す。

政府は21年、国鉄債務処理法を改正し、JR北や四国に対する財政支援の延長を決めた。JR北には21～23年度の3年間で1302億円、四国には25年度までの5年間で1025億円をつぎ込む。

支援は30年度末まで続けることが決まっている。

国鉄改革の陰。ＪＲ北、四国の２社は反転攻勢への糸口をつかみづらいのが実態だ。

九州上場　うれしい誤算　駅ビル、飲食店……収益向上

ＪＲ東日本、東海、西日本の本州３社以外で初めて上場し、完全民営化を果たしたのがＪＲ九州だ。２０１６年10月25日、東京証券取引所で売り出し価格（２６００円）を上回る３１００円の初値をつけた。

１９８７年の国鉄分割時には関係者の多くが想定していなかった、うれしい誤算となった。

「（九州などの）ＪＲ３島会社は経営安定基金のある限り上場などは思いもよらない。そして基金を必要としなくなる日は予見できる将来には来そうもない」

国鉄改革を担った中心人物であるＪＲ東海の葛西敬之名誉会長は、07年に出版した著書でこう記していた。

ＪＲ九州は、駅ビル開発、マンション販売、飲食店の出店など事業の多角化で収益力を高めた。営業収益に占める鉄道事業の割合は３割を下回り、ＪＲ旅客６社の中で最も低い。鉄道事業の赤字を穴埋めしてきた経営安定基金（３８７７億円）は上場にあわせて取り崩し、経営改善に充てた。

第3章

分割

民営化の光と影

上越新幹線の浦佐駅前に立つ田中角栄像。彼の主導で「福祉路線」の整備が進められた

1　職賭した3人組

コロナ禍で限界を迎え、ローカル線の縮小方針に転じたJR。その成り立ちを考える際、避けて通れないのが国鉄の分割民営化だ。日本最大の巨大組織が分割された過程を検証し、現在のJRが抱える構造的な問題の源流に迫る。

◇

国鉄改革3人組。そのうちの一人の遺影に、政財界の重鎮らが次々と花を手向けた。2022年8月29日。5月に死去したJR東海名誉会長の葛西敬之氏（享年81）のお別れの会が、東京・内幸町の帝国ホテルで最も広い「孔雀の間」と、名古屋駅に直結する名古屋マリオットアソシアホテルの2か所で同時に行われ、参列者は計2000人に上った。

東京では福田康夫、麻生太郎、野田佳彦、菅義偉の首相経験者4氏が訪れた。保守派の論客として、7月に凶弾に倒れた安倍晋三元首相の数少ない経済ブレーンでもあった。

「国鉄改革は葛西氏がいなければ成就しなかった。その後、政府にも審議会などを通して厳しい叱咤激励をいただいた」。参列した岸田首相側近は惜しんだ。

翌23年3月、JR東海の有志がまとめた葛西氏への追悼文集には、財界や中央官庁の幹部のほか、元米国務副長官のリチャード・アーミテージ氏や音楽家の三枝成彰《さえぐさしげあき》氏、画家の田村能里子《のりこ》氏ら国内外の52人がメッセージを寄せ、その交友の広さと人望の厚さを示した。

葛西氏は1963年に東大を卒業後、国鉄に入った。

進路に迷っていた大学4年の時、落とした学生証と定期券を荻窪駅（東京都杉並区）に受け取りに行くと、駅の助役からこう言われた。「あなた、東大法学部じゃないですか。ぜひ国鉄にいらっしゃい。出世がとても早い『特急組』になれますよ」。鉄道に興味はなかったが、この偶然が入社の決め手となった。

組織に入ってすぐ、期待は落胆に変わった。高度成長期のただ中にもかかわらず、国鉄は翌64年度から赤字に転落、組織は傾いていく。親方日の丸で危機感のない組織体質が大きかった。無断欠勤や遅刻・早退、手当の水増しといった不正が横行し、職場規律は緩みきっていたという。

荒廃した職場を目の当たりにし、中堅社員の立場から意を決して取り組んだ改革が分割民営化だった。

共に戦ったのが、4期上でJR西日本社長となる井手正敬氏、2期上でJR東日本社長となる松田昌士氏。後に「改革3人組」と呼ばれる。

◇

「203高地」。かつて日本軍で大本営参謀を務め、鈴木善幸内閣が1981年に設けた第2次臨時行政調査会（臨調）の委員だった瀬島龍三氏は、国鉄分割民営化を日露戦争で激しい攻防を繰り広げた主戦場になぞらえた。瀬島氏は臨調トップを務める経団連名誉会長の土光敏夫氏の右腕として、行政改革を進めようとしていた。

国鉄は49年6月に発足した。連合国軍総司令部（GHQ）の意向で運輸省から切り離され、政府

国鉄の最終赤字の推移

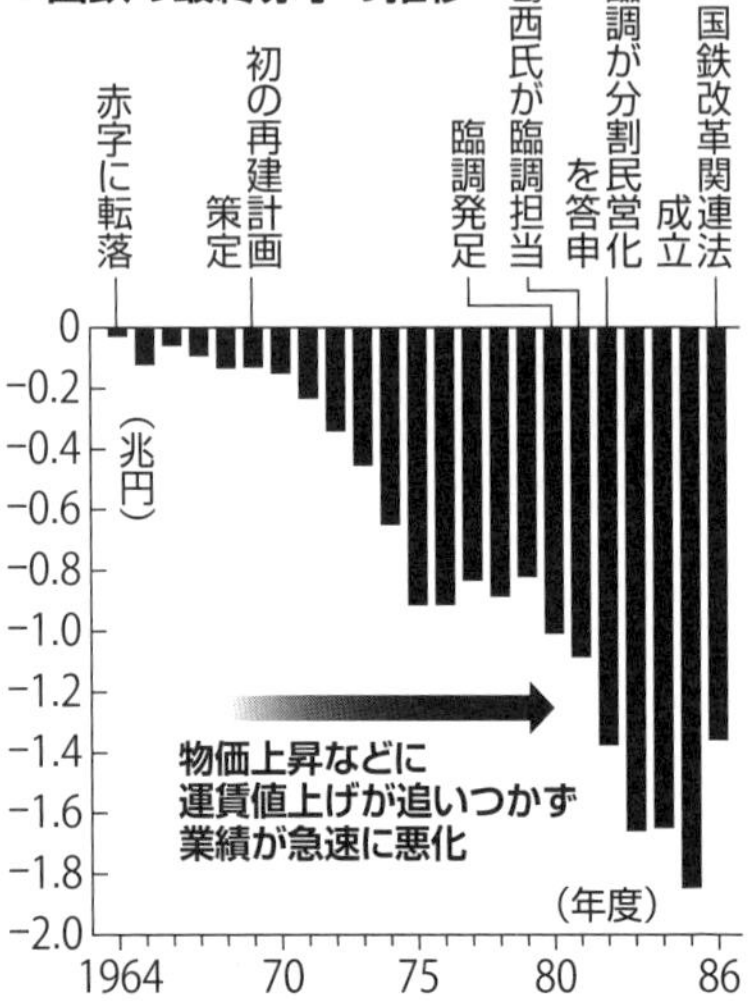

全額出資の公社となった。総裁は首相が任命し、予算は運輸省を通じて国会が決め、運賃も国会で審議された。ローカル線の新設は政府・与党の意向が強く働いた。およそ統治がなされていない国鉄の赤字額は雪だるま式に増えていき、80年度に1兆円を超えた。

80年に発足した鈴木内閣は臨調を足がかりに国鉄に切り込んだ。

「今や国鉄の経営状況は危機的状況を通り越して破産状態にある」。臨調は82年7月の答申で、国鉄を5年以内に分割民営化するよう求めた。

◇

3人組ら改革派の中堅・若手は、国鉄経営陣の退任を迫る連判状をしたためた。世には出ていない。

臨調は、改革に反対する国鉄側の非協力的な態度に手を焼いていた。上司の目を盗みながら、情報提供などで臨調に協力したのが葛西氏ら中堅の改革派だった。井手氏や松田氏らは本社から相次ぎ左遷された。連判状は、自らのクビを覚悟してでも、政治や労組の影響力を排して改革を成し遂げる決意を示したものだ。

しかし、改革反対勢力は独自に経営改善計画を策定するなど巻き返しを図った。国鉄OBで西武鉄道での勤務経験も持つ仁杉巌《にすぎいわお》総裁は、中曽根康弘首相に改革推進を期待されて任命されたが、国鉄上層部の反対派に押されて腰砕けとなり、分割反対派に傾いていった。

「この戦いの勝ち目は非常に少ない。自分の思うようには絶対ならない。だとすれば、なぜやったのかという足跡だけは残しておく必要がある」

葛西氏は著書で当時の心境をそうつづっている。

国鉄改革は最終的に、中曽根首相が仁杉総裁ら分割民営化に反対する国鉄首脳陣7人の更迭を命じ、流れを決定付けた。左遷されていた国鉄改革派は続々と本社に呼び戻された。

87年4月1日。JR発足を東京・丸の内の国鉄本社で迎えた葛西氏は、朝6時発の「ひかり21号」でJR東海本社のある名古屋へと向かった。JR西日本の副社長として大阪に赴任する井手氏も一緒だった。

国鉄改革で名をはせた3人は本州3社に散らばり、それぞれトップに駆け上がって新生JRを形作っていく。

巨大組織　労務で頭角　労組の要求に厳しく対応

「国鉄改革3人組」は、いずれも労務対策を担う職員局の要職を経験している点で共通する。国鉄は職員40万人を擁する巨大組織で、統治には職員管理が生命線とされた。

今では考えられないようなことが職場で起きていた。葛西氏の著書などによると、例えば組合側にとって気に入らない上司が異動してきたら、労組内で申し合わせたかのように「腹が痛い」「熱が出た」と職員がこぞって欠勤し、列車の運行を止めてしまうことが頻発した。歴代の管理職は泣く泣く要求を受け入れてきた。

葛西氏は、労組の要求が不当と見ると、賃金カットや昇給凍結といった厳しい態度で臨んだという。仙台鉄道管理局の総務部長時代には、組合側が困り果て、葛西氏の東京本社への栄転を画策するほどだった。実際、葛西氏は81年4月に東京本社の経営計画室に呼び戻されている。

3人は労働現場の課題をじかに目にし、改革の必要性を強く感じたとみられる。どの部署にも当時、改革派と反対派が混在したとされるが、経営の深刻さを数字で細部まで把握していた経理局なども、改革派が多かったという。

2　競争促す本州3社案

「分割して黒字になるのは（東日本、西日本、東海の）三つで、ほかはならないと当時からみんな言っていた」「経営が分かってない人が（改革を）やると、こういうことになる」

2017年2月8日の衆院予算委員会。麻生太郎財務相はJR北海道の経営悪化について問われ、国鉄の分割の手法に問題があったと弁をふるった。セメント業を中心とした複合企業の経営者を務めた麻生氏らしい発言だった。

単独か分割か。国鉄改革の議論は、この命題を巡る戦いだった。採算性を高めるため、どんぶり勘定をやめて目の行き届く範囲で管理する。地域に合わせた列車運行や運賃設定をする。発想は妥当と言えた。

ただ、経営安定基金を配分して手当てをしたはずのJR北海道、四国の経営悪化に歯止めがかからないことは、想定外だった。

◇

国鉄で公社分割の雛型ができれば、日本専売公社（現JT）や日本電信電話公社（現NTT）の民営化も達成できる。土光敏夫会長のもとで行財政改革を進めようとしていた臨調にはこんな腹づもりがあった。

だが、分割に至るまでの道のりは平坦《へいたん》ではなかった。

国鉄の経営形態はまず、後に政府税制調査会長などを歴任する加藤寛《ひろし》氏を部会長とする臨調の第4部会が検討を進めた。1982年5月17日、北海道、四国、九州を独立させ、本州も数ブロックに分割すべきだとの報告書をまとめた。

これには国鉄のみならず、運輸族議員の影響を受けた政府内や与党からも異論が噴出した。

「九州は200億円、北海道は2200億円、四国は400億円の年間赤字を出している。分割しても経営がうまくいくとは思えない」。信越化学工業や信濃毎日新聞の社長を務めた小坂徳三郎運輸相は即日、記者会見で反対姿勢を打ち出した。

国鉄再建監理委員会で検討された主な分割案

	都道府県単位で分割	新幹線を別会社化し、在来線のみで地域単位に分割	全国6分割（東日本、東海、西日本、北海道、九州、四国）
メリット	・地域の実情に応じ、きめ細かな経営管理が可能	・新幹線の収益による在来線赤字の穴埋めがなくなり、地方にコストを意識した運賃設定を促せる	・新幹線、在来線ともに接続の悪さなど不便を最小限にできる
デメリット	・収益路線を持たない事業者が多数発生 ・運行の接続が悪くなる懸念	・在来線のみでは採算割れを起こす地域が多く発生	・新幹線による内部補助が残る ・3島会社を中心とする収益格差も生じる

具体的な分割案の検討は、国鉄改革にテーマを絞って新たに発足した国鉄再建監理委員会が臨調から引き継いだ。

今度は国鉄が85年1月、「経営改革の基本方針」と称する独自の改革案を公表した。民営化はするが、分割せず全国一体運営を続ける内容だ。改革に反対する重役らが中心となった巻き返しの動きだった。反対派の攻勢は、85年6月に中曽根康弘首相が仁杉巌総裁ら首脳陣7人を更迭するまで続いた。

◇

監理委が検討した分割案の数は100超に上った。都道府県単位、全国2分割、新幹線網を1社として在来線のみ地域ブロックに分割――。さまざまな案が模索された。

分割の単位が小さくなるほど地域の実情に応じたきめ細かい運営が可能になる一方、安定的に収益を出せる路線を持たない事業体が大半になってしまう。

議論を重ねる中で監理委は、乗客の移動が多い地域を一つのまとまりとして重視することにした。分割によってダイヤ編成などの利便性が下がらないようにするためだ。

北海道、四国、九州は地域内で乗客が移動を完結する割合が95％を超えていた。そこで、それぞれ独立させる案が固まっていった。その上で、〈１〉首都圏と結びつきが強い東北・上越新幹線を一体としたブロック〈２〉首都圏と関西圏を結ぶ東海道新幹線に名古屋を中心とした中京圏を加えたブロック〈３〉山陽新幹線を軸に近畿圏と結びつきが強い北陸地方を加えたブロック――の本州３分割案が打ち出された。

「東西２分割論が強かったが、これに東海を入れて（競争を促す）刺激を与え、マンネリ化を防止することにした」。中曽根氏は自著で、本州３分割案が自身のアイデアだったと明かしている。

「鉄路　全国で一つ」　一筆書きロゴ　込められた思い

ＪＲ（Japan Railway）は、日本国有鉄道の英語表記の略称「ＪＮＲ（Japanese National Railways）」から「国有」を意味する「Ｎ」を取り除いて誕生した。ロゴマークが一筆書きなのは、「経営が分割されても鉄路は全国で一つにつながっている」とのメッセージが込められている。

国鉄常務理事でＪＲ東海初代社長を務めた須田寛氏（現顧問）は、「左側のＪは上に向かって発展する姿、右側のＲは地域にしっかり根ざした姿を表現している」と解説した。

ＪＲのロゴは１００を超えるデザイナーの図案から選ばれ、徹底的に精査された。走行中でもはっきり視認できる太さなども追求された。

最後に、ＪＲ東日本が東北や信越の自然をイメージした緑、ＪＲ西日本が海や湖の青、ＪＲ九州が南の太陽の赤など、各社の地域性に合った色が割り振られた。「貨物会社を入れて7色もの（企業イメージに合う）色を準備することは極めて困難だった」とJR東の「二十年史」には記されている。

3　一体経営案「面従腹背だ」

郵政民営化を実現した小泉純一郎内閣。外交や安全保障を首相官邸中心に進めた第2次安倍晋三内閣。長期政権はいずれも政治主導で政策を推し進めた。

国鉄改革は、政治主導の原型と言える。

国体護持派。国鉄の分割に反対する勢力は当時、こう呼ばれていた。国鉄の監督官庁である運輸省は、政府の第2次臨時行政調査会（臨調）が1982年7月30日に分割民営化をするべきだと答申しても、護持派が巻き返す可能性があるとみて、改革派と護持派の「二股をかけていた」（元国土交通次官）。

「戦場で弾が飛び交っている状況だ。鉄かぶとをかぶって外をのぞき、すぐに頭を引っ込めろ」当時、運輸省の若手官僚だった盛山正仁衆院議員は上司からそう教わった。省の幹部は国鉄改革を戦争に例え、戦況の変化を見逃さないよう警戒しつつ、どちらかの側について弾を受けることがないようにと注意を促して回った。

なぜ、運輸省は答申が出たにもかかわらず護持派に巻き返しの余地ありと見ていたのか。

それは、国鉄上層部の多くが護持派だったこと。そして、自民党運輸族のドンである加藤六月衆院議員らが、護持派を後方支援していたことが大きい。

その一方で、運輸省の若手らを改革派に近づけ、法案づくりに備えて情報を集めさせていた。

◇

国鉄上層部は土壇場まで分割回避に動いた。切り札にしたのが、護持派の代表格だった縄田国武副総裁ら役員が主導して秘密裏にまとめた独自の再建案だ。民営化後も分割せずに一体経営を続ける内容で、85年1月に政府に提出した。

これには中曽根康弘首相が「面従腹背だ」と激怒した。中曽根氏は翌2月の国会で、野党から国鉄が出した再建案への所感を問われ、「臨調答申の線に背く考えを持っている人がいたら、ケジメをつけなければならない」と答えた。

のちに仁杉巌総裁を含む分割反対派の国鉄役員の総退陣につながった「ケジメ発言」だ。「首相は本気だ」。運輸省は慌てて改革路線への転換を図った。4月に予定していた「国有鉄道再建実施対策室」新設の2か月前から、分割に向けた関連法案の作成準備に前倒しで着手した。

同じ頃、自民党運輸族の三塚博衆院議員は、葛西敬之氏ら改革派から国鉄の実態を聞き、分割民営化論者に転じた。

中曽根政権に依然影響力を持っていた田中角栄元首相が2月に脳梗塞《こうそく》で倒れたことも、自民党内の力学を変えた。田中氏の後ろ盾を得ているとみられていた仁杉氏の更迭をためらう理由がなくな

国鉄改革を巡る政官財の関係

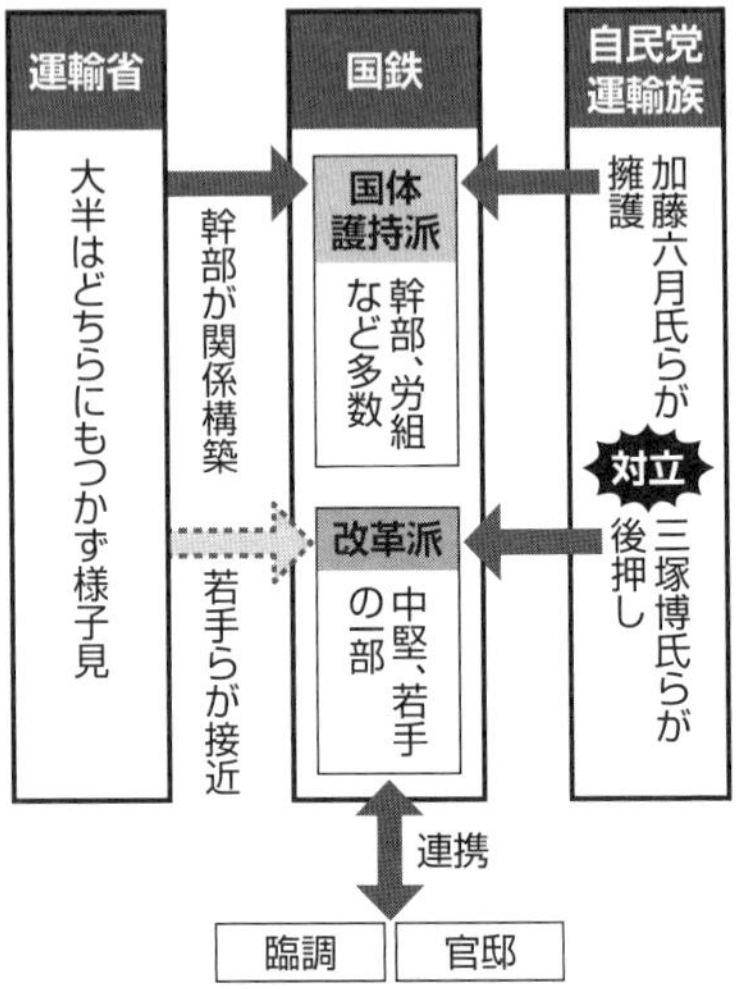

ったのだ。護持派の加藤氏も、次第に軌道修正を試みるようになった。

中曽根氏は自著で「運輸族の画策は確かにあったが、民有分割（分割民営化）でいかないとやばいと考えたのか、急に私に同調してきた」と振り返っている。

◇

運輸省の国有鉄道再建実施対策室には、若手のホープが集められた。後に国交次官となる入省10年目の本田勝氏や最も若手の藤井直樹氏らが机を並べ、分割民営化に向けた国鉄改革関連８法案づくりを急ピッチで進めた。「国鉄改革３人組」の松田昌士氏や葛西氏らも頻繁に対策室に出入りした。

法制化は膨大で複雑な事務作業の連続だった。既存の法令の中から「日本国有鉄道」や「国鉄」といった単語を洗い出し、削除したり用語を修正したりする必要があり、改正を要した関係法は１５４本に上った。本田氏は「国鉄改革は化けものみたいな政策課題だった」と回顧する。

国鉄改革の是非が主な争点となった86年7月の衆参同日選で、自民党は衆院５１２議席中、過去最高となる３００議席を獲得し圧勝した。国民は国鉄改革を支持した。

「国鉄です。民営分割で、元気になります」。この頃の国鉄が駅に掲示したポスターにはそんな言葉が躍った。

86年9月。「国鉄国会」ともいうべき第107臨時国会が召集された。関連法案の審議は衆院76時間、参院63時間36分に上り、87年4月の分割民営化に向けた準備のギリギリのタイミングで成立した。

国鉄総裁　37年で10人　任期半ばの辞任相次ぐ

1949年6月1日の発足から87年3月31日に幕を閉じるまでの37年あまりで、国鉄の総裁には計10人が起用された。9人が官僚出身者で、うち運輸省（前身の鉄道省を含む）OBが8人を占めた。

外部からの起用は三井物産元社長の石田礼助氏と大蔵次官経験者の高木文雄氏の2人。仁杉巌氏は鉄道省から国鉄に転じ、生え抜きの総裁と位置づけられている。

総裁の任期は4年で、内閣が任命する。事故や労組問題、経営悪化などの責任をとって任期半ばでの辞任が相次いだ。最も長く務めたのが4代目総裁の十河《そごう》信二氏で、在任期間は55年5月から8年に及んだ。東海道新幹線の開業に尽力し、後に「新幹線の父」と呼ばれる。

最短は初代総裁の下山定則氏でわずか1か月だった。職員の人員整理に踏み切った直後、出勤途中に立ち寄った日本橋三越で行方不明となり、東京都足立区の国鉄常磐線の線路上で轢死体で発見された。いわゆる「下山事件」で、国鉄を巡る怪事件の一つとされる。

4 「福祉路線」国鉄を圧迫

福祉路線。国鉄時代にこんな言葉があった。赤字が見込まれていても、「公共の福祉を増進する」（国鉄法第1条）ことを大義に、政治主導で整備が進められた路線だ。

路線をどこに新設するかを決める権限は、運輸相の諮問機関である鉄道建設審議会が握っていた。会長に自民党総務会長、小委員長に同党政調会長が就くのが慣例だった。党三役のうち2人を置くほど政治家がこの審議会を重視したのは、鉄道敷設が集票に直結したからにほかならない。審議会の委員28人中10人を国会議員が占めた。政治家の声が色濃く反映された審議会の意見で敷設は決まり、国鉄に拒否権はなかった。

◇

「採算の取れないところに投資をしてはならないというのは間違いだ。鉄道は赤字を出してもよい」

1962年の審議会で小委員長を務めた田中角栄自民党政調会長は、こう言い放った。

田中氏は47年に衆院議員に初当選。50年に地元の長岡鉄道（75年に旅客営業を廃止）の社長に就いた。のちに合併を経て越後交通となる同社の社員は選挙運動の中核を担う。道路特定財源を生み出し、日本の隅々まで道路建設を進めたイメージが強い田中氏だが、政治家の原点には鉄道があった。

田中氏は国家財政を握る蔵相になると、鉄道敷設のアクセルを踏みこんでいく。64年、ローカル線の新設に慎重な国鉄に代わり、建設を肩代わりする特殊法人「日本鉄道建設公団」（鉄建公団）を設立した。鉄建公団は、国の補助金や低利の財政投融資（財投）を財源に、全国に鉄路を広げる役割を担った。

田中氏は自民党総裁選への出馬直前の72年6月、事実上の政権構想として『日本列島改造論』を出版。ベストセラーとなった書の中で、こんな持論を開陳している。

「鉄道が地域開発に果たす役割は極めて大きい。赤字線を撤去すれば、赤字額を超える国家的損失を招く」

◇

総裁選に勝利した田中氏は権力の絶頂を極め、福祉路線の敷設を加速していった。

北海道東部で石炭や木材輸送を担った白糠《しらぬか》線。沿線の炭鉱が閉鎖され、利用の大幅な減少が見込まれていたにもかかわらず、72年に延伸された。田中内閣の当時の佐々木秀世運輸相が北海道選出で、政治圧力が働いたとされる。当然のように赤字は年々積み上がり、わずか11年後の83年に廃線となった。

鉄建公団は、国鉄再建法の施行で新線建設が凍結される80年までの間に35路線を新たに開業・延伸させた。完成した路線は国鉄に無償または有償で貸し付けられ、国鉄の経営を圧迫した。

「ほとんどが役割を発揮できなかった路線ばかりだ。実に無駄な投資だった」

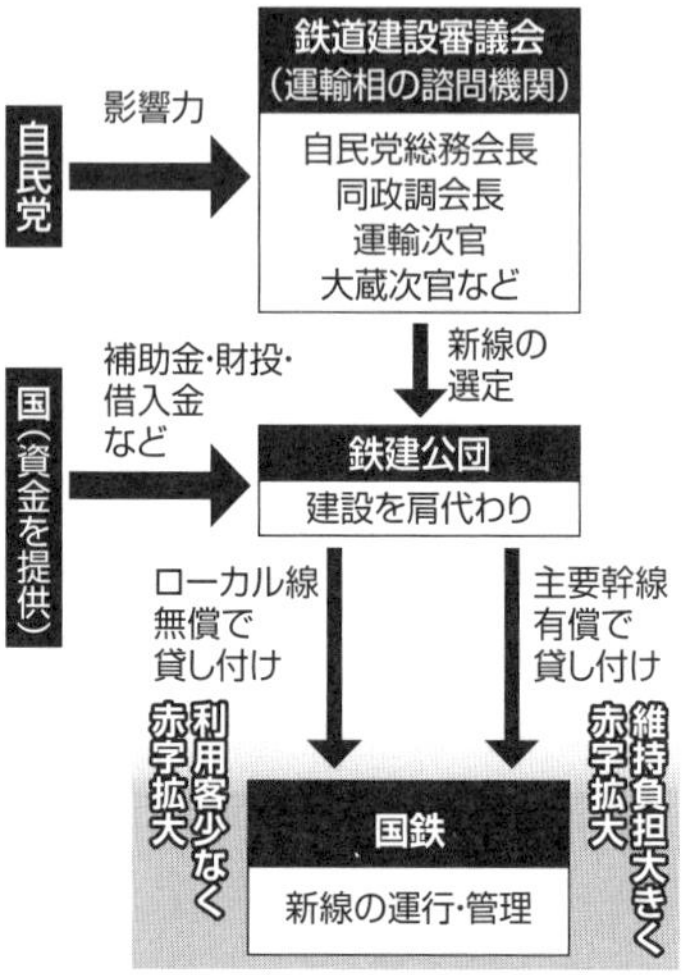

政治主導で「福祉路線」が拡大した構図

「国鉄改革3人組」の1人でJR東日本元会長の松田昌士氏は後に振り返っている。

JR東は発足直後、国鉄時代から検討されていた常磐新線（現つくばエクスプレス）の建設計画への参加を拒否した。沿線自治体などでつくる第3セクターに参加するよう政界から圧力を受けていたが、国鉄時代にはできない芸当だった。

◇

鉄道と高速道路は、不採算のインフラ建設に歯止めがかからなかった時期を持つ点で共通する。日本道路公団は国鉄の後を追うように2005年10月、東日本、中日本、西日本の3会社に分割された。「道路公団は1970年ぐらいの国鉄だ」。道路公団の民営化推進を議論する政府有識者会議の委員を務めた猪瀬直樹氏（現参院議員）は04年、国会でこう陳述した。鉄建公団が地域路線の拡大を進め、国鉄の経営が急速に悪化した時期になぞらえた。

田中氏の等身大の銅像が、新潟県南魚沼市のJR浦佐駅前に立っている。頭上には雪よけがある。豪雪地帯の越後を豊かにすることを夢みて鉄路と道路の建設に邁進《まいしん》した「今太閤」が、いかに地元から敬愛されているかを伝える。

この駅は、田中氏が建設に力を尽くした上越新幹線の停車駅だ。だが、1日平均の乗車人員（2

019年度）は672人と、上越新幹線の停車駅で最も少ない。

ローカル線 新設停止 道路整備は拡大方針

地方ではローカル線に並行して道路が整備されると、鉄道利用者が減る。マイカーやバスで移動した方が目的地に早く着いたり、柔軟に旅程を組めたりするようになるからだ。

岩手県盛岡市と宮古市間の移動は、JR山田線だと2時間半程度かかるが、特急バスなら最速1時間30分で着く。運賃は鉄道1980円に対し、特急バス2100円と差は小さい。山田線は1キロメートルあたりの1日平均利用者数（輸送密度）が500人を下回り、赤字から抜け出せるメドは立たない。

国鉄の分割民営化を機にローカル線は新設が止まった。さらに、コロナ禍で都心部のドル箱路線が従来のように稼げなくなり、JRはローカル線の縮小を本格化しようとしている。

一方、道路整備は今も延伸・拡大に力点が置かれている。鉄道が事業者自らの負担で線路を敷くのに対し、国の資産として残る道路の整備には建設国債の発行が認められ、金銭面の手当てがしやすいためだ。だが、地方の人口減少が著しい中で、道路が資産であり続ける保証はない。

5　巨大労組が翻弄

ＪＲ東日本が労務政策を大きく転換させる契機となる出来事が２０１８年2月に起きた。同社最大の労働組合「東日本旅客鉄道労働組合」（ＪＲ東労組）が、ストライキを行う可能性があると経営側と厚生労働省に通告したのだ。

18年春闘で、組合側は年齢や職種を問わない一律のベースアップ（基本給底上げ）を要求。経営側は拒否し、協議が暗礁に乗り上げたためだ。ストが実施されれば１９８７年の国鉄分割民営化後では初めてとなる。

人々の足を奪う鉄道会社のストは社会的影響が大きい。それでも経営側は強い態度に出た。「労使共同宣言の失効について」と題する文書を2月26日付で労組側に送付した。

宣言は国鉄時代の激しい労使対立を反省し、87年の分割民営化に合わせて労使の信頼醸成を図って結ばれたもの。失効は約30年にわたる良好な労使関係の転換を意味した。

組合側の動揺は大きかった。スト戦術への反発や経営側からにらまれることを恐れた組合員が、雪崩《なだれ》を打つように脱退した。

離反の流れをつくったのは、社会人野球の名門チームである野球部に所属する社員たちだった。野球部の部長は組合対応の要《かなめ》でもある東京支社（現首都圏本部）の総務部長が兼務している。組合が部長への誹謗中傷を強めると、「部長を攻撃するような組合はいらない」と一斉に組合を脱退した。この動きが全国の支社に広がった。18年春闘が終わった時点では、組合員の6割にあたる3万人が抜けた。通告時点で4万7000人いた組合員は、22年4月時点で3721人にまで減っている。

「労働組合とはもちろん丁寧に様々な議論をしていくけれども、労組に入っていない社員ともしっかり対話をする」

JR東の深澤祐二社長は19年2月の記者会見でこう述べ、非組合員の方が圧倒的に多くなったことを印象づけた。

◇

国鉄は職員40万人を抱えた巨大組織で、労働組合の影響力が非常に大きかった。歴代総裁は労組との関係に翻弄された。

身分が「みなし公務員」の国鉄職員には、スト権は認められていなかった。1975年、組合側は「ストライキの権利を得るためにストライキを行う」との発想にたどり着く。いわゆる「スト権スト」だ。当時の三木武夫内閣や、国民世論も、スト権の付与に前向きだったとされる。

11月26日から全国で8日間にわたって列車が全面運休した。代わりとなる私鉄などの駅に通勤・通学客が長蛇の列をなした。混雑のあまり電車の窓ガラスが割れた私鉄もあった。

国民の反発は大きく、組合側は事実上敗北した。こうした状況を招いた国鉄も信頼を失い、翌76年3月には藤井松太郎総裁が辞任に追い込まれた。

◇

国鉄の労使を巡る主な出来事

1946年	国鉄労働組合総連合会が発足
49年 6月	国鉄が発足
7月	定員法に基づき9万5000人の人員整理を実施
69年 11月	経営効率化に取り組む生産性向上（マル生）運動がスタート。労使対立が激化
71年 10月	マル生で不当労働行為があったとして、経営側が陳謝。マル生は中止に
75年 11月	労組が8日間のスト権ストを開始。旅客・貨物列車計約18万本が運休
76年 2月	会社が労組に、スト権ストでの損害202億円の賠償を求めて東京地裁に提訴
3月	藤井松太郎総裁がストの責任をとり辞任
82年 7月	臨調が国鉄の分割民営化を政府に答申
86年 1月	会社と労組がスト権行使自粛などを盛り込んだ「労使共同宣言」締結
87年 4月	国鉄の分割民営化

「ブルートレイン（夜行寝台特急）検査係にヤミ手当」「大阪駅でヤミ休憩ダイヤ」――。80年代に入り国鉄の経営悪化に注目が集まると、新聞紙上で国鉄の職場規律の乱れが繰り返し報じられるようになった。

経営側は、旧帝大出身者ら幹部候補生を労務の最前線に配置し、現場を監督させた。「国鉄改革3人組」を中心とする中堅社員は国鉄の将来を案じ、労組との対決姿勢を強めていった。

80年代初め、貨物専用の東京・汐留駅では、職員が仕事をさぼって同僚の引っ越しを手伝いにいく悪習があった。その話を「3人組」の1人で、当時、国鉄総裁室秘書課長だった井手正敬氏が聞きつけた。井手氏は駅を管轄する東京南鉄道管理局の管理職を呼びつけ、激怒した。「なんだお前の職場は。仕事をしないのは敵前逃亡だ。軍隊なら銃殺だ」。叱責《しっせき》された管理職は震え上がった。

国鉄改革の議論が盛りあがっていた82年3月、自民党運輸族の三塚博衆院議員は甲府駅を抜き打ちで視察し、衝撃を受けた。職員がたばこを吸いながら朝の点呼を受けていた。職員の無断欠勤を有給扱いにするなど、出勤簿の管理もずさんだった。

「まるで不随意筋の塊のようだ」

規律が乱れた職場を、自分の意思で動かすことのできない筋肉になぞらえた。三塚氏は国鉄幹部と親しかったが、この視察で改革の必要性を痛感したという。

多くの組合員は真面目に鉄道を運行させていたが、一部の組合幹部の専横が国鉄の歴史を終わらせる一因となった。

巨大組織では、経営側と労働者側がどのような関係を築くかは最大の課題と言ってもいい。国鉄時代のいびつな労使関係は、労組側に問題があっただけでなく、経営側の企業統治の失敗でもあった。非組合員が存在感を増すＪＲは今後、どのように職場との対話を深めていくのだろうか。

怪事件　真相闇のまま　3大国鉄ミステリー

国鉄発足直後には、初代総裁の下山定則氏が１９４９年７月６日に線路上で轢死体となって発見された「下山事件」以外にも怪事件が相次いだ。

９日後の７月15日、中央線三鷹駅構内で停車していた無人列車が突然暴走し、駅にいた乗降客らがはねられ６人が死亡した。国鉄を解雇された元職員ら10人が電車転覆致死罪で起訴されたが、９人が無罪となった。

１か月後の８月17日には、福島県内を走っていた東北線の列車が松川駅付近で転覆し、乗務員３人が命を落とした。レールの一部が外されており組織的、計画的な犯行とみられたが、起訴された20人全員が最終的に最高裁で無罪となった。

国鉄発足に伴う9万人を超える人員整理との関係が取り沙汰されたが、真相は闇のままだ。64年に時効が成立した下山事件とあわせて、「三鷹事件」「松川事件」は戦後の3大国鉄ミステリーとされる。

6 甘い皮算用

15兆9300億円。国民が負担している国鉄の巨額債務の2020年度末時点の残高だ。政府が税金を投じたり赤字国債を発行したりして毎年返済している。22年度も一般会計予算から3117億円を充てる。完済は2058年度の予定だ。

「将来世代への負担のつけ回しだ。先はあまりにも長い」と、財務省幹部はため息をつく。

「国鉄用地を処理財源に充てるなど可能な限りの手段を尽くした上で、なお残る長期債務は、何らかの形で国民に負担を求めざるを得ない」

国鉄再建監理委員会の亀井正夫委員長（住友電工会長＝当時）は1985年7月、中曽根首相に提出した意見書の中で、国民負担は避けられないと指摘した。監理委は、分割民営化を答申した政府の第2次臨時行政調査会を引き継いだ組織で、債務処理の具体案を練っていた。

20年にわたる赤字経営の積み重ねで、国鉄の長期債務総額は87年の分割時点で37・1兆円に上った。うち25・5兆円を政府の特殊法人である国鉄清算事業団（現鉄道建設・運輸施設整備支援機構）が引き継いだ。政府は土地など国鉄資産を売ったり、JR株式の売却収入を充てたりして借金を返済するとし、足りない部分を国民負担とした。

せっかく分割民営化したJRが再び債務問題でつぶれては元も子もないとの考えが背景にあった。JRの負担は経営に支障が出ない範囲に抑えられ、JR東日本など本州3社と貨物の計4社が5・9兆円分の債務をそれぞれ継承した。ほかに、新幹線の線路などの資産を持ちJR本州3社に貸し出す特殊法人の新幹線鉄道保有機構が5・7兆円を引き受けた。

◇

国鉄清算事業団に引き継いだ債務と返済の財源の見込み

※端数の四捨五入の関係で合計と総額は一致しない

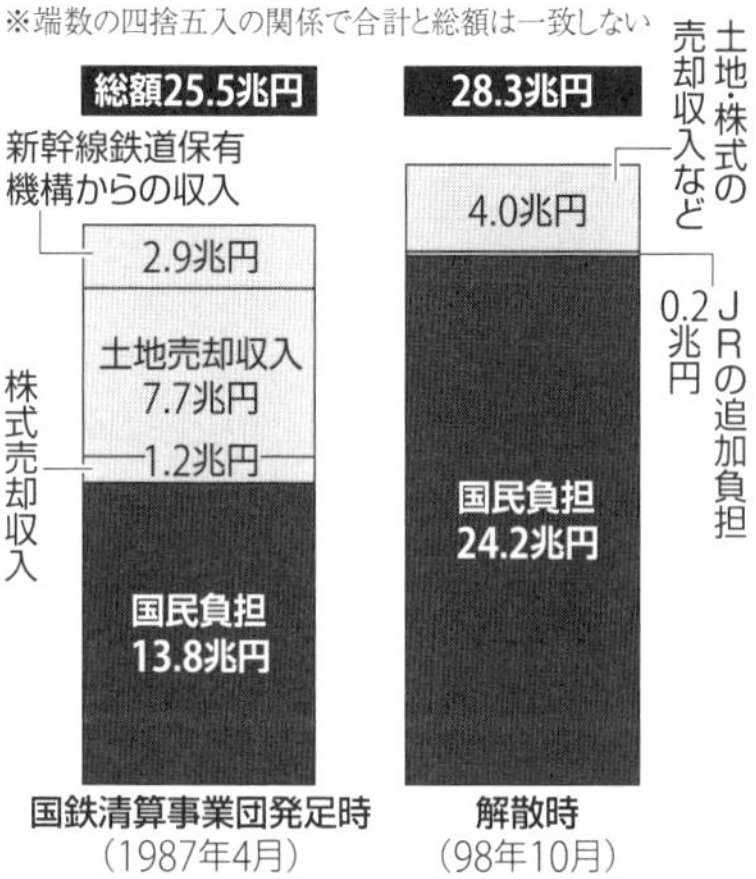

政府は、清算事業団を通じて国鉄の借金を引き受ける形になり、「いかに資産を高く売るか」が使命となった。時はバブル経済のただ中。地価は上昇を続けており、当初は「急がなくていい。もっと高く売れる」との楽観論が支配的だった。

「21世紀は不動産の時代。清算事業団を第二の三菱地所にしよう」。運輸省内ではこんな声が出るほど、高揚感にあふれていた。商談は都市銀行から次々に持ち込まれた。

債務処理を担当した国土交通次官OBは「売却益

で債務を完済し、お釣りは整備新幹線の財源に充てようと話す先輩もいたほどだ」と振り返る。

国鉄が所有する土地は6万5400ヘクタールあり、少なくとも2600ヘクタールが売却可能と監理委はみていた。運輸省の内部文書には候補地として、150年前に初代新橋駅として日本の鉄道開業の起点となり、昭和期には貨物駅として首都への物流を支えた汐留駅や、東京・丸の内の国鉄本社敷地など都心の一等地が並んでいた。

◇

だが、甘い皮算用は、バブル崩壊で吹き飛んだ。

地価高騰が社会問題となり、政府は87年10月、緊急土地対策要綱を閣議決定した。地価の上昇を抑えるため、政府機関に対して土地売却を抑えるよう求める内容だ。これにより清算事業団は土地売却をしにくくなり、高値で売るタイミングを失った。

その後、不動産融資への規制や金融引き締めが相まって不動産価格は一気に下落。資産は安値で買いたたかれた。

現在は再開発が進んで高層ビルが立ち並ぶ汐留駅周辺。バブル期には地価4兆円とも言われたが、売却額は10分の1程度の約4300億円にしかならなかった。

土地売却を進めても、年1兆円の利払いに追いつかない。清算事業団が解散する98年10月時点で抱える債務は28・3兆円と、発足時よりも膨らんでいた。

国鉄は運賃値上げの手足を国に縛られて収益が十分に上げられない一方、大量に抱えた職員の年金払いなど人件費が経営を圧迫した。政治に振り回され、不採算なローカル線や、新幹線の拡大に向けた投資がかさんだことも重しとなった。巨額債務で身動きが取れぬまま、分割民営化に至った。

「国鉄改革から35年、検証をこの調査会でやるべきだという意見もあった」

22年8月4日、自民党本部で開かれた整備新幹線等鉄道調査会後、稲田朋美会長が明らかにした。改めて分割民営化の功罪を検証すべきだという意見が出始めている。

喫煙者が追加負担　たばこ特別税導入

1997年末、橋本龍太郎首相を議長とする財政構造改革会議は、膨れ上がる国鉄債務の処理に向け、長期返済計画の策定だけではなく、「たばこ特別税」の導入を決めた。すでにあるたばこ税とは別に、1本あたり0・82円を喫煙者に追加負担してもらう新税だ。

会議では交通機関の利用者に負担増を求める方向で、様々な財源確保策が検討された。鉄道利用税、自動車や航空などの利用者全体で負担する総合交通税、道路整備特定財源の活用。いずれも運輸族議員らの強い反発で導入に至らなかった。

結局、嗜好《しこう》品で、反発が少ないと見込まれた喫煙者に白羽の矢が立った。

ただ、取りやすいところから取る手法には、こんな批判もあった。

「沖縄は他県より喫煙者が多いが、国鉄は一本も走っていない。負担を求めるのはおかしい」

当時、大蔵省主税局総務課長だった森信茂樹氏は、「相手の理屈が正しく、反論できなかった」と振り返っている。

インタビュー

「ショック療法」成功のカギ

石井幸孝《いしいよしたか》氏　ＪＲ九州初代社長

国鉄の常務理事を務めていた１９８５年6月、就任直後の杉浦喬也《たかや》総裁から総裁室に呼び出され、問われた。「君は分割民営化に賛成か反対か」。私は迷わず「賛成です」と答えた。

新聞で連日、職場規律の乱れが報じられ、飲み屋で名刺を出すことも恥ずかしかった。同じように1人ずつ呼び出された役員の３分の２は反対を唱えてクビになったが、私は抜本的に組織を変えなければいけないと思っていた。

国鉄に入社したのは55年。職員が多く、法学士たちが経営管理する「事務」、鉄道建設を担う「土木」、車両開発の「機械」と呼ばれた3系統が、それぞれ別の会社のように独立していた。大組織にありがちな予算や要員の取り合いがあり、国鉄全体を見た経営戦略がなかった。

国鉄改革が成功したカギは「分割」だ。権益争いに明け暮れる組織にとって、一番嫌なショック療法だった。当事者能力がない国鉄は一度解体して作り直さねばならない。これが中曽根康弘首相の発想だった。

国鉄側で改革を主導し、ＪＲ東海社長を務めた葛西敬之氏ら「改革３人組」の狙いは、本州に黒字の鉄道会社を３社つくることだった。国鉄改革がトータルとしてうまくいった、と国民に理解してもらうためだ。これに中曽根首相も乗った。九州、北海道、四国と貨物会社は例外のような扱いだった。

都市部だけでなく地方を意識した鉄道会社をいかに経営するか。民営化を見据え、私は近畿日本鉄道を研究した。鉄道だけでなく、旅行、ホテル、車両メーカーなどグループ各社が一流で、多角経営に成功していた。

ＪＲ九州もこれを参考に経営の多角化を進めた。人材を様々な会社に派遣し、マンションやゴルフ場など、「鉄道以外も何でもやる」態勢を作った。今のＪＲ九州はブランドこそ鉄道会社だが、実態は不動産開発会社だ。本州3社以外で唯一、完全民営化できた成功の理由はそこにある。

他方、分割によって生じた問題も大きくなってきた。一つがローカル線の問題だ。海外では、もうかった地区の会社から、もうからない地区の会社に補助金を回す仕組みも見られる。民営化されたＪＲではできない。株主がいるからだ。例えば、政府が、上場4社が国に納める税収の1割程度を経営が苦しいＪＲ北海道の支援に回すといったことを考えてもよいのではないか。

新幹線のような都市間をまたぐ輸送も分割になじまない。九州新幹線は、博多と鹿児島の間の乗客ではなく、大阪や広島などからの乗客で利益を出している。各社の新幹線部門を集めてＪＲ貨物と統合し、全国的な戦略を考えられる新幹線会社を作るとともに、物流手段としての活用も検討するべきだ。

日本の鉄道史は、約30年ごとに大きな変化が起きている。２０２２年はＪＲ発足から35年の節目だ。国鉄の分割は当時は正しかったが、今は7社で競争している時代ではない。オールジャパンで鉄道をどうしていくかを考えなくてはならない。

（22年9月7日掲載）

1932年広島県生まれ。55年東大工卒、国鉄入社。車両設計に携わった後、常務理事・首都圏本部長を経て、87年に初代JR九州社長に就任。社長を10年、会長を5年務め、経営多角化を進めた。著書も多く、2022年8月に『国鉄――「日本最大の企業」の栄光と崩壊』（中公新書）を出版。

第４章

新幹線

岐路に立つ高速鉄道

1964年10月１日、東海道新幹線開業式で多くの人々に見送られ
東京駅を出発する「ひかり１号」

1　高速鉄道網　曲がり角

日本の鉄道開業に先立つこと7年、１８６５年に海岸で蒸気機関車を走らせ、「我が国鉄道発祥の地」の碑がたつ長崎。九州西端の地へとつながる西九州新幹線が２０２２年9月23日、開業した。「約50年の時を経て、ついに長崎駅に新幹線が開通した。開業効果が広く西九州全域に波及することを期待している」。23日早朝、ＪＲ長崎駅で開かれた記念式典に駆けつけた斉藤鉄夫国土交通相は述べた。

政府が西九州新幹線を含む全国の新幹線整備計画を策定したのは、田中角栄内閣の１９７３年に遡る。全国に高速鉄道を巡らせて経済発展の果実を行き渡らせ、国全体を豊かにさせる構想だった。「これからの新幹線は人口の集中した地域を結ぶだけではなく、むしろ人口の少ない地域に駅を計画的につくり、その駅を拠点にして地域開発を進めるように考えなければならない」

田中氏は整備計画を決定する前年、著書『日本列島改造論』でこれから建設する新幹線の考え方をこう示した。すでに開業していた東海道新幹線や山陽新幹線が在来線の輸送力の行き詰まりを解消するためだったのとは一線を画した。

西九州新幹線が開業までに半世紀かかったのは、佐賀県が慎重姿勢を示したことが大きい。佐賀県内の大半の区間を残したまま武雄《たけお》温泉－長崎間が開業し、博多駅から長崎県に向かうには在来線のリレー特急から乗り継ぐ形となる。未着工の新鳥栖《しんとす》－武雄温泉間（51キロメートル）はルートさえいまだに決まっておらず、全国の新幹線網から外れたままだ。

東北新幹線の上野―大宮間、九州新幹線の博多―新八代《しんやつしろ》間のように、これまでも工事の遅滞などで他の区間に遅れて開業したケースはあった。だが、地元自治体の難色が理由の未着工区間は初めてとなる。「今までの方程式にはないパターン」。国交省幹部は頭を抱える。

全国の新幹線鉄道網の現状 国交省資料などから作成

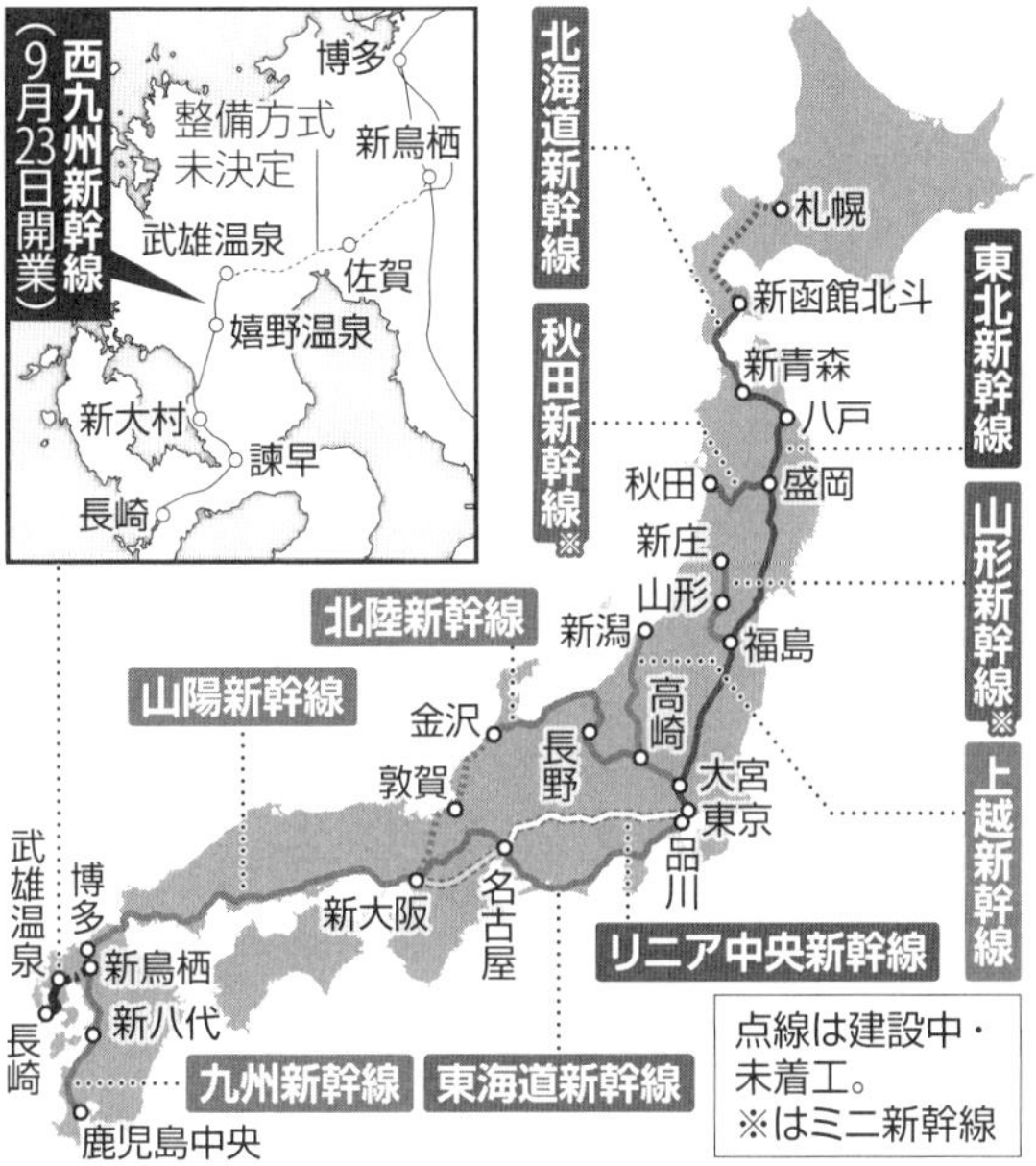

◇

佐賀県が新幹線整備に後ろ向きなのは、財政負担を求められるのに対しメリットが乏しいとみているためだ。

整備新幹線についての政府・与党の申し合わせにより、新幹線が開業すると並行する在来線の運営はJRから地元に移され、第3セクターが担う。国交省の試算によると、西九州新幹線の未着工区間を、九州新幹線などと同じ「フル規格」で作る場合、佐賀県には660億円の追加負担が生じる。県の2022年度一般会計当初予算の1割強に相当する額だ。

財政負担を上回るメリットがあると見込むからこそ、各地の自治体は新幹線整備を求めてきた。しかし、佐賀県は事情が異なる。佐賀駅と博多駅間は在来線特急で約40分。新幹線ができても短縮できる時間は限られる。旅行客の大幅な伸びも見込めず、むしろ地域の衰退につながるとの懸念が強い。

フル規格ではなく、在来線の線路を改良して走らせる「ミニ新幹線」方式も検討された。建設費は安く済み、佐賀県の負担も小さくなる。だが、曲がりくねった場所もある在来線と同じ路線を走るため、130キロメートルまでしか出せないなどの制約がある。車両もフル規格より小さくなる。

解決策になるはずの幻の計画もあった。車輪の幅を変えられる「フリーゲージトレイン」（FGT）の導入だ。車輪の幅が広い新幹線車両をFGTにすれば在来線の線路の上を走れる。在来線の経営を切り離す必要がなくなり、地元の負担を大幅に削減できる。国交省とJR九州はしぶる佐賀県対策の切り札とした。国は12年6月、FGT導入を前提に武雄温泉—長崎間の工事を認可した。

ところが、FGTの開発は車軸の摩耗や亀裂が生じるなど耐久性の課題が大きいことがその後の試験で明らかになった。17年にJR九州はFGTを断念。西九州新幹線の整備方針を協議する与党の検討委員会は19年、ミニ新幹線ではなくフル規格で整備すべきだとの方針をとりまとめ、現在のかたちでの開業が決まった。

一方で、未着工区間は棚上げとなった。国交省鉄道局と佐賀県は、「幅広い協議」という名の会議体を設けたが、議論は平行線をたどっている。

◇

西九州新幹線の開業を1か月後に控えた8月29日。長く慎重姿勢を崩さなかった佐賀県の山口祥義《よしのり》知事は、東京・永田町にある自民党本部で、森山裕《ひろし》選挙対策委員長と向かい合っていた。森山氏は与党検討委員会の委員長を21年12月から務める。山口氏が総務省の官僚時代、党の要職に就いていた森山氏とは過疎対策で共に仕事をした間柄だ。

「新たな発想でお互い協議していこうということ。膠着状態を打開する意味でも、意見交換ができたのは意味があった」。山口氏は会談後、こう述べた。森山氏は「新幹線は九州全体がうまくつながることが大事だ」と話した。

佐賀県がかたくなに反対し続けてきた「フル規格」を掲げる検討委トップとの和やかな協議は局面の変化を感じさせた。山口氏は年末に3選に向けた知事選を控えていた。「妥協点を探りにきたのではないか」との観測が国交省内に出た。

人口減少が進み、コロナ禍を経てテレワークやリモート会議が社会に定着しつつある。戦後日本の発展を支えてきた新幹線網をどこまで広げるべきか。西九州新幹線開業は、国全体に問いを投げかけている。

「新幹線」単語　1939年登場　弾丸列車構想

今や海外でも「Shinkansen」で通じ、一般名詞としてすっかり定着した新幹線。国鉄が主要な路線と位置付けた「幹線」を新たに敷設するという意味の造語だ。国内で最初に使われたのは、日中戦争さなかの1939年まで遡る。

当時は日本の大陸進出に伴い鉄道輸送の需要が高まっていた。鉄道省は東京―下関間を9時間で結ぶ「弾丸列車」構想をまとめ、40年に建設が正式に決まった。当時の資料や新聞記事に「新幹線」の言葉が残る。将来的には朝鮮海峡トンネルを経て、大陸とつながる鉄道網を築く遠大な計画だった。

計画は43～44年にかけて戦況が悪化したため中断されたが、用地やトンネルなどの一部は後年、東海道新幹線建設に生かされた。静岡県函南《かんなみ》町に「新幹線」という地名が残る。弾丸列車計画のために41年に着工した「新丹那トンネル」の工事関係者たちが住み始めた集落だという。

2　建設財源　前借り頼み

2020年の末、23年春予定だった北陸新幹線の金沢―敦賀《つるが》間の延伸開業が、建設工事の遅れで1年以上延びるとの見通しが明らかになった。事業費が想定より3000億円弱増えることもわかった。

沿線開発や観光キャンペーンの準備を進めていた地元には、開業が遅れる影響は計り知れない。「常識では考えられない」（当時の谷本正憲石川県知事）などと不満が噴出した。

国土交通省は、新幹線の建設を担う独立行政法人「鉄道建設・運輸施設整備支援機構」に対し、作業の遅れを把握しながら社内で報告がなされていなかったことなどを重くみて、12月22日、初の業務改善命令を出した。自治体や与党による批判の強まりから、機構の北村隆志理事長は辞任に追い込まれた。

この一件で、機構の施工管理能力やチェック機能の不備が露見した。ただ、それ以上にあらわになったことがある。

「政治の要求に押されて開業目標がいつの間にか必達目標になっていく」（国交省幹部）という新幹線建設の実情だ。それが事業費の膨張を招いていた。

◇

新たな新幹線建設の財源確保は綱渡りだ。

ＪＲ各社の新幹線事業は、線路や駅などの施設を持つ機構から借りて営業し、「貸付料」という使用料を機構に支払っている。これが建設費に充てられている。

貸付料は、ＪＲが新幹線の開業で得られる利益の範囲内で決まる。ＪＲに身の丈を超えて多く負担させると、巨額の負債を抱えた国鉄の二の舞いになりかねないとの教訓を踏まえて決まった。支払期間は、開業後30年間。

建設費のうち、貸付料を除く部分は、国が３分の２、地方が３分の１を負担するのが建前となっている。

15年、自民党が地方創生の目玉として、北陸、北海道新幹線の開業を前倒しした。さらに、人件費や資材価格の高騰も相まって建設費は膨張した。ＪＲと国、地方の負担だけで建設費を賄うのは

新幹線建設の財源確保の仕組み

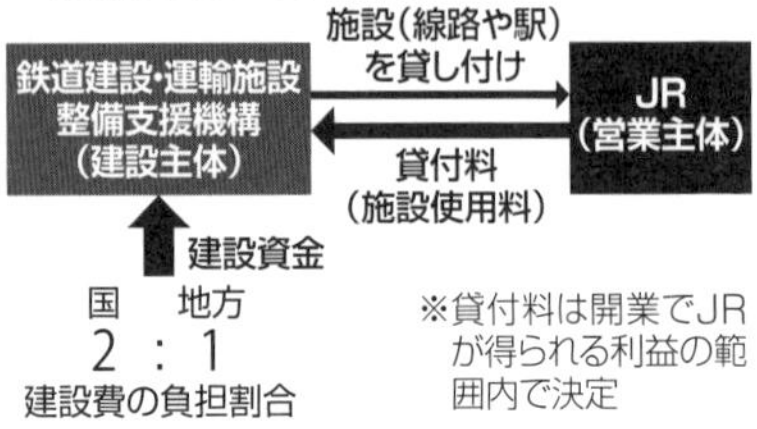

※貸付料は開業でJRが得られる利益の範囲内で決定

難しくなった。

このため弥縫《びほう》策として編み出されたのが、貸付料とは別に、ＪＲの将来の収益を担保にして「前借り」する形で、国の財政投融資資金や民間からの融資を使って埋め合わせる仕組みだ。

国交省幹部は解説する。「国の信用に頼った借金である財政投融資という「禁断の果実」を使って、工事費の不足を埋めているにすぎない」

国交省は、西九州新幹線（武雄温泉―長崎）についてＪＲ九州の支払う貸付料を年間５億１０００万円とすると、開業前日の２０２２年９月22日に発表した。当初、貸付料を20億円と見込んでいたが、部分開業にとどまり、九州新幹線との接続のめども立っていないことから収益力を低く見積もった。本業で得られる貸付料が減る分、「禁断の果実」に頼り続ける構図が続く。

かつて、新幹線建設の財源について物議をかもした発言があった。

「昭和の３大バカ査定と同じになる」

大蔵省の田谷広明主計官が１９８７年12月に言い放った。３大バカ査定とは、戦艦大和・武蔵、青函トンネル、伊勢湾干拓の３事業のことで、採算を顧みずに巨額の血税を投じた無駄遣いとみなし、新幹線はこれに続くものとして批判したのだった。与党の建設推進派議員らは激しく反発したが、十分な財源の裏付けなき新幹線建設への警鐘として今も語り継がれる。

◇

大阪府の吉村洋文《ひろふみ》知事が2022年8月1日、北陸新幹線の未着工区間（敦賀－新大阪）の早期開業を求める協議会で気勢を上げた。

「東西二極の国土軸、国土の強靭《きょうじん》化という観点から、大阪までの全線開業は非常に重要だ」

大阪への延伸の総工費は2・1兆円と見込まれるが、資材費の高騰でさらなる膨張が懸念されている。

札幌までの31年3月の延伸を目指し工事を進めている北海道新幹線は、地元から札幌五輪を見据えた開業の前倒しを求める声が強い。

「北海道で再度同じことが起こらないように取り組んでいきたい」。北陸新幹線の開業遅れで機構に処分を出した3日後の20年12月25日、閣議後記者会見で赤羽一嘉国土交通相（当時）は、この一言にとりわけ力を込めた。だが、財源のメドなき建設の要望は続く。

鉄路見守る　ミスター新幹線「延伸で地方活性」

ミスター新幹線。そんな異名を持つ代議士がいた。鹿児島県を地盤とし、労相や自民党総務会長などを歴任した小里貞利《おざとさだとし》氏（2016年死去）だ。「無駄な公共事業」と批判されても、「新幹線こそ地方活性化の切り札」と、北海道新幹線や北陸新幹線の延伸に力を尽くした。

東海道新幹線が開通した1964年、「（ひかり号が）経済を担う東西の中心地を颯爽《さっそう》と行き交う姿を目の当たりにして、日本全国かくあるべきと固く信じた」という。

2011年に全線開通した九州新幹線の実現には、小里氏がその時々の首相や財政当局を熱心に説得し、地道に予算をつけてきた尽力があった。「まさにミスター新幹線の本領発揮でありました」。JR鹿児島中央駅西口に立つ胸像に、小泉純一郎元首相が贈った碑文が刻まれている。05年の政界引退後も、新幹線の必要性を全国各地で訴え続けた。新幹線の存在意義が変わりつつある中、その称号を受け継ぐ議員は現れるだろうか。

3　並行在来線　赤字続きでも「地域の足」

車窓に映る東シナ海が美しい肥薩《ひさつ》おれんじ鉄道。熊本県八代市と鹿児島県薩摩川内《さつませんだい》市を結ぶ。2004年の九州新幹線の部分開通でJR九州から経営が分離された並行在来線だ。

沿線の鹿児島県阿久根《あくね》市にある水産土産物屋「若松商店」の富永忠吉さん（76）は嘆く。「博多からの観光客が減って売り上げが1割落ちた。いりこ、かつおぶしがよく売れていたのに」

かつて阿久根市には博多と鹿児島を結ぶ特急が停車していたが、新幹線開通とともに特急は廃止され、乗降客は激減した。

おれんじ鉄道移行後の利用者は、自動車を運転できない学生や高齢者が大半だ。経営は苦しく、本業のもうけを示す営業利益はコロナ禍前の19年度でも約7億円の赤字で、補助金に頼らざるを得ない。

この構図は並行在来線に共通する。

◇

並行在来線は、整備新幹線の開業でJRから経営分離された路線だ。整備新幹線とは1973年に策定された国の新幹線整備計画にある北海道、北陸、九州、西九州、東北（盛岡－青森）の五つの新幹線を指す。東海道新幹線などの建設費が国鉄の経営を圧迫したことを受け、新幹線建設を公共事業として推進するために編み出された。

並行在来線が経営分離されるまでのイメージ

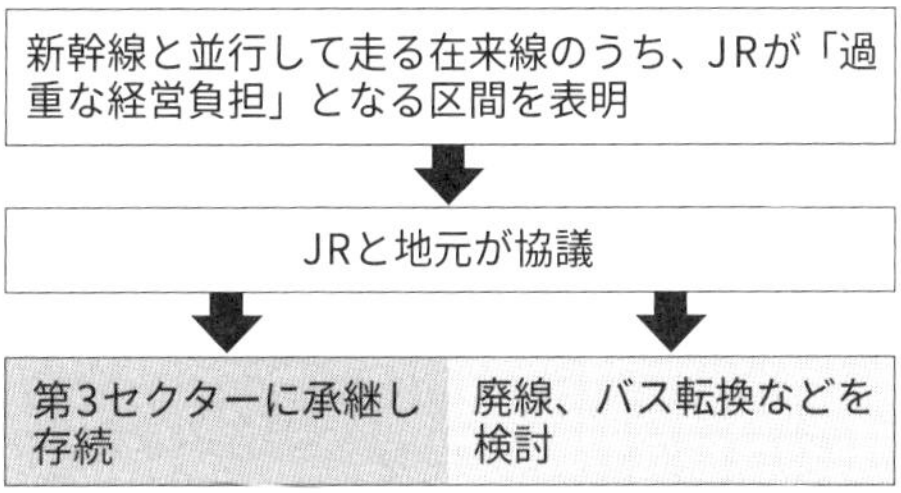
新幹線と並行して走る在来線のうち、JRが「過重な経営負担」となる区間を表明
JRと地元が協議
第3セクターに承継し存続
廃線、バス転換などを検討

並行在来線もまた、国鉄時代と同じ過ちとならないための措置だ。新幹線が開業すると、並走する在来線特急の利用者は減る。新幹線に加えて不採算な特急もJRが運営すると、経営負担が重くなりすぎる。

経営分離の対象はJRの判断で選ぶことができ、分離後に存続するかは地元が決める。

誕生した並行在来8路線はすべて、自治体と民間の共同出資による第3セクターが引き継いでいる。地方は自動車社会となっており、鉄道経営は苦しくなることが見えていても、地元自治体は学生や高齢者の足を維持することを選択する。

23年度末の北陸新幹線の敦賀駅への延伸で、新たな並行在来線が誕生する。北陸線の金沢－敦賀間の分離に伴い、福井県内の区間は「ハピラインふくい」の名称で再スタートを切る。

「高齢化が進む中、公共交通機関の鉄道は重要だ」。22年3月28日、福井県の杉本達治知事は強調した。

先行きは厳しい。経営計画によると、運賃を最大2割引き上げるが赤字が見込まれる。県と沿線自治体は赤字を穴埋めする基金を設ける。

並行在来線の経営を巡ってJRと自治体が直談判に及んだケースもある。

07年、長野県の村井仁《じん》知事は東京・代々木にあるJR東日本の本社に乗り込んだ。1997年の北陸新幹線高崎－長野間開業時にJRが手放さなかったJR信越線の長野－篠ノ井《しののい》間9キロメートルをしなの鉄道に譲渡するよう、清野智社長に求めたのだ。通勤・通学客の多いドル箱区間がしなの鉄道の手に渡れば、大幅な経営改善につながる。

JR側は、名古屋市方面から長野をつなぐ特急ダイヤとの調整の必要があるなどと主張し、譲渡は実現しなかった。しなの鉄道は並行在来線で唯一、「飛び地」の路線を持つ状態になっている。

◇

新潟県のえちごトキめき鉄道の鳥塚亮《とりづかあきら》社長は、採算のみでとらえるべきではないと考える。「そもそもJRが採算を見込めないから手放したが、『赤字だからダメ』というのはナンセンスで、インフラのコストと考えるべきだ」

赤字ローカル線のあり方を巡る議論が全国的に本格化しつつある中、並行在来線はその課題に先行して直面してきた存在と言える。

北海道新幹線の札幌延伸に伴い経営分離される予定のJR函館線では、長万部《おしゃまんべ》－小樽間140

キロメートルを廃線とし、バス転換することが、22年3月に沿線自治体の協議会で決まった。並行在来線の廃止決定は全国2例目だ。1例目の信越線の横川―軽井沢間は県境で峠越えという特殊な区間だったため、事実上、初の廃線・バス転換となる。

「この問題は、地域公共交通をどう守っていくかという話だ。住民の利便性を考え、未来志向で決断させていただいた」

斉藤啓輔余市町長は協議会でこう語った。

「峠の釜めし」は残った　初の廃線　横川―軽井沢

並行在来線で初の廃線となった信越線の横川（群馬県）―軽井沢（長野県）の11キロメートルにわたる区間は、鉄道史においても特殊な路線だった。

西條八十《やそ》の詩でも知られる中山道最大の難所・碓氷《うすい》峠を挟む。標高差は553メートル。国内屈指の急勾配路線だった。1963年までは「アプト式」と呼ばれる2本のレールの間に凹凸のあるレールをもう1本敷き、専用の補助機関車に取り付けた歯車をかみ合わせて斜面を登った。63年からは、この峠越え専用に開発された電気機関車「EF63」2両を、通常の列車に連結して通過した。

運行コストが割高だったうえ、県境をまたぐ区間で地元住民の日常的な移動は少なかったことから、廃線となった。

――横川駅で機関車を連結する停車時間に多くの乗客が買い求めた駅弁「峠の釜めし」は名物として知られ、現在も軽井沢駅などで販売されている。

4　「夢の超特急」高度成長貢献

「東京―大阪が日帰りで行けるようになった。人的交流が大変濃くなり、日本経済の発展に大きく貢献してきた」

ＪＲ東海の金子慎社長は２０２２年８月、記者会見で東海道新幹線の歴史的役割を強調した。58年前の１９６４年10月、東海道新幹線は初の東京五輪開催に合わせ、開業した。別名「夢の超特急」は、今では高度成長期の象徴として前向きな文脈で使われるが、計画当初は皮肉も込められていた。

「『夢の』というのは、できもしない空想という意味でした」。運輸省（現国土交通省）で新幹線の土台となる計画に携わった角本良平氏は述懐した。新幹線は、採算性と技術力の両面で疑問視されていた側面もあったのだ。

◇

東海道新幹線構想は、１９４０年に決まった弾丸列車計画が戦況悪化で頓挫してから約15年の時を経て再浮上した。世は朝鮮戦争特需で好景気。50年からの５年間で、東海道線は旅客も貨物も輸送量が1・5倍程度に膨張した。

東海道線の輸送力は当時1日約2000両。その10倍分の貨物輸送の依頼が殺到していた。対応を迫られた国鉄は56年、東海道線増強の検討を始めた。

意見が割れたのがレールの幅だ。在来線と同じ狭い幅でレールを敷く「狭軌」案が当時は有力だった。接続が可能となる東海道線を活用でき、早期の実現が見込めた。想定する最高速度は時速150キロメートルだった。

一方、まだ国内にはなかった広い幅のレール「広軌」を敷設して高速鉄道を走らせるのが「新幹線案」だった。軌間は広い方が安定性が高まり、より高速で走行できる。最高速度は200キロメートルと想定された。車両も大きくできるので、輸送能力も狭軌案に比べ1・3倍になると考えられた。だが、用地取得や技術開発、莫大《ばくだい》な資金調達が必要で、有力な選択肢ではなかった。

◇

高速鉄道に対する世間の目は冷ややかだった。51年、民間航空が再開し、55年にはトヨタ自動車が国産初の本格的乗用車「クラウン」を発売した。日本初の高速道路「名神高速道路」の建設計画も浮上していた。海外で鉄道は「時代遅れ」とみなされつつあった。

新幹線の意義を訴え、実現に全力を注いだのが国鉄第4代総裁で、後に「新幹線の父」と呼ばれる十河信二氏だ。「近代的な高速鉄道を実現するには広軌の採用が不可欠だ」。昼夜を問わず政治家の説得に回った。

新幹線案が劣勢をはね返す契機となった文書がある。6時間30分かかった東京―大阪間を「3時間で結ぶことが可能」。国鉄の鉄道技術研究所が57年に発表した技術調査報告書に世間は驚き、潮目が変わった。

資金調達をどうするか。岸信介内閣の佐藤栄作蔵相は、十河総裁に助言した。「世界銀行から借款を受けて、事業を外から縛れば良い」。後に首相となる佐藤氏は、鉄道省の官僚から運輸次官を務めた経歴を持つ。内閣が変われば方針が変わりかねないとの危惧に対し、世銀融資で国際公約化してしまうアイデアを授けた。61年、世銀から8000万ドル（290億円）の低利融資を受け、資金問題に道筋が付いた。

◇

東海道新幹線は、開業から10年足らずで年間輸送人員1億人を突破した。

元JR東日本会長の山之内秀一郎氏はこう振り返っている。「新幹線を作る英断をしていなかったならば、現在の日本の経済成長は不可能だったかもしれない」

東海道新幹線の華やかな成功は、かつて冷ややかだった世論を新幹線待望論へと傾かせていく。東海道新幹線から延伸された山陽新幹線（新大阪－岡山間）が開業した72年、田中角栄通商産業相は首相就任直前に著した『日本列島改造論』で、新幹線を国内各地に張り巡らせ、拠点都市を1～3時間で結ぶ構想を描いた。

2022年6月、四国4県などでつくる四国新幹線整備促進期成会が建設の陳情に国交省を訪れた。香川県の浜田恵造知事（当時）は、新幹線がなければ「地域が悪循環に陥ってしまう」と焦りを隠さない。

田中内閣が1973年に全国の新幹線整備計画を策定してからまもなく半世紀。新幹線は地域振興にとどまらず、赤字が続くローカル線を維持するため収益を確保するという観点からも、地方から求められ続けている。

十河総裁　広軌論者の系譜　レール幅　欧米の「標準」

東海道新幹線の実現にあたり重要な議論となったレールの幅は、欧米では広軌（軌間1435ミリ）が一般的で「標準軌」とも呼ばれる。国鉄の在来線で採用されている狭軌（同1067ミリ）は主に英国の植民地などで採用されていた。

狭軌は線路やトンネルの工事費が抑えられる。鉄道建設の当初、英国技術者から「経済発展していないのだからコストをかけない方がいい」と助言された経緯があった。

しかし、狭軌では軍事戦略上の輸送力を満たせないなどとして、日清・日露戦争の頃からたびたび広軌への改良論が浮上した。初代鉄道院総裁の後藤新平は広軌への改良を目指したが、「路線の延長を優先すべきだ」との立場だった与党・立憲政友会総裁の原敬らが反対し、1919年に立ち消えとなった。

前述の十河信二総裁は後藤に師事した広軌論者だった。58年7月に国の調査会が「広軌採用」を答申した後には、後藤の墓前に報告したという。

5　緻密ダイヤも商品

運行1本で900万円。コロナ禍前の2019年度、東海道新幹線で得られる収入だ。最高時速285キロメートルで1時間に最大12本運行する「のぞみ」がその屋台骨となっている。

JR東海は1987年の発足以降、東海道新幹線で稼ぎ出した利益をさらなる新幹線サービスの向上に充て続けてきた。需要に対応した緻密《ちみつ》なダイヤ、車両性能アップと、「のぞみ」は進化を続けてきた。

発足直後の88年1月、ライバルだった航空機との乗客争奪戦を制するため、速度向上のための特命チームを設けた。主導したのは、国鉄民営化を推進し、後にJR東海のトップとなる葛西敬之総合企画本部長だ。

使命は東京―新大阪間を2時間半で結ぶこと。20分を削る必要があった。技術陣が試行錯誤の末に目標を達成したのが初代のぞみ「300系」だ。車体を鋼製からアルミ合金にして軽量化を図り、小型で強力なモーターを積んだ。その後も速度向上の取り組みは続いていく。「700系」は、トンネルに入った際の衝撃音を抑えるため、車両の先端は細長くとがり、「カモノハシ」の異名がついた。

最新車両「N700S」は東京―新大阪間を最短2時間21分で結ぶ。最新鋭の制振システムを備え、対向車両とトンネルですれ違っても乗客が気づかないほどに振動を抑えた。

◇

今や最高時速はJR東日本の東北新幹線「はやぶさ」が320キロメートルとのぞみを上回る。それでも、のぞみの収益力が高いのは、超高速列車をピーク時には3分間隔というJR山手線並みの密度で運行できる点が大きい。

ダイヤは、駅員や乗務員に必要な時間、在来線との乗り継ぎなど複雑な要素をすべて加味した上で、15秒単位で発着時間を計算して組み上げる。「ダイヤも商品だ」。JR東海で2020年3月の新幹線ダイヤ改正を担当した下村新さんは力を込める。

ダイヤを磨き上げることで、東海道新幹線の輸送人員は右肩上がりを続けた。13年度に1億5000万人、18年度には過去最高となる1億7400万人に達した。

高密度運転は、1列車1300席の清掃をわずか10分で終える清掃スタッフが支える。作業手順を秒単位で定めた職人芸だ

「のぞみ」は東京―新大阪の所要時間を縮め続けた

(写真はいずれもJR東海提供)

けでなく、座席の「濡《ぬ》れ」を見つけるために温度差を検知するサーモグラフィーを活用するなど、最新技術も駆使する。

◇

新幹線の信頼性は、開業以来、乗客が車両の事故で死亡したことがないという「安全神話」が支えている。

地震大国の日本では、新幹線には緊急時に安全に停止する技術も求められる。

最大震度6強を観測した2022年3月の福島県沖の地震では、宮城県内で東北新幹線「やまびこ223号」(17両編成)が脱線。営業中の新幹線が脱線するのは04年の新潟県中越地震に続いて2回目で、乗客75人のうち6人がけがをした。全面復旧には約1か月かかった。

JR東は、沿線や海岸に設置した計135台の地震計が揺れを検知すると、走行中の新幹線に強制的に非常ブレーキがかけられるようにしている。車両には、仮に車輪が外れても大きくレールからそれないような装置も備えている。国土交通省幹部は「あれだけの地震でも脱線だけで済み、大惨事にならなかったのは、何重にも安全対策を重ねていたためだ」と説明する。

最大震度7に見舞われた11年の東日本大震災では電柱や高架橋などが激しく損傷したが、客を乗せた列車の脱線はなかった。

◇

あらゆる業務を改良し、進化を重ねてきた新幹線。それでも、コロナ禍という困難には苦しんでいる。東海道新幹線の20年度の輸送人員は前年度の4割程度に落ち込んだ。足元の利用は7割程度まで回復したが、オンライン会議普及などもあり、コロナ禍前に戻るのは難しいとの見方もある。今後は本格的な人口減少とも向き合わねばならない。路線網の拡大と速度向上に邁進《まいしん》してきた日本の新幹線は岐路に立っている。

世代超え　愛されるCM「そうだ　京都、行こう。」

東海道新幹線のイメージ向上には、JR東海の一連のテレビCMが寄与した。とりわけ大きな話題を呼んだのが1988年からの「クリスマス・エクスプレス」だ。

深津絵里さんや牧瀬里穂さんといった若手女優を起用。山下達郎さんの「クリスマス・イブ」が流れる中、新幹線を使って会いに来る遠距離恋愛の恋人同士の姿を描いた。国鉄の旧態依然とした印象を一新させることにも成功。JR東海を就職先人気企業の上位へと押し上げた。

のぞみが営業運転を始めた翌年の93年に始まったのが、今も続く観光キャンペーン「そうだ　京都、行こう。」。古都の名利《めいさつ》の魅力を映像美で伝えるテレビCMは幅広い世代に人気を博し、京都市の観光客数は93年から1・4倍に増えた。CMはコロナ禍で一時取りやめていたが、22年6月から再開している。

インタビュー

高い競争力　民営化寄与

須田《すだ》　寛《ひろし》氏

ＪＲ東海初代社長

東海道新幹線との関わりを振り返れば、厳しい思い出ばかりだ。

国鉄職員の１９６２年頃、社債発行や借り入れを調整する国鉄資金課の課長補佐だった。新幹線の総工費が当初の約１９００億円では到底足りず、３８００億円まで膨らんだ。社債を発行するには大蔵省の許可が必要で、役所を納得させるため建設現場を案内し、深夜まで説明した。そのうえ資料の提出を朝までに求められ、毎晩徹夜で働いた。

山陽新幹線の岡山開業（72年）では旅客局の課長として料金を見直した。それまでは「ひかり」と「こだま」で特急料金が別々で、途中で乗り換える場合は乗り換え料金があるというややこしい制度だった。延伸を機に、現在のように自由に乗り換えられる形に切り替えた。今、自由席特急券に注意書きとして記載されている「途中出場できません」という言葉は私が発案した。

東海道新幹線は大成功した。世界に例のない人口密集地を走っていることが最大の要因だ。日本が経済発展の途上にあったため、うまく時宜を得た。国内総生産（ＧＤＰ）と並行して利用も伸びる理想の姿だった。国鉄時代のようなストライキもなくなり、事故やトラブルも激減した。

新幹線のライバルである東名高速道路は69年に全面開通し、新幹線から5年遅れた。このため、東京―名古屋間は自動車中心の都市構造ができる一歩前に、新幹線を念頭に置いた都市構造ができ、有利に働いた。人々の日常に先に浸透できたことは、新幹線にとって大きくプラスに作用したと思う。

国鉄民営化は新幹線があったからできた側面がある。在来線だけだったら、分割後に競争力を失っていたかもしれない。JR各社を見ても、新幹線を持っている会社の競争力は高い。

新幹線の開通で地方から大都市に都市機能や人口が集中する「ストロー効果」はある。しかし、ストローには両端がある。地方都市がこれを逆手にとって経済発展につなげることも不可能ではない。岡山は駅前を大規模に再開発してビジネス拠点を作り、いまや広島と肩を並べる都市に成長した。北海道新幹線が札幌までつながれば、北関東から札幌に行く場合は羽田空港に向かってから飛行機で行くより新幹線の方が速い可能性がある。北海道と北関東が直結し、新たな経済圏のようなものができる期待がある。

コロナ禍の到来は一つの試練だ。オンライン会議の広がりなど働き方が変わってきたので、ビジネス需要が元通りになるのは難しいかもしれない。ただ、観光需要は伸ばす余地がある。日本の国土は恵まれていて、どこでも観光地になる。立地条件を生かして情報を発信していけば、まだまだ希望はある。

（22年9月30日掲載）

1931年京都府生まれ。54年京大法卒、国鉄入社。旅客局長、理事などを歴任。73年に現在の優先席につながる「シルバーシート」を発案した。87年にJR東海の初代社長に就任。95年に会長、2004年に相談役、21年から顧問。現在は全国産業観光推進協議会会長を務める。

インタビュー

国任せの延伸　時代遅れ

家田《いえだ》　仁《ひとし》氏　政策研究大学院大学特別教授

新幹線に限らないが、交通の利便性を改善すると、地域にチャンスをもたらす一方、相対的に不便になる地域には負の影響を及ぼす。だからと言って、交通を改善しなければ全体がじり貧になる。重要なことは、交通の利便性改善と合わせて、地域の活力をどう強化するかだ。

全国に新幹線を広げるために30年ほど前につくられたのが、ＪＲに大きな財政負担をかけることなく、新幹線を国の責任で建設するという枠組みだ。大きな変化は、国鉄時代と違って建設費を地元も負担するようになったことだろう。地方も貢献し、自分たちの意見を反映させる新幹線になった。北陸新幹線の延伸をまちづくりにうまく生かした金沢や富山がいい例だ。

２０２２年９月23日に武雄温泉－長崎間が部分開業した西九州新幹線は、車輪の幅を変えられて在来線も走れる「フリーゲージトレイン（ＦＧＴ）」の開発が頓挫したことで、佐賀県が県内区間の着工に反対し、計画が宙に浮いている。

着工できていない新鳥栖－武雄温泉間を特急で乗り換えるリレー方式は不便で、いつまでも続けるのは非効率だ。新幹線の機能を発揮できておらず、何らかの形で博多まで乗り入れられるようにした方がいい。

国の見込み違いで開業の前提としていたＦＧＴが導入できなかったわけだから、その落とし前を佐賀県に押しつけるわけにはいかないと思う。これまでの国と地方の建設費負担の割合を見直したり、並行在来線を支援したりすることで、佐賀県が納得できる形を模索するべきだ。

2020年には北陸新幹線の金沢－敦賀間の工事の遅れと事業費の膨張が明らかになった。西九州新幹線も工事費が当初見込みから膨らみ、北海道新幹線の札幌延伸でも上振れが懸念されている。十分な検証がないまま、政治的な要請で開業時期が前倒しされたこともひとつの要因だろう。

新幹線建設の財源の枠組みは、日本の国力が一番強かった時代に作られたものだ。今、国内総生産（GDP）は伸びていないし、財政は悪化している。国民の税金を使う巨大事業なのだから、もっと透明性のある議論をしていくことが大事だ。政府・与党で決めればいいというのは時代遅れではないか。

かつては高速鉄道に取り組んでいたのは日本とフランス、ドイツだけだったが、今世界でもっとも走らせているのは中国だ。日本の新幹線の騒音基準は世界でもっとも厳しい。建設中の北海道新幹線の設計速度260キロメートルというのは、山陽新幹線をつくる時代のものだ。世界では高速鉄道と言ったら時速350キロメートルが当たり前になっている。

これからの高速鉄道はどうあるべきか、国民的な議論が必要だ。世界の潮流と日本の実情にあったものに、新幹線をモデルチェンジしていく必要がある。

（22年10月1日掲載）


1955年東京都生まれ。78年東大工卒、国鉄入社。84年に退職し、東大教授などを経て2021年から現職。JR東海のリニア中央新幹線計画を審議した国土交通省の交通政策審議会中央新幹線小委員長などを歴任。土木学会会長も務めた。

第5章

在来線

有事も見据えた存在として

2022年、自動運転で走る山手線の営業列車。
窓の「ATO」の文字が自動運転車両を示す

1　被災路線復旧に壁

1872年10月14日。英国製の蒸気機関車が、煙を噴きあげながら新橋―横浜間を駆け抜けた。西洋の技術や文化を取り入れ、近代化に向かう新たな時代の幕開けだった。

午前10時に新橋駅を出発した10両編成の特別列車は、客車の3両目に明治天皇が乗車した。4両目は西郷隆盛、大隈重信、板垣退助、5両目には勝海舟、山県有朋、6両目に渋沢栄一と、明治の元勲らが勢ぞろいした。その顔ぶれから、鉄道建設は国家の威信をかけた一大事業だったことが伝わる。

鉄道は全国に張り巡らされて「網」となっていく。明治末期には全国的な幹線網がほぼ完成し、温泉や海水浴といった旅行の普及につながった。人の往来が増え、産業も急速に発展する。北海道の炭鉱から石炭が、山陰の山奥から木材が積み出され、需要が拡大する大都市へと運ばれた。

明治から令和に至る五つの時代を生き抜いてきた鉄道は今、曲がり角を迎えている。変調のシグナルは地方からあがった。

◇

空が白み始めた2022年10月1日午前6時8分。乗客約200人を乗せた2両編成の始発列車が、JR会津若松駅をゆっくりと走り出した。福島県会津若松市と新潟県魚沼市をつなぐJR只見線（135・2キロメートル）が、11年ぶりに全線で運転を再開した。

只見線は車窓から楽しめる四季折々の渓谷美で観光客に人気が高い。待ちわびた地元の喜びはひとしおだ。

「感無量だ。日本一の地方創生路線となるよう、利用促進や魅力発信に全力で取り組んでいく」沿線の小学校で開かれた記念式典で、福島県の内堀雅雄知事は力を込めた。

第1章でも触れたが、只見線は11年7月の新潟・福島豪雨で鉄橋などが被災し、只見−会津川口間（27・6キロメートル）が不通となった。もともと採算の厳しい赤字路線。JR東日本は廃線にしてバスに転換する計画だったが、地元は存続を望んだ。交渉の末、福島県が駅舎や線路を保有し、地元が維持管理費を分担する上下分離方式での存続が決まったのは6年後の17年6月だった。JR東の在来線で上下分離の採用は初めてとなる。

福島県や沿線自治体の費用負担は年間約3億円に上る。沿線人口が細るなか、負担に見合うだけの効果を地域にもたらすことができるか。赤字ローカル線を存続させる一手法として、その成否に全国の自治体の注目が集まる。

◇

不採算のローカル線は、被災すると多額の復旧費用の問題に直面する。必然的に存廃を巡る課題に向き合わざるを得なくなる。

20年7月の豪雨で被災し、今も一部区間の復旧が見通せないJR肥薩線（熊本県−鹿児島県）。1キロメートルあたりの1日の平均利用者数を表す輸送密度は、国が見直し議論の目安とする1000人を下回る。多額の費用をかけてまで復旧する必要があるのか。国土交通省と熊本県、JR九州の3者は肥薩線の復旧を巡る費用負担や、今後の利用法について検討する会議を設けた。

「復旧した場合は赤字額がさらに増加すると危惧する。鉄道による復旧を目指す理由を改めて伺いたい」

JR九州の松下琢磨常務執行役員が22年5月20日、熊本県庁で開かれた会合で、県側にただした。熊本県の田嶋徹副知事は「観光産業において鉄道が持つ魅力は大きい。なくなれば地域の衰退に拍車がかかる」との立場を崩さなかった。議論は平行線をたどり、今も結論は出ていない。

国は、災害後の復旧負担軽減を制度面で後押しする。地震や豪雨で被災した路線の復旧費用を国が補助する対象は従来、赤字事業者に限られていた。18年に鉄道軌道整備法を改正し、黒字の事業者を対象に加えた。

自民党国会議員による「赤字ローカル線の災害復旧等を支援する議員連盟」が改正に動き、議員立法で成立させた。議連のメンバーで、只見線が走る会津地方を地盤とする菅家一郎衆院議員は言う。

「いつどこが災害に見舞われるかわからない。法律が廃線の抑止力になる」

◇

豪雨災害は近年、増えている。東北地方で記録的な大雨が続いた22年8月、花輪線（岩手県―秋田県）、米坂線《よねさかせん》（山形県―新潟県）などJR東の6路線が被災した。いずれも7月下旬に特に赤字が厳しい路線として収支が公表された路線だ。地元の警戒感は高まる。

「一日も早い津軽線と五能線の復旧を求める」。青森県の三村申吾知事は9月5日、東京・代々木にあるJR東の本社に喜勢陽一副社長を訪ね、要望書を手渡した。10月7日には青森県議会がJR東の渡利千春常務を招致。自民党県議の一人は「災害復旧とローカル線の見直しは別に考えるべきだ」などとクギを刺した。

渡利氏は、「収支が悪いから直ちに廃止でもないし、絶対に続けるということでもない。鉄道の特性を生かせないところは地域の足を守るという観点から取り組むことが重要だ」と応じた。

22年夏の豪雨で被害を受けた路線のうち、奥羽線（秋田県など）は10月7日に不通区間が復旧。磐越西《ばんえつさい》線（福島県―新潟県）は全面復旧の方針が示された。だが、鉄橋が流されるなどした米坂線や津軽線などについてJR東は回答を保留しており、地元は気をもんでいる。

根室線（富良野―新得）
2016年8月の台風で被災。22年1月、沿線4市町村は存続断念で一致
日高線（鵡川―様似）
15年1月の高波で被災。21年4月に廃線
岩泉線（茂市―岩泉）
10年7月の土砂崩れで列車が脱線。14年4月に廃線
大船渡線（気仙沼―盛）
気仙沼線（柳津―気仙沼）
東日本大震災で被災し20年4月に廃線。同区間はBRTで運行
只見線（会津川口―只見）
11年7月の豪雨で被災。上下分離方式で22年10月に運転再開
日田彦山線（添田―夜明）
17年7月の豪雨で被災。23年夏にBRTとして開業
肥薩線（八代―吉松）
20年7月の豪雨で被災。JR九州と熊本県などが復旧を巡って検討中
N

災害を契機に存廃を迫られた主なJR路線

全国津々浦々に張り巡らされてきた鉄道網は、人口減少で不採算の路線が目立ち始めた。沿線住民が費用対効果の問題とどう向き合うか。在来線の行く手を左右するポイントとなる。

運行と管理　会計独立

鉄道の上下分離は主に、運輸収入だけでは経費を賄いきれない赤字ローカル線を存続させるために使われる手法だ。鉄道の運行（上部）と、線路や駅舎などインフラ（下部）の担い手を分離し、会計を独立させる方式を指す。

在来線の場合、鉄道会社は運行に専念し、インフラの保有・管理は路線の自治体が担うケースが一般的だ。バス会社はバスの運行を担うが、道路の保有や補修はしないことをイメージするとわかりやすい。

通常、鉄道会社は上下一体で運営している。管理コストのかかる下部が切り離されると、負担が減って経営が楽になる。ただ、この仕組みは会計上の負担軽減に過ぎず、利用者が増えて売り上げ増につながるわけではないため、抜本的な経営改革には効果がないとの見方もある。

しかも、インフラを公費で支える自治体の負担は重くなる。自治体は企業に比べ、意思決定には議会の意見も尊重しなければならず、住民に不人気な施策を行いにくい。一度公費を投じて存続することを決めると、方針転換は難しくなりがちだ。政府やＪＲ内には上下分離について「不採算路線の延命になりかねない」との見方もある。

「お召し列車」復興寄り添う

天皇は鉄道を使って全国各地を巡り、戦争や災害からの復興へと向かう国民に寄り添って地域を励ましてこられた。鉄道は開業以来、天皇のご活動を支える使命を帯びてきた。

天皇が利用する特別車両は「お召し列車」「御料車」と呼ばれ、当時の技術の粋が集められてきた。現役の特別車両は「なごみ」の愛称で呼ばれる電車「E655系」だ。天皇が公務で利用される時のみ、車窓が広い車両が連結され、先頭には菊の紋章と日の丸が取りつけられる。

昭和天皇は特に鉄道の利用が多かったことで知られている。生前、最後に参加された1988年の歌会始のお題は「車」。分割民営化で消えゆく国鉄に乗車し、明治天皇の時代に思いをはせた感慨を詠まれた。

「国鉄の車にのりておほちちの明治のみ世をおもひみにけり」

2022年10月6日、天皇陛下はJR東京駅舎内にある東京ステーションホテルで開かれた記念式典で、「我が国の鉄道は、私たちの日々の暮らしと経済活動を支え、我が国の繁栄に貢献してきました」と鉄路を支えてきた先人たちをねぎらわれた。小学生の頃に鉄道唱歌を口ずさんだ思い出も披露された。

2　有事の輸送手段の役割も

「有事で一番危険度が高いのは（他国からの）武力攻撃事態だ。兆候をなるべく早く察知し、早い段階で防衛物資をたくさん運ぶことが重要だ」

2022年5月19日、国土交通省で開かれた鉄道物流の今後を検討する有識者会議。防衛省の中野滋明運用政策課長は、有事の際に北海道の陸上部隊から戦車や弾薬を前線に輸送する手段として貨物鉄道の必要性を強調した。対ソ連が国防の柱だった冷戦時代の名残で、北海道には全国に15ある陸自の師団・旅団のうち四つがあり、弾薬の約7割が保管されている。台湾有事となれば南西に部隊を派遣する事態も想定される。

ロシアのウクライナ侵略は、国防における鉄道の重要性を再認識させた。ロシアと戦うウクライナ軍は、北大西洋条約機構（NATO）加盟国から供与される戦車や地対空ミサイルを鉄道で運んでいる。1台40トン～50トンの重さになる戦車や弾薬を大量に輸送するには鉄道が適している。

10月12日、自民党の整備新幹線等鉄道調査会（稲田朋美会長）で、北海道選出の国会議員が声を上げた。「安全保障の観点からも線路を維持していく必要がある」。具体的な路線は名指ししなかったが、存廃に揺れるJR北海道の函館線が念頭にあるのは明らかだった。

日本周辺での有事への意識が高まる中、JR貨物の全国輸送網を安全保障の観点から再評価する動きが高まっている。防衛省はJR貨物について「北海道と九州の間で多種多量の装備品・補給品を輸送でき、安全性やダイヤの安定性の観点から期待が大きい」と位置づける。

21年9月、約30年ぶりの規模で行われた陸上自衛隊の演習では、装甲車や装備品などを貨物列車で九州に輸送する訓練が行われた。22年度からは、JR貨物は自衛隊との定期的な意見交換会に乗り出した。車両や資材をどの区間で輸送する必要があるかなど、有事に備えた協議を深める。

◇

地元が廃線を視野に入れ、国が「待った」をかける異例の路線がある。2030年度末に予定される北海道新幹線の札幌延伸に合わせ、JR北海道から経営を切り離す函館線の函館－長万部間（147・6キロメートル）だ。

本州につながる貨物列車が走る幹線区間で、廃線になれば都市部にジャガイモなど北海道産の農産品を大量に運ぶ手段が減る。

「国の基幹的な鉄道ネットワークを構成する路線が、地元の意思だけで寸断されることがあってはならない。地方任せで済む話ではない」

22年7月28日、鉄道物流のあり方を検討する国土交通省の有識者会議で、同省の田口芳郎鉄道事業課長が対策に乗り出す考えを示した。並行在来線は経営分離後、存続するかを地元が決めることになっている。政府が首を突っ込むのは異例だ。すでに函館線のうち長万部－小樽間（140・2キロメートル）は、採算が見込めないことから廃線する方針が決まっている。

北海道の試算によると、函館－長万部間を自治体などが出資する第3セクターで存続させた場合、30年間で816億円の累積赤字が生じる。

函館線(函館—長万部)の存廃を巡る構図

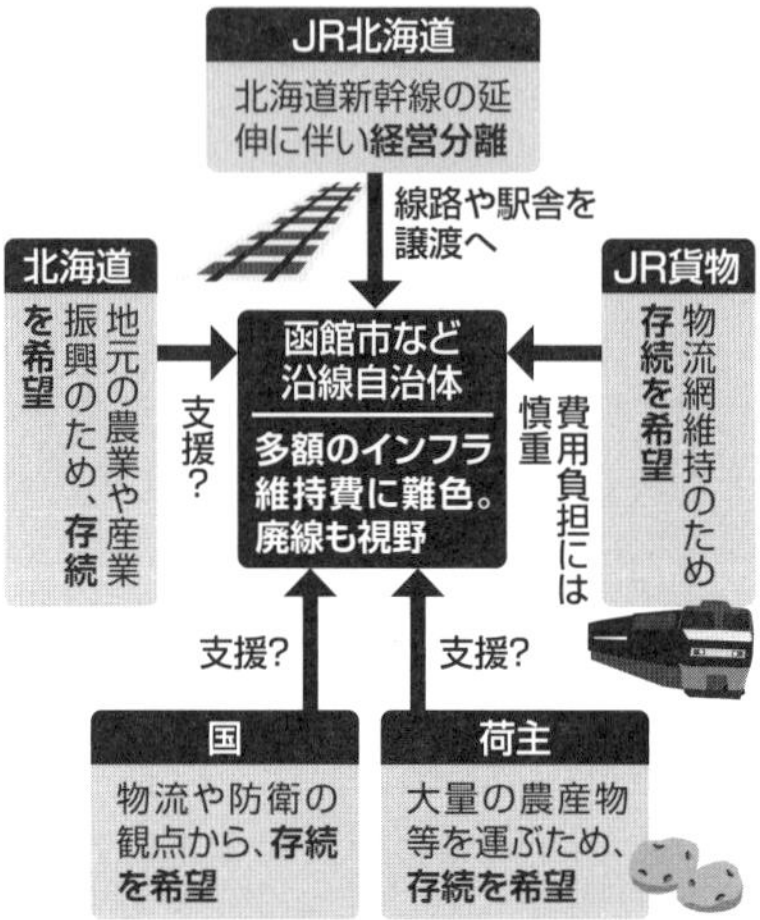
JR北海道
北海道新幹線の延伸に伴い経営分離
線路や駅舎を譲渡へ
北海道
地元の農業や産業振興のため、存続を希望
支援?
函館市など沿線自治体
多額のインフラ維持費に難色。廃線も視野
費用負担には慎重
JR貨物
物流網維持のため存続を希望
支援?
支援?
国
物流や防衛の観点から、存続を希望
荷主
大量の農産物等を運ぶため、存続を希望

「うちの財政規模からして見たことのない金額だ」沿線にある鹿部《しかべ》町の盛田昌彦町長は、存続したくても財政が持たないと諦めの声をあげる。

国が必要と考える区間を地域が不要と判断したら、誰が鉄路を守るのか。1987年の国鉄分割民営化以降なかった、大きな問いが投げかけられた。

◇

函館線を使って運ばれる農産品は、主に東部の十勝やオホーツク地方から積み出され、受け取るのは本州の都市圏が中心となる。通過するだけの函館地方の自治体は巨額の負担をして維持するメリットに乏しい。

北海道の鈴木直道知事は22年10月7日、「北海道の物流体制の確保には鉄道貨物輸送は欠かすことができない」としつつ、負担については「国やJR北海道などの関係者と議論していく」と述べるにとどめた。

国交省幹部は「北海道庁が面倒をみるしかない」とみなすが、道も財政は厳しく、支援には及び腰とみられる。貨物鉄道を走らせるJR貨物の犬飼新社長は「当社が線路を持つのは現実的ではない」と話す。施設を持たずに線路の使用料を払って運行を担う上下分離の経営形態をとっているためだ。JR北海道に出向経験のあるJR東日本の関係者は「結局は何らかの形で国が支援せざるを得ないだろう」とにらむ。

◇

「世界中で鉄道をインフラとして法律で位置づけていないのは日本くらいではないか」

元国交次官で運輸総合研究所会長の宿利《しゅくり》正史《まさふみ》氏は指摘する。

道路には道路法、港湾には港湾法、河川には河川法があり、インフラとしての維持管理のあり方を定めている。鉄道は国鉄改革にあわせて、幹線の維持は民間会社のJRに委ねられた。

欧州では、国や州政府が鉄道インフラの維持に責任を持つケースが多い。

鉄道を地域全体で維持するにはどうすべきかという議論は地方から始まっている。滋賀県は鉄道などの公共交通を支えるための新たな税金として「交通税」の創設を検討している。公共交通の維持は地域に幅広い恩恵があるとの考え方に基づき、利用者だけでなく県民全体に負担してもらう狙いがある。

三日月大造《みかづきたいぞう》知事は9月26日の県議会本会議で「交通税という新たな選択肢も含め、費用負担、分担のあり方を議論していく」と述べた。

大量輸送に適する鉄道は、人口が減った地域でも、貨物や軍需物資を運ぶという役割がある。輸送に伴って排出する二酸化炭素がトラックなどに比べて少なく、脱炭素の観点からも見直されている。次代にふさわしい鉄道像の描き直しが求められている。

軍事的要請　路線を拡大

鉄道と戦争は密接に関連してきた。開業5年後にあたる1877年に勃発した西南戦争で、早くも高い輸送力が発揮された。新橋―横浜間の鉄道は、約3万人の兵士や兵器、弾薬を輸送し、九州に向かう汽船へとつないだ。

1904年の日露戦争開戦時には、路線はすでに青森―下関間を貫くまでに延びていた。ほとんどの師団所在地に鉄道が開通しており、120万人の兵力と軍需品を港に運んだ。

06年、大日本帝国は鉄道の統一的な整備を目的とした鉄道国有法を施行。国が主要私鉄17社を買収し、総延長4800キロメートルの鉄路と車両2万5000両を国有化した。横須賀や呉《くれ》、舞鶴といった軍港に直結する路線を相次いで建設、軍事的な要請を踏まえた路線の拡大を進めた。この鉄道網が国鉄を経て現在のJRにつながっている。

同じ06年、大陸進出の足がかりに南満州鉄道（満鉄）が現在の中国東北部に設立され、後藤新平が初代総裁に就いた。31年、その路線が爆破されて満州事変の起点となり、近代史の転換点の舞台として名が刻まれている。

鉄道の議論が旅客に集まるのは、平和な時代の証拠とも言える。

3　自動運転に活路

鉄道開業150年を記念するセミナーが2022年9月21日、東京都内で開かれた。JR東日本の喜勢陽一副社長は語った。

鉄道の自動運転のレベル

レベル	乗務形態	主な導入路線	都市部での本格導入
低	 緊急停止などのため運転士が乗務	JR山手線（東京） JR常磐線（東京―茨城） JR香椎線（福岡） ※実証実験を含む	2028年頃めど
	 避難誘導などのため係員が乗務	ディズニーリゾートライン（千葉）	将来の実現目指す
高	 乗務員ゼロ、乗客のみ	ゆりかもめ（東京） シーサイドライン（神奈川） ポートライナー（兵庫）	※踏切がなく、線路に人が立ち入れない新交通システムなどで実現

「明治初期の鉄道はイノベーションを象徴する乗り物だった。今後も新しい技術をベースに様々な取り組みを進めていく」

その言葉通り、前例のない実験が東京都心で進んでいる。

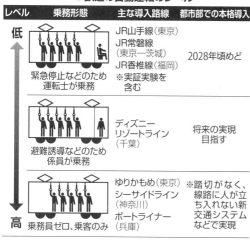

10月11日、JR東は初めて、山手線で乗客を乗せたままの自動運転実験に踏み切った。運転士は乗車するが、出発ボタンを押すだけだ。発車と同時に徐々に加速。次駅に差し掛かると減速し、正確な位置に止まった。速度管理を担ったのは独自に開発した自動列車運転装置（ATO）だ。

運転士は通常、レバーで加減速を操作し、ダイヤを守り、駅の正確な位置に止めるために細心の注意を払う。自動運転では走行時の負担が大幅に減る分、ドア開閉など車掌業務を担えるようになる。都市部でもワンマン運転に道筋がつく。

ＪＲ九州は20年12月に香椎《かしい》線（福岡県）で同様の実験を始めた。ＪＲ西日本も大阪環状線で終電後に深夜走行試験を行った。

◇

完全無人運転は、東京の臨海部を結ぶ「ゆりかもめ」などの新交通システムですでに実現している。鉄道で完全無人運転が難しいのは、踏切のある地上を走り、人や車が線路内に入ってしまう可能性があるためだ。

１日平均76万人が利用し、３分に１本という過密ダイヤで動く山手線への導入は困難をきわめるが、ＪＲ東は２か月間で計１０００周分の実験走行を行った。28年頃に有人での自動運転を本格導入する。

ＪＲ東の深澤祐二社長は、「将来のドライバー不足に危機感を持っている」と話す。国家資格の必要な運転士や、車掌が乗らなくても列車を運行させることができれば、将来の人手不足に対応できる。人件費が浮くため、赤字路線の採算改善にもつなげることができるかもしれない。

◇

使うエネルギーの多様化は、すべての産業の課題だ。水素で発電する燃料電池を使った電車「ＨＹＢＡＲＩ（ひばり）」の実証実験が22年３月から、鶴見線（神奈川県）などで行われている。ＪＲ

東が日立製作所、トヨタ自動車と共同開発した。2両編成に水素タンクを20本積み、最高速度は時速100キロメートルだ。

鉄道は自動車などに比べ、輸送量に対して排出する二酸化炭素はもともと少ないが、以前からJR東では省エネ化技術に取り組んできた。

烏山線《からすやません》（栃木県）には、貯めた電気で走ることができる蓄電池駆動電車を導入。八ヶ岳山麓のJR最高地点を走る小海線《こうみせん》（山梨、長野県）では、ディーゼルエンジンと蓄電池を組み合わせたハイブリッド車両が走る。

技術革新は車両だけにとどまらない。

JR東は23年3月、「オフピーク定期券」を導入した。平日朝の混雑時間帯を避けて乗車すると定期券が1割安くなる仕組みだ。東京、神奈川、埼玉、千葉、茨城の1都4県を走る16路線（278駅）で始める。

JR東のICカード「Suica（スイカ）」の定期券を使い、関連するシステムのソフトウェアの変更で可能にした。

需要を分散させて混雑を緩和できればサービスの向上につながる。経営側の目から見ると、混雑時の運行本数を減らすことができる。

JR東の元役員の一人は「朝のラッシュ時に1本減らせれば、年間で億円単位の経費を落とせる」と明かす。

◇

人口減少が加速して鉄道需要が減っていく中、経費を減らして効率的な運行が求められる。消費エネルギーは削減せねばならない。直面する課題にJRは新技術で対処を図る。JR東海の金子慎社長は22年10月6日、都内で開かれた労働組合の式典でこう呼びかけた。

「コロナ収束後もJR各社の経営環境は以前より厳しくなる。これまで以上に創意と工夫による変革が必要だ」

高輪築堤　文明開化を象徴

JR高輪《たかなわ》ゲートウェイ駅（東京都港区）周辺の再開発に伴って2019年、石垣の一部が発見された。その後の発掘で約800メートルの堤が出土した。約150年前、新橋—横浜間を結ぶ日本初の鉄道が、海の上に築いた堤の上を走ったことを今に伝える遺構だ。「高輪築堤《ちくてい》」と呼ばれる。鉄道より軍の増強に資金を使うべきだとする西郷隆盛らの理解を得られず、近くの軍用地を避けて線路を敷かなければならなかったゆえの苦肉の策だった。埋め立てた土砂が波で流されるなど難工事だったが、城の石垣造りで培った技術を応用し、開業直前に完成した。

最先端の乗り物が海の上を走るような光景に人々は驚き、錦絵に多数残された。日本の伝統技術と西洋の鉄道が融合した文明開化の象徴と位置づけられ、国史跡に指定されて一部が保存される。

高輪ゲートウェイ駅は20年3月、山手線では49年ぶりの新駅として開業した。築堤に始まる日本の鉄道の歴史を背負い、ロボットなど新技術を用いた実証実験の場に活用されている。21年3月17日。官邸に退任の挨拶に訪れたJR東日本の西野史尚副社長に菅義偉首相は「築堤は残した方がいい。工事計画の変更で工事費がかさむ分は、容積率の割り増しなどで対応させるから」と伝えている。

インタビュー

交通拠点 発振想像の場へ

百瀬《ももせ》 孝《たかし》氏 第26代東京駅長（JR東日本）

東京駅はJR東日本の新幹線と在来線あわせて1日4256本が発着している。首都にあるまさに日本一の駅だ。

縁があって祖父も父も東京駅長を務めたが、なりたいと思ってなれる役職ではない。役員を兼務するのも、JRグループでは東京駅長くらいだろう。辞令を受けた時は、身の引き締まる思いだった。

東京駅の目の前には皇居があり、天皇陛下のお膝元で働かせていただいていると日々意識している。丸の内駅舎の駅長室に出入りする際は、皇居に向かって一礼するのがならわしだ。陛下が列車で地方を訪問される際も、普段は閉ざされている貴賓玄関でお迎えし、ホームまでご案内するのが東京駅長の役目だ。

2022年10月6日、駅長になって初めて、天皇、皇后両陛下をお迎えした。駅舎内の東京ステーションホテルで、日本の鉄道開業150年を記念する式典だったが、大変緊張した。

東京駅は旅の出発点で、利用者が多く集う。お客様を安全、快適、時間通りに目的地までお運びするのが最大の使命で、社員全員でこの駅を守っている。社員は340人が働いており、グループ会社やアルバイトなどを含めると約9000人に上る。一人一人が東京駅で働いていることに対してプライドを持っている。朝礼では、チームワークの良さに謝意を示すようにしている。

コロナ禍で減少した利用客は、以前の状態には戻らないだろう。在宅勤務が広がり、世の中も大きく変わっている。駅も単なる「交通の拠点」から、情報発信や新たな価値創造の場に変わりつつある。

私がJR東日本に入社したのは、父親の姿を見ていたのもあったが、国鉄からJRになり、生活サービスも含めて色々な事業に取り組めると思ったから。国鉄時代には駅ナカなどなかった。今後も前例にとらわれず、新分野に挑戦したい。東京駅で働き、日常的に利用者と接するから知りうるニーズというものがある。社員には自分で考えて、少しでも要望に応えられるようにと言っている。

例えば、イベントの際などに駅長だけの特別な新幹線シールを私から子どもらに配っているが、社員が企画からデザイン、制作まで行っているものだ。

時代が変わろうとも変えられない部分もある。最も重要な商品は安全で安定した輸送だ。安全は、たとえ経営的に非効率だったとしても守り続けないといけない。決められたことをやり続ける強さも必要だ。

10月11日から始まった国の観光需要喚起策「全国旅行支援」や入国者数の上限撤廃など、鉄道需要に追い風が吹いてきた。コロナ禍で我慢してきた本格的な旅行に気持ちよく出発してもらえるよう、「いってらっしゃい」「お気をつけてお帰りください」といったあいさつを積極的にしていきたいと思っている。

（22年10月18日掲載）


1963年東京生まれ。89年JR東日本入社。池袋駅助役や千葉支社総務部長、高崎支社長などを歴任。2021年6月から常務執行役員東京駅長。職場では駅長を意味する英語から「マスター」と呼ばれている。趣味は街歩き。なお、JRの東京駅には東日本と東海それぞれの駅長がいる。

第6章

東日本

グループの「長男」と地方創生

JR東日本が秋田駅東口に整備したバスケットボール専用の練習施設。
秋田新幹線がすぐそばを走る

1　消えるみどりの窓口

1日約2200本が発着する東京・JR新宿駅の朝は早い。午前4時、8か所の仮眠室に分かれて泊まり込んでいた80人が飛び出し、ホームや改札など持ち場に散る。30分後、総武線の始発列車がホームに滑り込む。

「山手線で一時的に運転見合わせ」。駅員が持ち歩くタブレット端末から、緊急音声が流れた。列車の運行情報や指示が瞬時に共有される。駅員がすぐにホームに駆けつけ、乗客に入場規制をかける。特に山手線は数分遅れたらホームに人があふれる。「5分の遅れで入場を規制する。私もすぐに現場に駆けつけます」と森山英彦駅長は話す。日々の安全は人の力に支えられている。

利用者数がギネス世界記録に認定される新宿駅も、コロナ禍で利用が大きく落ち込んだ。2019年度のJRの乗降客は1日平均155万人だったが、20年度は95万人と4割も減った。乗客減でJR東日本の経営は大打撃を受けた。鉄道は人件費など列車を走らせなくてもかかる固定費の割合が高い。20、21年度で計約6700億円の最終赤字を計上した。

安定企業の代表格が追い込まれている。

◇

JR東日本が22年10月31日に発表した22年9月中間連結決算は、鉄道関係者を驚かせた。新型コロナウイルス感染拡大の影響が残り、新宿駅をはじめとする稼ぎ頭の都心部で乗客の回復は依然として鈍い。本業の運輸事業は赤字との見方が出ていた。蓋を開けてみると、3年ぶりの黒字だった。その額173億円。

決算書を丹念に読むとからくりが浮かび上がる。従来、負債として扱ってきたICカード「Suica（スイカ）」の入金残高の一部を、会計手法の変更により利益に計上できるよう変えたのだ。従来通りの算定なら、運輸事業は50億円の赤字だった。法的には問題ない手続きだが、元役員の一人は「こんなことをしてまで利益を出す必要があったのか」と首をひねる。

JR東の幹部は明かす。

「運輸事業の赤字が長引けば、今後の資金調達に影響しかねない。高度な経営判断だった」

◇

鉄道事業は、乗客が2割程度減ると赤字に陥るとされる。人件費や車両修繕費といった固定費の多くが運行の安全に関わり、減らしにくいためだ。コロナ禍の影響を大きく受けた21年3月期にJR東は5779億円の最終赤字を余儀なくされた。1987年の国鉄分割民営化以降、赤字転落は初めてだった。

有利子負債はこの2年間で1・4兆円積み上がった。JR東が国鉄から引き継いだ負債を20年かけて減らした額に相当する。

JR東日本の鉄道事業の規模

（2022年3月末時点）

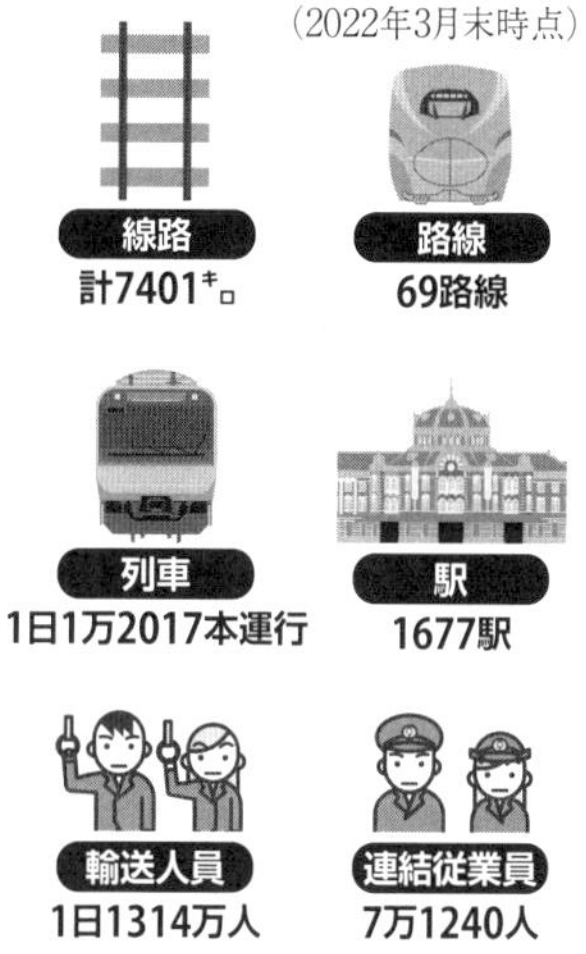

経費削減が至上命令となった。21年3月、吉永小百合さんを起用したシニア向け会員サービス「大人の休日倶楽部」の看板広告が東京ドームからしばらく姿を消した。

利用者の身近にも影響は及ぶ。

中間決算の発表と同じ日、東京・銀座の玄関口として1日平均20万人以上が利用するJR有楽町駅で、新幹線や特急列車の切符を販売する有人窓口「みどりの窓口」が閉鎖された。

JR東日本の売上高と最終損益の推移（3月期）

※2023年は予想

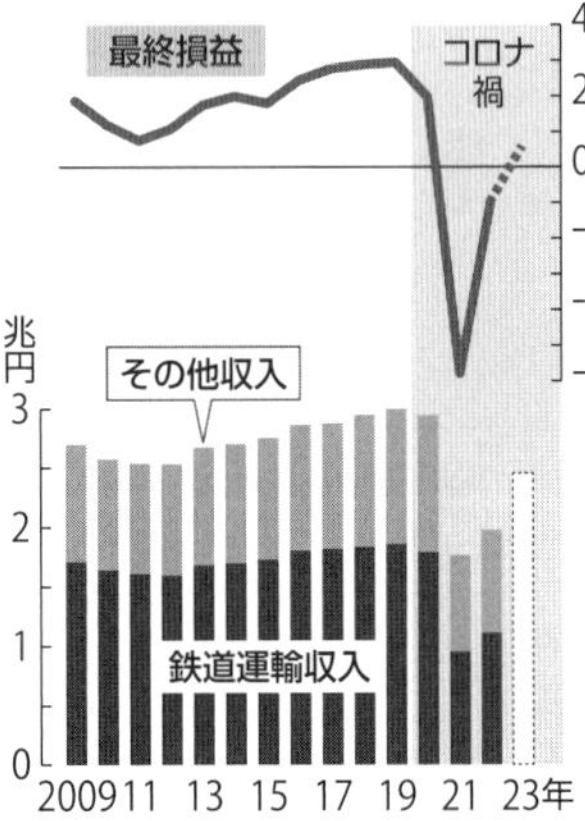

JR東は21年5月、管内400駅以上にあるみどりの窓口を、25年までに約140駅へと7割削減する方針を打ち出した。深澤祐二社長は「より効率的な駅の体制を作っていく」と記者会見で述べたが、乗客の利便性は下がる。

◇

加速する経費の切り詰めには地域の反発も出ている。

JR東は駅の時計を約500駅で撤去する。維持管理費用の負担がかさむのに加え、携帯電話の普及でほとんどの乗客が自分で時間を確認できるようになったためだ。年間約3億円の経費削減につながるという。

これに山梨県大月市の市議会がかみついた。

「正確な時計の設置は鉄道事業者の当然の責任である」

22年2月、JR東に対し、市内を走る中央線の大月、猿橋など五つの駅の時計の再設置を求める決議を可決した。決議文は「駅のシンボルとも言える時計が撤去されたことは、不便さだけではなく、言い得ぬ喪失感を覚える」と訴えた。

大月市の小林信保市長らが3月30日、設置を求めてJR東の八王子支社を訪ねたが、JR側の反応はつれなかった。結局、市の負担で電波時計5台を購入して駅に寄贈することとなった。

23年6月22日、東京都千代田区のホテルニューオータニで開かれたJR東の株主総会では、株主から、会社が推し進める鉄道事業のスリム化に疑問を投げかける声が相次いだ。初めて株主総会に参加したという女性株主は「中央線を利用しているが、ホームの時刻表が廃止されとても不便だ」とひな壇に座る経営陣を批判した。

茅ヶ崎駅（神奈川県）の相模線ホームでは、加山雄三さんの楽曲「海　その愛」を使った発車メロディーが22年3月12日から流れなくなった。車掌がホームのボタンを押して流してきたが、運転士だけのワンマン運転となったためだ。やむなく、自動で流れる一般的なメロディーに切り替えた。

京浜東北線蒲田駅（東京都大田区）の「蒲田行進曲」なども今後見直される可能性がある。山手線、中央線といった過密路線を含め、全路線のワンマン化の検討に入っている。仮に京浜東北線でワンマン運転が実現すれば、300人弱いる車掌が不要になり、年間20億円程度の人件費が浮く計算だ。JR東・次世代輸送システム推進センターの谷津和宏マネージャーは「ワンマン運転を導入できない路線はない」と話す。

22年3月のダイヤ改正では、乗客減に対応し、平日1日あたりの運行を239本減便した。大小様々な経費削減策を積み上げ、JR東は27年度までに鉄道事業のコストをコロナ禍前の19年度と比べて1000億円削減する。

その先に見据えるのは自動運転だ。将来的には山手線や京浜東北線で、運転士も姿を消す。コロナ禍は、鉄道の姿を大きく変えることになる。

幻の第2山手線

東京のJR山手線には幻の構想があった。山手線の外側を走る通称「第2山手線」だ。1925年に山手線が環状運転を始めた直後に事業家らによって打ち出された。「東京山手急行電鉄株式会社」として27年に鉄道省から免許を交付された。現在の品川区・大井町駅を起点に、世田谷区駒沢付近を通って中央線中野駅、埼京線板橋駅と交差し、足立区千住、江東区亀戸などを巡り、江東区東陽付近を終点とする計画だった。

23年の関東大震災後、復興を通じて東京の市街地が郊外へと広がりを見せる過程で計画された。勤める人が増えていた工場地帯や住宅地を結ぶ利便性をうたった。地上より低い所を走る「塹壕式」を採用し、踏切がないのも特徴で、当初は資金集めが順調に進んだ。

しかし、昭和恐慌が起こって、資金調達が見込めなくなり、計画は頓挫した。東京山手急行は改称を経て、40年に小田原急行鉄道（現小田急電鉄）に合併された。小田急は社史で「実現していれば当社のドル箱になったのはもちろん、交通地図も塗り替えられていたにちがいない」と惜しむ。

京王電鉄の明大前駅付近には、第2山手線を通すために設けられた線路用地の跡が今も残り、構想の名残をわずかにとどめている。

2　スイカ経済圏　地方に拡大

校庭に路線バスが乗りつけた。2022年11月25日、栃木県芳賀町《はがまち》の芳賀南小学校。地域でバスを運行するジェイアールバス関東の坂本将宇都宮支店長らが、集まった2年生35人にバスの乗り方を教えた。

「ここにカードをかざしてください」

取り出したのは、県内の路線バスで使える地域独自の交通系ICカード「totra（トトラ）」だ。JR東日本が「Suica（スイカ）」の経済圏拡大を狙って開発したカードで、スイカ機能を併せ持つ。21年3月の導入以降、県内のジェイアールバス関東の路線バス利用者のうち、約7割がトトラを利用するようになった。

こうした地域独自のスイカ兼用カードは増えている。青森市の「AOPASS（アオパス）」、群馬県の「nolbe（ノルベ）」など11地域20万枚に上る。

地方ではまだ、鉄道でスイカが使えない地域が多い。JR東は空白地帯を攻略しようと、バスの定期券や地域独自の割引サービスを上乗せしてスイカの普及を図る。スイカを担当するJR東の戦略・プラットフォーム部門システムユニットの六田崇課長は、「地域のバスに導入することで、そのエリアをスイカ経済圏にしたい」と話す。

◇

スイカは「Super Urban Intelligent CArd」(都会的で賢いカード)の頭文字からなり、01年11月に首都圏424駅で利用が始まった。ソニーの通信技術「フェリカ」を使い、カードをかざして決済までの処理速度は0・2秒。これが首都圏の大量の通勤客をさばく力の源泉となっている。

04年3月に電子マネー機能を加えたのを契機に飛躍した。利用可能店舗はコンビニや飲食店など全国132万店に拡大した。発行枚数は22年10月末時点で9260万枚に上る。

日本は現金主義が根強い。電子マネー機能の導入にはJR東の社内でも慎重論が強かった。当時、取締役経営管理部長だった冨田哲郎会長が他の役員の説得に当たった。

「どれぐらいの利用が見込めるのか。君の言うことは信用できん、と言われたよ」。冨田氏は当時の上役の一言を苦笑いとともに振り返る。

駅の外でスイカが初めて使えるようになったのはコンビニ大手のファミリーマートだった。コンビニやドラッグストア業界などへの「どぶ板営業」(冨田氏)が実を結んだ。今でこそ圧倒的な地位を築いたスイカだが、当時は業界最大手のセブン-イレブンやマツモトキヨシなどに採用を断られるなど苦労も多かった。

当初の目的は、券売機や切符を減らす経費削減にあった。今は決済ごとに入る数％の手数料が大きな収益となっている。「IT・Suica事業」の売上高にあたる営業収益は22年3月期で436億円。まだまだ伸びると見込まれる。カード大手幹部は「電子マネーは身近な流通・交通・通信の『3通』が強い」と指摘する。

最近、発行の伸びをリードするのはスマートフォンに取り込んで使える「モバイルスイカ」だ。時価総額300兆円を超える世界最大の企業アップルも無視できなかった。16年9月、米サンフランシスコで行われた新型「iPhone（アイフォーン）7」の発表会で、スクリーンにスイカが大きく映し出された。このモデルから日本でスイカを利用できるようにしたことを、全世界に中継されるイベントで明らかにしたのだ。日本はアイフォーンの市場占有率が高い重要な市場。スイカ対応がアップルに大きな意味を持っていたことを物語る。

◇

「スイカ経済圏」拡大に向けて

JR東日本はスイカ経済圏の拡大を進めている

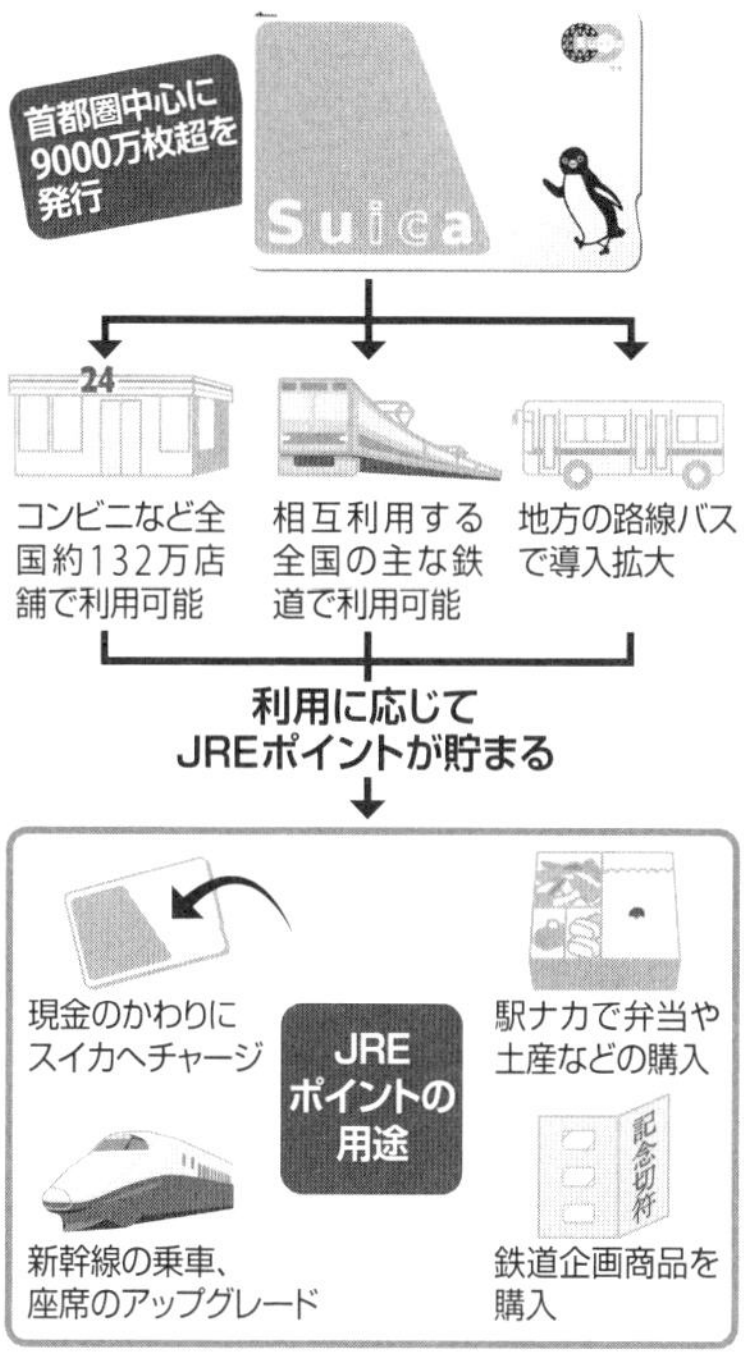
首都圏中心に9000万枚超を発行
Suica
24
コンビニなど全国約132万店舗で利用可能
相互利用する全国の主な鉄道で利用可能
地方の路線バスで導入拡大
利用に応じてJREポイントが貯まる
JREポイントの用途
現金のかわりにスイカへチャージ
駅ナカで弁当や土産などの購入
新幹線の乗車、座席のアップグレード
鉄道企画商品を購入
記念切符

21年6月、サービスや駅ビルごとに24種類もあったJR東日本グループのポイントを、スイカ保有者らが対象の「JREポイント」に統合した。三菱商事やローソンなどの「ポンタ」や、楽天グループの楽天ポイントといった強敵がひしめく共通ポイント競争に名乗りを上げた格好だ。

JREポイントを貯めたり使ったりできるネット通販サイト「JREモール」も拡大し、スイカ利用者の囲い込みを図る。モール内のふるさと納税仲介サイトで、「甲府駅の1日駅長体験」（寄付額30万円）といった鉄道ならではのサービスを打ち出した。普段は入れない車両基地で列車を撮影できる企画もある。ポイントで得られるメリットを広げ、スイカを使いたくなるカードにする狙いだ。

「スイカの潜在力はまだ十分に生かしきれていない」

戦略・プラットフォーム部門戦略・CXユニットの松本憲マネージャーはさらなる拡大に意欲を示す。本業が苦しい今、期待される役割は大きい。

タッチ決済　Visa急伸　公共交通利用　1年で38倍

交通決済で急速に広がっているのが、米クレジットカード大手「Visa（ビザ）」の「タッチ決済」だ。2020年7月から国内で始め、21都道府県（22年10月時点）のバスや鉄道で採用されている。公共交通での利用回数は1年で38倍に伸びたという。

ビザブランドの高い普及率が強みで、タッチ決済に対応するカードの発行枚数は22年9月末時点で約8700万枚に上る。電波を模したマークのついたクレジットカードをかざせば乗車できる。料金は後から請求される。

関東地方では西武バスや京急バス、関西では南海電鉄、九州では西日本鉄道が採用している。JR九州はJRグループとして初めて実証実験に参加している。JR九州は「SUGOCA（スゴカ）」というICカードを導入しているが「決済手段を多様化することで利用者が増えるか検証する」と説明する。22年12月8日には東急電鉄が首都圏の鉄道として初めて、23年夏からタッチ決済の試験導入を始めた。

タッチ決済はスイカのような交通系ICカードに比べ導入や運用のコストを「6分の1程度」（関係者）と大幅に低く抑えられるのが利点という。海外では欧州を中心に550以上の交通機関で使われており、訪日外国人客の利用も見込める。スイカ経済圏の地方拡大にとって脅威となる。

3　高輪　社運占う実験都市

かつて寝台列車「ブルートレイン」など車両1000両の寝床として使われてきた品川車両基地（東京都港区）。基地の再編で2013年に生まれた跡地は約13ヘクタールと東京ドーム3個分に及ぶ。都心部に残された広大な未開発地に、JR東日本は5800億円を投じて新たな都市を造ろうとしている。

20年3月、核となるJR高輪ゲートウェイ駅を山手線49年ぶりの新駅として開業した。その周辺に約160メートルの高層ビル、建築家の隈研吾《くまけんご》氏がデザインする文化施設、高級賃貸マンションなど5棟の高層複合施設を整備する。駅周辺の一等地に優良資産を抱えるJR東だが、複数の大規模施設を「面」で展開するのは初めてだ。25年度中に全ての施設の稼働を予定し、年間560億円の収益を見込む。

「まったくの更地からJR東日本グループの総力をあげて一体的に街づくりができる。様々な新技術を試す実験都市にしていく」

再開発を指揮する喜勢陽一副社長は22年9月21日、鉄道開業150年を祝う記念セミナーで力を込めた。

◇

JR東は連結売上高の7割弱を運輸事業が占める。事業の多角化が進む私鉄やJR九州に比べ、鉄道への依存度は高い。それだけにコロナ禍で負った傷は深かった。

そこで、鉄道事業の拠点である「駅」のあり方を大きく変えることで対応を図ろうとしている。高輪ゲートウェイ駅がその最前線となる。

先駆的な試みの一つが、駅構内に設けた無人決済のコンビニだ。天井のカメラや陳列棚のセンサーが、客が手に取った商品を識別し、レジを通ると自動で購入金額が算出される。

駅売店「キオスク」の主力商品だった週刊誌やたばこ、ガムが売れなくなり、JR東が運営する駅コンビニ「ニューデイズ」は厳しい戦いを強いられている。500店舗と規模が小さい分、仕入れや物流効率ではコンビニ大手にかなわない。

「セブン－イレブンを入れた方が利用客も喜ぶのではないか」。存在感を増すJR東の外国人株主は、JR東幹部との会談でコンビニ事業の収益性について厳しく指摘する。

無人コンビニなら、人件費を大幅に削減できる。さらに、大量のカメラやセンサーで得た買い物客の行動データを分析したり、運営ノウハウを外部に販売したりすることも視野に入れている。

コロナ後もテレワークが常態化すれば、鉄道で移動する人が回復しないのではないか。経営を揺るがす問題への答えも模索している。

11月9日、高輪地区のビルと東京駅をオンライン映像でつないだ新たな会議システムが報道陣に公開された。会議室の前面に高画質な4K映像を表示し、相手があたかも同じ空間にいるかのような最新技術が使われている。駅の一角でオンラインでの商談や英会話教室、ダンスス

大規模な再開発が進む高輪ゲートウェイ駅周辺（22年11月10日、東京都港区で）

高輪再開発の主な計画

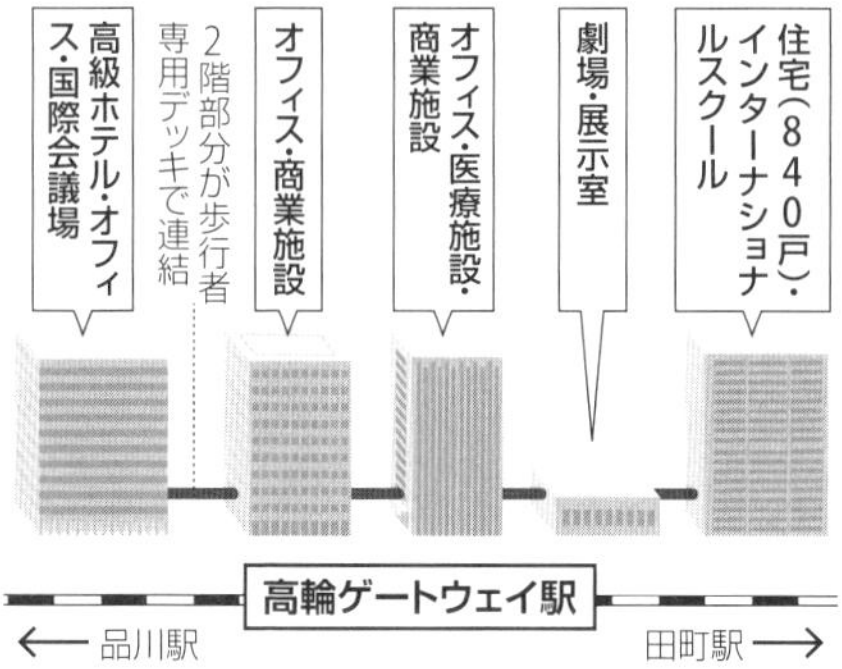

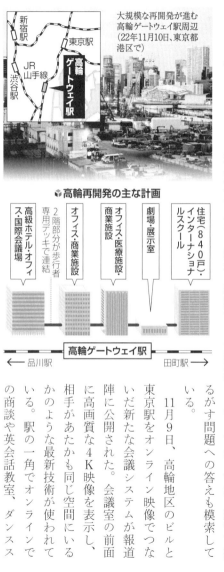

JR東日本の主な非運輸事業

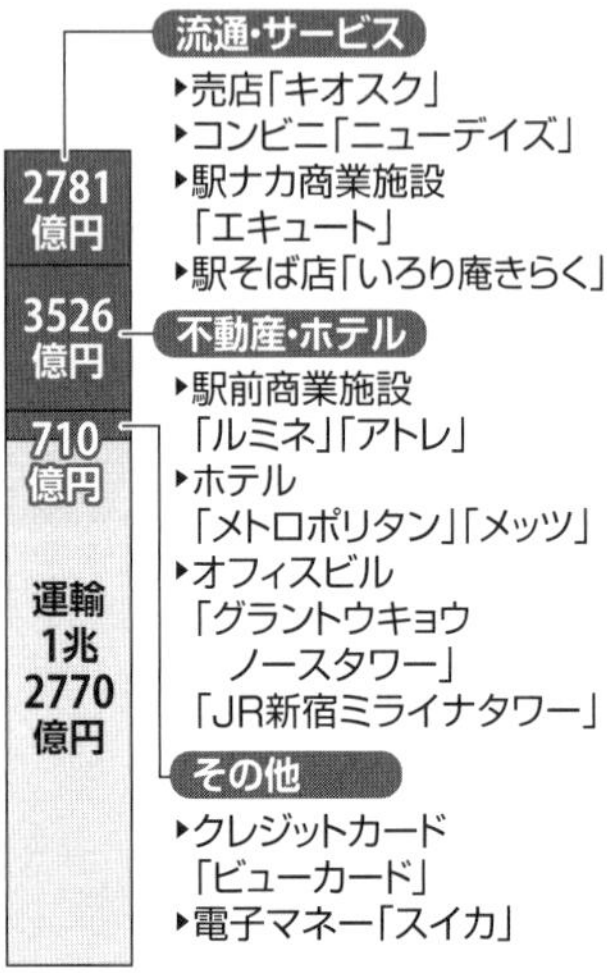

※数字は2022年3月期連結決算の事業別の営業収益

クールなどができる場所を提供し、新たな収益源としたい考えだ。

「高輪は壮大な実験場だ。新たなサービスを次々と生み出し、客の反応を見る場にしていく」

JR東まちづくり部門の松尾俊彦マネージャーは話した。

ただ、都心の再開発はすでに飽和状態に近付いているとの見方もある。不動産市場に詳しいジョーンズラングラサールの大東雄人シニアディレクターは、高輪地区の開発について「日本橋や赤坂など競合エリアでもオフィス供給が続き、テナント誘致に苦労する可能性がある」とみている。

◇

「インフルエンザのワクチンを打ってください」。11月29日、神奈川県に住む男性会社員(50)は、JR西国分寺駅(東京都国分寺市)の中央線上りホームで、女性医師と向き合っていた。4月に開業した全国初となる駅ホーム上の診療所だ。

内科医が常駐し、皮膚科や耳鼻科はオンラインで専門医の診療を受けられる。ワクチンを接種した男性は「通勤途中にさっと立ち寄れるので便利だ」と話した。JR東は将来、都心だけでなくさまざまな地域にホーム診療所を広げる考えだ。

医療・健康事業は、高輪の再開発でも期待がかけられている。ホーム診療所などで実績を重ねたうえで、生体情報を使って一人ひとりにあわせた診療や食事、運動習慣を提案するサービスの提供を検討している。

JR東で高輪開発を担当するまちづくり部門の天内義也マネージャーは言う。

「実験なのでうまくいかないこともあるかもしれない。それでも、100年先の暮らしをつくっていく会社に変化を遂げていこうと考えている」

構内コンビニ　自前貫く　4社は大手提携

JRグループは、国鉄時代から自前で駅構内の売店「KIOSK（キヨスク）」を手がけてきた。現在でもJR東日本は「ニューデイズ」、東海は「ベルマートキヨスク」の独自ブランドを展開する。

これに対し他の旅客4社は、商品力や品ぞろえに強みを持つ大手コンビニチェーンとの提携を進める。JR西日本は2014年、最大手セブン－イレブン・ジャパンと業務提携し、キヨスクなどをセブン－イレブンに転換した。

帰宅途中の利用者が増え、店舗の売上高は転換前から大きく伸びた。JR北海道と四国も一部売店をセブン－イレブンに転換した。

JR九州は1999年、エーエム・ピーエム・ジャパンと組み、グループのコンビニ「生活列車」を「am／pm」に変えた。2010年からは提携先を買収したファミリーマートに切り替わった。

大手コンビニとの提携は、運営ノウハウを得て売り上げを伸ばせ、自前で手がけるよりもリスクは低い。反面、ブランド使用料をコンビニチェーンに支払う必要があり、利幅は限られる。JR東、東海は今後も自前戦略を貫き続けるのかが注目される。

ちなみに、キヨスクの名称を、JR東だけが07年から、英語の発音に近い「キオスク」に改めている。

4　地方創生へ　駅前投資

「まだまだ。もう1本」

2022年11月16日、秋田市を拠点に活動するプロバスケットボールBリーグ「秋田ノーザンハピネッツ」の選手ら15人が試合に向け練習を繰り返していた。秋田駅東口近くにあり専用コートを備える練習施設「秋田ノーザンゲートスクエア」は、JR東日本が整備した。

貨物列車の操車場跡地に20億円を投じ、19年12月に完成させた。秋田杉をふんだんに使った梁が天井を支える。壁面はガラス張りで、すぐ隣を走る秋田新幹線や歩道から練習風景を眺めることができるよう工夫されている。

ＪＲ東の秋田支社地域活性化推進室の田口義則室長は、施設を造った狙いをこう語る。

「地域に対して我々ができることは何かと考えた結果だ。駅前がにぎわえば列車に乗ったり、駅ビルで買い物をしたりしてくれるかもしれないが、最初から稼ごうという発想ではやっていない」

ＪＲ東は15年９月、秋田駅を核としたコンパクトな街づくりを進めるための連携協定を秋田県や秋田市と結んだ。秋田県は人口減少率が21年まで９年連続で全国ワースト１位と少子高齢化が深刻だ。県などは対策の一つとして、公共交通の中心である秋田駅周辺に生活に必要な機能を集約し、にぎわいのある街づくりを打ち出し、ＪＲ東が呼応した。

「秋田にそれだけ投資するなら、他にやることがあるはずだ」。当初、社内には反発の声もあった。だが、当時社長だった冨田哲郎会長が「東京以外にもバランスのとれた資源配分が必要だ」として認めた。

地元テレビ局の本社を駅前に誘致し、ホテルの増設、学生向けマンションなどを手がけた。19年１月１日時点のＪＲ秋田駅前の地価は前年に比べ27年ぶりの上昇に転じた。地元の不動産業者は「ＪＲと行政が一体で動いたのが大きい。駅周辺の人口が増え、商業も活性化する」と評する。

ＪＲ東は経営ビジョンの一つに地方創生を掲げる。地域が衰退したら、鉄道を利用する人が将来にわたって減り続けてしまうからだ。秋田駅周辺の開発と成功は、社内では「秋田モデル」と呼ばれている。

◇

「見ているだけでよだれが出そうだわ」。22年11月29日、ＪＲ横浜駅構内の通路で開かれていた茨

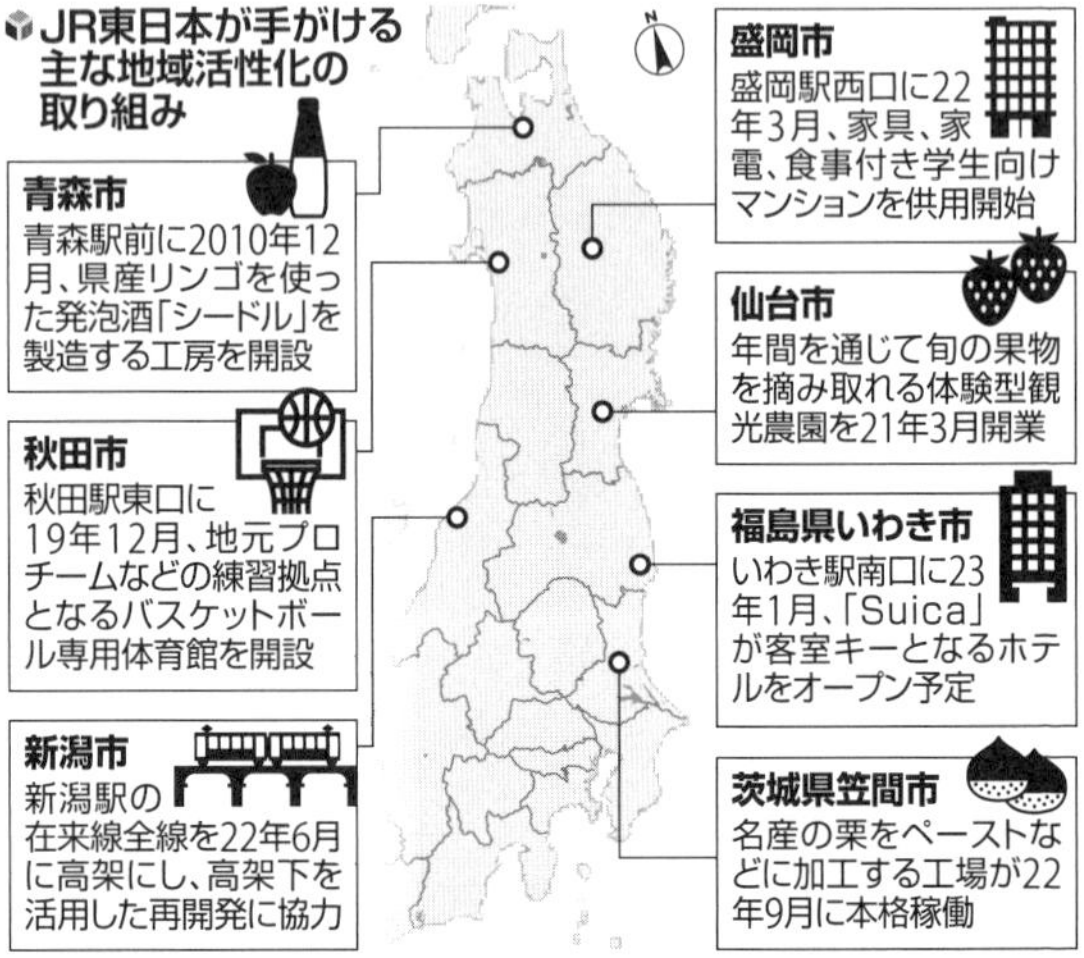

JR東日本が手がける主な地域活性化の取り組み
青森市
青森駅前に2010年12月、県産リンゴを使った発泡酒「シードル」を製造する工房を開設
秋田市
秋田駅東口に19年12月、地元プロチームなどの練習拠点となるバスケットボール専用体育館を開設
新潟市
新潟駅の在来線全線を22年6月に高架にし、高架下を活用した再開発に協力
盛岡市
盛岡駅西口に22年3月、家具、家電、食事付き学生向けマンションを供用開始
仙台市
年間を通じて旬の果物を摘み取れる体験型観光農園を21年3月開業
福島県いわき市
いわき駅南口に23年1月、「Suica」が客室キーとなるホテルをオープン予定
茨城県笠間市
名産の栗をペーストなどに加工する工場が22年9月に本格稼働

城県笠間市産の和栗を使ったスイーツ即売会で、２人組の女性がモンブランや栗きんとんを物色していた。商品にはＪＲ東などが出資し、22年9月に本格稼働した食品工場「笠間栗ファクトリー」で加工したペーストが使われている。

菓子販売「栗物語」（同県土浦市）は、この工場から年間15トンのペーストを仕入れる計画だ。和田貴富志社長は「ここのペーストは香り高く味も濃い」と話す。

茨城県は栗の収穫量が全国トップで、笠間市は特に生産が盛んだ。昼夜の寒暖差や火山灰を含んだ水はけの良い土壌が、ふっくらした香り高い和栗を生み出す。

地元の栗農家は、京都府や兵庫県などの丹波地方や長野県小布施《おぶせ》町といった著名な産地にも負けない品質を自負するが、知名度に課題を感じていた。そこでＪＲ東と笠間市、地元農協が共同出資して工場をつくり、様々な商品に加工できる環境を整えてブランド化を図った。

ＪＲ東は、工場で加工したペーストを使った和菓子やケーキを「笠間の栗」として前面に打ち出し、グループの幅広い販路で提供している。形に少々難がある栗でもペーストにすれば価値を保っ

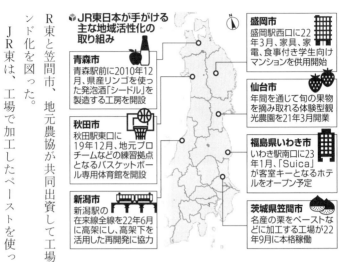

たまま売り出せて、農家にもメリットが大きい。

「栗菓子をきっかけとして笠間市に足を運んでもらい、地域にお金を落としてもらうサイクルを作るのが我々の役目です」

くらしづくり・地方創生部門観光流動創造ユニットの大谷秀美チーフは力を込める。

地域産品のPRは海外にも広げている。金属加工で知られる新潟県燕三条《つばめさんじょう》地域の工芸品を、12月16日から英ロンドンで開催されるイベントに出展する。

交通政策を専門とする政策研究大学院大学の森地茂客員教授は言う。

「鉄道会社は地域活性化会社に変身している。沿線開発はかつては関連事業の扱いだったが、今や本業になりつつある」

「長男格」財界に人材輩出

JR東日本はグループの長男格として、JR全体に関する政府との連絡・調整といった役割を担ってきた。

JR各社は鉄製のレールを定期的に鉄鋼大手から買っているが、グループを代表してJR東が鋼材価格を交渉している。自動車業界ではトヨタ自動車がグループを代表して日本製鉄と「チャンピオン交渉」を行うのが慣例となっているが、JRではその役割を東が担っている。

他社の立て直しのため人材派遣に応じたケースもある。

「兄貴分としてJR北海道を応援してほしい」。2013年、国土交通省幹部がJR東の本社を訪れ、冨田哲郎社長（当時）に頼み込んだのは、JR北の再建に向けた人材協力だった。JR北は脱線事故や、レールの検査データの改竄といった不祥事が次々に発覚し、統治不全があらわになっていた。JR東は政府直々の要請とあって応じた。

13年11月、JR東はえりすぐりの社員8人を北に送り込んだ。鉄道事業本部副本部長に就いた伊勢勝巳氏は、後にJR東で副社長となる技術系のエース。さらに14年4月には「保線の権威」と呼ばれた須田征男元常務を会長に、西野史尚仙台支社長を副社長として派遣した。

一方、財界では業界全体を代表する立場で活動を続けている。

00〜06年にJR東3代目の社長を務めた大塚陸毅《むつたけ》氏は11年5月、JRグループで初めて経団連副会長に就任。続いて06〜12年に社長を担った清野智氏は現在、訪日外国人客の誘客を担う独立行政法人「日本政府観光局」の理事長を務める。冨田氏も22年6月から、経団連ナンバー2の審議員会議長に就いている。

5　私鉄と協調路線

JR東日本は2029年度の開業を目指し、新たな羽田空港アクセス線の計画を進めている。3000億円を投じ、東京―羽田空港を最速18分で結ぶ。

「まさに脅威ですよ」

並行して品川と羽田空港を結ぶ路線を持つ京浜急行電鉄幹部は胸中を吐露した。

コロナ禍の影響が本格化する前の19年度、京急の鉄道輸送人員に占める羽田空港利用者の割合は全体の約1割を占めていた。この一部がＪＲ東に流れるだけでも経営に影響が出る。京急は輸送力強化に向け羽田空港駅の増強工事を始めた。

成田空港へのアクセスでは、ＪＲ東の「成田エクスプレス」と京成電鉄の「スカイライナー」が火花を散らす。京成が先行していたが１９９１年にＪＲ東が特急運行に参入。路線網を生かして東京、新宿、横浜など幅広い地域からの接続を強みとするＪＲ東に対し、京成は１０００円ほど安い運賃で抗戦。２０１０年に京成は空港まで直線的な経路を取る新線を開通し、上野から空港の所要時間を15分短縮して40分程度と、東京―空港間が１時間程度のＪＲ東を速さでも攻めた。

ＪＲ東と私鉄の競争は首都圏各所で激しく繰り広げられてきた。ＪＲ東が01年12月から運行を始めた湘南新宿ラインもその一つだ。新宿―藤沢間を最速51分で結んだ。営業エリアが重複する小田急電鉄は、02年３月に停車駅の少ない急行列車を導入して対抗、新宿―藤沢間を最短57分に縮めた。乗客にとっては、競争激化は所要時間などのサービスの改善にもつながった。

◇

競争から協調に転じたケースもある。

東武鉄道は世界遺産を抱える屈指の観光地・日光への交通を巡って、国鉄の時代から争ってきた。東武は座席や設備が豪華な特急を次々に導入し優位に立った。１９８２年の東北新幹線の開通もあり、国鉄は都心から日光への常設直通運行から撤退した。

ところが2006年3月、東武とJR東はJR新宿駅と東武日光、鬼《き》怒《ぬ》川《がわ》温泉両駅を乗り換えなしで結ぶ特急の相互乗り入れを始めた。東武が弱かった東京西部や神奈川県などの需要取りこみで思惑が一致したのだ。首都圏私鉄とJR東の乗り入れは東京メトロを除けば初めてで、業界を驚かせた。

コロナ禍は、私鉄との協調路線を一段と広げる契機になった。20年12月、JR東と西武鉄道を傘下にもつ西武ホールディングスは、沿線の活性化を通じた地方創生や、休暇とテレワークが一体となった「ワーケーション」といった新しい働き方の提案について、包括提携に踏み切った。

22年9月には両社の協力範囲を、心臓部分である鉄道技術分野にも広げた。

「鉄道会社共通の課題なので、一緒にやれば開発スピードが上がる。私どもが開発した技術を使っていただくことで開発経費も分担できる。他の鉄道会社と積極的に連携していきたい」

JR東の深澤祐二社長は12月13日、記者会見でこう述べ、協調路線を拡大する姿勢を鮮明にした。

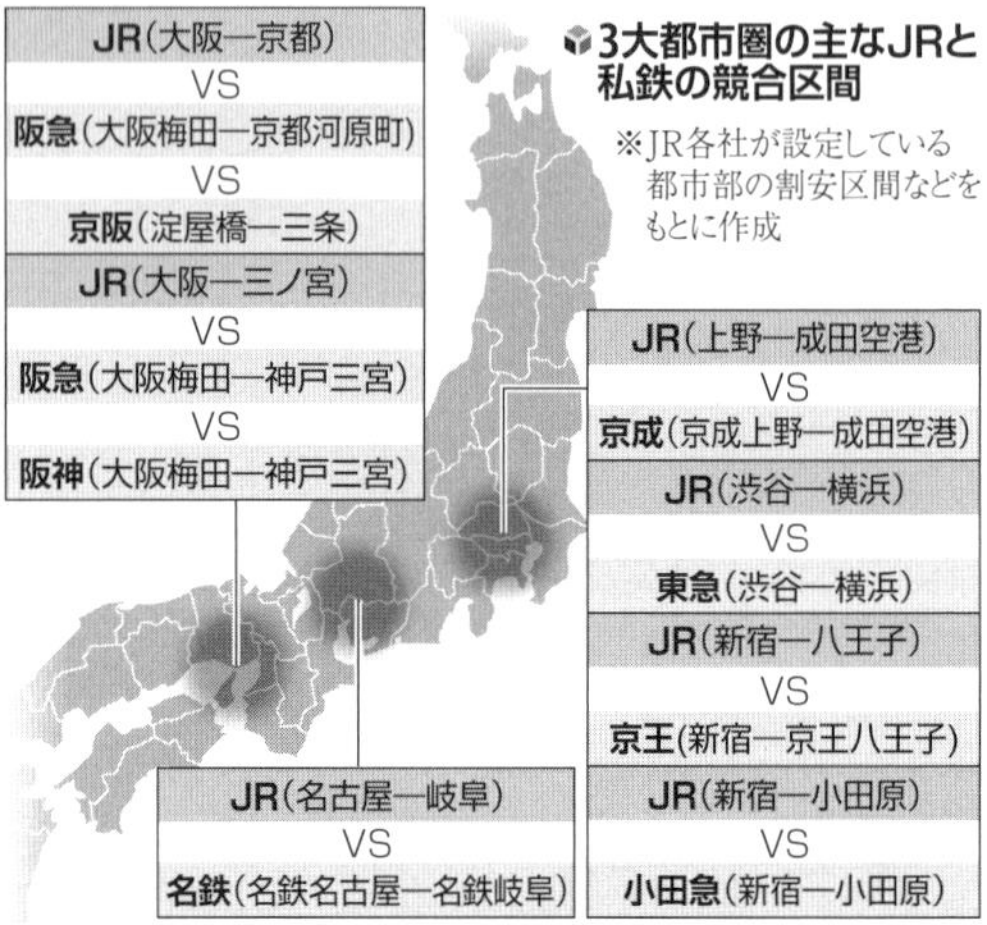

3大都市圏の主なJRと私鉄の競合区間
※JR各社が設定している都市部の割安区間などをもとに作成

JRと私鉄の連携は、「対世界」という観点では必然でもある。

◇

製品・サービスの規格や品質を定める国際標準化機構（ISO）は22年秋、列車の自動運転に関する検討を始めた。規格づくりを提案したのは鉄道インフラ輸出で難敵となる中国だった。

JR東はこれまで、鉄道インフラ輸出では苦労してきた。自動運転技術については、山手線で28年頃、自動運転の実用化を目指しており、海外輸出も見据える。国際舞台での規格づくりを中国に主導されては、海外展開の成否にかかわるため、警戒を強める。

カギとなるのが私鉄との協力だ。JR東は22年、東武鉄道と西武鉄道のそれぞれと、自動運転の導入を念頭に置いた連携強化の覚書を結んだ。3社は個別に技術開発しているが、人手不足といった共通の課題に向けては協力する。JR東の標準化戦略・推進部門に所属する青山弘和マネージャーは「国際規格づくりに向けた国内組織には東武、西武にも加わってもらっている」と説明する。

JR東は新幹線など自社にしかできない分野は自前を維持しつつ、自動化といった分野では私鉄との連携にかじを切る。人口減少、コロナ禍という経営環境の大きな変化に見舞われる中、競争と協調を使い分けるライバルとの関係は、解決策の一つになるだろうか。

大阪―神戸 3社激戦

関西地方では首都圏よりも厳しい顧客争奪戦が展開されている。私鉄の業界団体である日本民営鉄道協会によると、3大都市圏で私鉄のシェアが最も高いのが京阪神エリアだ。

東京の私鉄がJR山手線の主要駅から放射状に伸びて商圏を比較的すみ分けてきたのに対し、関西ではJRだけでなく私鉄同士も並行して激しく競り合っている路線もある。大阪―神戸間はその代表だ。JR西日本、阪神電気鉄道、阪急電鉄の3社が並んで走る激戦区で、JR西日本は「特定区間運賃」と呼ばれる割安な運賃を導入し、停車駅が少ない列車「新快速」を導入して所要時間を縮めるなどして対抗してきた。大阪―京都間ではJR西、阪急、京阪電気鉄道の3社が争っている。

日本初となる鉄道が新橋―横浜間で開通した2年後の1874年、大阪―神戸間で鉄道が開通した。日本初の都市間電気鉄道は阪神が大阪―神戸間で開業するなど、関西地方は歴史ある私鉄王国だ。営業距離数が全国最長の私鉄は関西に拠点を置く近畿日本鉄道で、大阪や愛知、奈良など2府3県に501キロメートルの路線網を張り巡らせている。

インタビュー

地域創生型の企業に

冨田哲郎《とみたてつろう》氏　JR東日本会長

年間約1兆8000億円あった鉄道運輸収入がコロナ禍でほぼ半分になった。まさに蒸発だ。想像もできなかったことが起きた。

ただ、いずれ人口減少は予想されていたことで、コロナ禍を通じて10年くらい加速して一気に起こったということだろう。現場はこの難局を自分たちの力で乗り越えようと知恵を絞ってくれており、乗り越えていけると確信している。

鉄道の線路や車両などは、安全確保のため設備投資が毎年必要で、年3000億円に上る。債務は増えたが、収益源を広げ、今まで以上にコスト管理を厳しくしていくことで、適正な規模に収《しゅう》斂《れん》させていくことを目指すべきだ。一時的な業績悪化で一喜一憂する必要はない。

鉄道事業はこれからもっと機械化、無人化が進む。列車に車掌が乗らないワンマン運転が広がり、いずれ自動運転も実用化する。設備の保守もデジタル技術などを活用して人手がかからないようにしていく。

国鉄にはお金がなく、新しい技術への投資ができない時代が続いた。今も厳しい環境だが、収支は安定しつつあるので必要な投資をしていかないといけない。

鉄道会社の役割は時代とともに変化している。地域を元気にするための社会インフラを提供するのが役割だ。その一つが鉄道事業だが、もう一つの大きな柱は都市開発や不動産開発になっている。新しいJRの姿の象徴となるのが、当社史上最大規模となる高輪エリアの再開発だ。ブルートレインの寝床だった車両基地跡地を、今までにない都市空間につくりかえる。羽田空港にも東京駅にも近く、日本を世界に羽ばたかせるゲートウェイ（玄関口）にしようと考えている。「Suica（スイカ）」を中心としたデジタルビジネスももっと広げる。

若い社員には、「うちは民間会社なので黒字経営は絶対条件だが、それだけで満足できる会社ではない」と話している。地域創生型のインフラ企業になっていこうということだ。今、地方に投資する企業はなかなかない。だけど東京だけが元気になっても人は動かない。国全体がバランスよく発展していくことが、これからの鉄道事業のためにも必要だ。

そうは言っても、1日に100人も乗らないローカル線もある。これをどうやって維持するかは本当に難しい課題だ。35年前に国鉄が分割民営化された時と比べて、どのローカル線も乗客が3分の1程度に減少している。ここまで減るとは我々も想定できなかった。

地域に頼りにされるのはありがたいことで、深澤祐二社長も「赤字だから廃止する」と言ったことは一度もない。ただ、地域にとってどういう交通手段が最適なのか、地域の方と徹底的に議論してよりよい方向に向くよう知恵を出していきたい。

（22年12月15日掲載）

1951年東京都生まれ。74年東大法卒、国鉄入社。87年のJR東日本発足後、人事課長、常務取締役ITビジネス部長などを経て2012年に社長。18年4月から現職。当たり前のことを徹底する「凡事徹底」が座右の銘。22年6月から経団連ナンバー2の審議員会議長も務める。

インタビュー

地域と運命共同体

森地《もりち》 茂《しげる》氏　政策研究大学院大学客員教授

地域と鉄道会社は運命共同体だ。どんな企業も各地に工場などがあり経済的に地域貢献をしているが、一番の地域密着型企業は鉄道会社だ。沿線が衰退すれば客も減り、沿線開発もだめになる。地域活性化が自分たちのビジネスに直結する。

民間の有識者らでつくる日本創成会議が2014年5月、全国の半数にあたる896の市区町村を「消滅可能性都市」とし、40年までに若い女性の人口が半分以下に減って存続できなくなる恐れがあるとの推計を公表した。私は会議のメンバーの一人だったが、このような指摘をした。自治体が人口減少対策をしても、税金でやれることには限りがある。鉄道会社は民間なのでもっと自由に取り組める。沿線活性化には鉄道会社が最も適任だ、と。

赤字ローカル線が問題になっているが、国防の観点から基幹の路線は残すべきだという議論もある。また、鉄道には、存在するだけでまちの信頼性が違うという面もある。欧州では、路面電車をいったん廃止した後、必要性が再認識されてずいぶん再建した。

ただし、使ってくれないと意味がない。使いもしないのに、「もっとサービスを良くしろ」「廃線反対」と主張するのはモラルハザード（倫理の欠如）の状態だ。

経営が厳しい地方の公共交通には、国が関与するほかないだろう。経済学で「クラブ財」という言葉がある。例えば、住民に一定の「会費」を払ってもらうことで、鉄道やバスをいつでも自由に乗れるようにするのも一案だ。所得に応じて会費を変動させることもできる。ただ、国が関与するにしても、欧米の失敗事例のように非効率になってはいけない。日本では民間に任せてきたことによる効率性は保ちたい。

鉄道運賃は東京が一番安い。なぜ所得が低い他の地域よりも東京の運賃が安いのかというと、利用客が多いからだ。コロナ禍で減った乗客が戻ってこないとすれば、運賃を値上げするしかない。常に経営を健全にしておくことが、地域貢献やサービスの改善につながる。鉄道会社が疲弊して何もできなくなるより、その方が国全体にとってもプラスとなる。社会全体でみたら、公共交通がなくなった場合のコストの方が高くなるという研究もある。

私は鉄道会社から経団連会長を出すべきだと言っている。鉄道は国の許認可の対象で半公営のような存在のため、財界の主役にはなじまないとみられてきた。だが、地域活性化の観点からも、産業の裾野の広さからも、鉄道の役割は非常に大きい。鉄道会社から日本経済を引っ張るリーダーが出てきていいと思っている。

（22年12月16日掲載）

1943年京都府生まれ。66年東大工学部卒、国鉄入社。67年退職し、東工大助手。同大教授、東大教授などを経て、2014年から現職。09～11年にはシンガポール陸上交通庁のアドバイザーを務めた。現在、北海道新幹線の総工費高騰を検証する国土交通省の有識者会議で座長を担う。

第7章

西日本

迫られる将来像の再考

北陸新幹線の敦賀延伸に備えて新造された車両

1　脱・鉄道　新技術挑む

国内最大級の最先端技術の展示会の会場に、珍しく鉄道会社の姿があった。２０２２年10月、千葉市の幕張メッセで開かれた「シーテック２０２２」。常連のソニーグループやシャープといった電機メーカーと並び、ＪＲ西日本が初めて出展した。

目玉は、ＪＡＸＡ（宇宙航空研究開発機構）と協力した人工衛星の故障予測システムだ。自動改札機の点検技術を応用するなど鉄道事業から生み出した。ほかに交通系ＩＣカード「ＩＣＯＣＡ（イコカ）」利用者の移動や購買行動のデータ解析を活用したサービスなど独自技術７件を披露した。

開発を率いるデジタルソリューション本部の宮崎祐丞《ゆうすけ》データアナリティクス担当部長は「移動に頼らない収益源を確保しなくてはいけない」と説明する。ＪＲ西は売上高の６割を運輸業が占め、収益は安定していたが、コロナ禍の直撃を受け、21年３月期には過去最大の最終赤字を記録した。シーテックのブースに掲げた言葉は「ＢＥＹＯＮＤ　ｔｈｅ　ＲＡＩＬＷＡＹ（鉄道を超えて）」。出展は、鉄道事業だけに頼らない鉄道会社に生まれ変わるための一つのステップの意味があった。

◇

ＪＲ西日本のデータ分析チームは22年９月、ＪＡＸＡとのオンライン会議に臨んでいた。チームが独自に開発した自動改札機の故障予測システムをアピールするためだ。

「人工衛星の異常を早期に検知できることが期待できます」

改札機の利用状況などのデータから人工知能（ＡＩ）が不具合の兆候を検出する仕組みだ。２０２１年に管内全エリアで実用化し、１～３か月ごとだった改札機の点検頻度を半年ごとに減らせた。その実績が評価され、10月、人工衛星への応用を目指して協業することが決まった。

チームは17年、新幹線の保守・点検技術者だった宮崎祐丞担当部長ら４人で発足した。鉄道設備の維持管理の効率化が目的だったが、４人ともＡＩやビッグデータの知識はゼロだった。少しずつ、社内の隠れたデジタル人材を集めていった。

今では約40人の専門集団として、ＪＲ西の機器や利用者から得られるデータからビジネスを生み出そうと模索している。宮崎氏は「鉄道の軌道の保守をしていたが、衛星軌道に進出するのも何かの縁を感じる。チームがもたらす売上高は現在は数千万円程度だが、将来は数十億円規模に伸ばしたい」と力を込める。

◇

１９８７年の国鉄民営化で発足したＪＲの本州３社は、引き継いだ資産規模から東日本が長男、西日本が次男、東海が三男とされた。

ＪＲ関係者は「首都圏を相続し、新しいことに率先して取り組むしっかりものの長男、特徴がなく少し頼りない次男。東海道新幹線を持ち、自由奔放な三男」と解説する。

コロナ禍で３社は大きな打撃を受けたが、東は首都圏に保有する資産が厚い財務基盤を形成し、東海はドル箱の東海道新幹線にいずれ客が戻ると見込める。一方、西の売上高の６割は鉄道が中心の運輸収入で、このうち４割近くが近畿圏の在来線だ。コロナ禍をはね返せる強みを持たない。

JR本州3社の概要（2020年3月期）

	JR東日本	JR西日本	JR東海
売上高	2.9兆円	**1.5兆円**	1.8兆円
鉄道運輸収入（売上高に占める比率）	1.7兆円（61%）	**8568億円（57%）**	1.3兆円（74%）
都市部の鉄道収入	1.1兆円	**3075億円**	公表なし
新幹線の収入	5655億円	**4412億円**	1.2兆円
営業キロ数	7401キロ	**4903キロ**	1970キロ
子会社数	77社	**69社**	31社
連結従業員数	7.1万人	**4.8万人**	2.9万人

民営化を機に、JR西は「総合サービス企業」への脱皮を目指してきたが、百貨店や不動産事業など多角化を早くから進めてきた私鉄に大きく差をつけられたまま、コロナ禍に見舞われた。約70の子会社を通じて展開するショッピングセンターやコンビニエンスストア、飲食店、ホテルはどれも鉄道の旅客が激減すると共倒れになった。

21年3月期連結決算では、最終利益が2331億円の赤字に転落。21年6月末時点の有利子負債は1兆7364億円と、1年間で7176億円増えた。幹部は「結局、鉄道一本足だったことが浮き彫りになった」と話す。

◇

初の緊急事態宣言が発令された20年4月。本社で開かれた対策会議で、長谷川一明社長が「コロナ後の新しいグループの姿を検討せよ」と指示した。テレワークの普及などで鉄道利用は以前の水準に戻りそうにない。奥田英雄デジタルソリューション本部長らが出した結論は「デジタルを経営の基軸に置く」ことだった。

具体策の一つが、23年春に導入した「ウェスターポイント」だ。交通系ICカード「ICOCA

（イコカ）」やクレジットカードなどグループ内で別々に発行しているポイントを統合する。移動や購買といった行動履歴のデータを集約する一方、データに基づいた買い物情報やクーポンを提供し、利用を促す。外部企業とも連携する。奥田氏は「JR西グループの経済圏を作る」と強調する。

1日の乗車人数が約30万人に上る大阪駅北側の地下で23年3月に開業した「うめきた新駅」も活用する。目的地に合わせて乗り換えを個別にスマホで案内するサービスや顔認証機能が付いた改札機を導入し、ノウハウをためて他のサービスへの応用も視野に入れる。

JR西が描く将来像は「デジタルとリアルを組み合わせた次世代の技術やサービス」（長谷川社長）を提供する企業だ。「頼りない次男」から脱却する試みはこれから本格化する。

2　赤字路線協議にズレ

世界遺産・熊野古道の要所を抱える和歌山県東端の新宮《しんぐう》市。２０２２年10月14日、県内の白浜町、串本町など8市町村とJR西日本和歌山支社の幹部が市役所に集まった。

１５０年前の１８７２年、日本初の鉄道が開業した記念すべき日。だが、居並ぶ自治体幹部らに祝賀ムードはなかった。会合の目的は、JR紀勢線の新宮—白浜間（95・2キロメートル）の利用促進について協議することだった。松田彰久副支社長は「こんな日にこのような話題は複雑だが、開催を前向きに捉え、有意義なものにしたい」とあいさつした。

新宮から本州の鉄道最南端を回り、海水浴場やパンダで知られる白浜を結ぶこの区間は、1キロメートルあたりの1日平均利用者数を示す「輸送密度」が21年度は731人だった。国鉄が分割民営化された1987年度より80％超減った。19〜21年度平均の赤字額は29・5億円と、JR西の路線中2番目に大きい。

JR西は22年4月、維持が困難な水準とされる輸送密度2000人未満の17路線30区間の収支を初めて公表した。新宮―白浜もその一つ。JR西の地域共生部の飯田稔督次長は「大量輸送という鉄道の特性を発揮できていないと理解してもらうため」と公表の理由を説明する。

◇

JR東日本、西日本、東海の本州3社で、西が先陣を切って公表した背景には、収益構造の違いがある。

JR西で最も輸送密度が高いのは東海道線の大阪―神戸間の38・5万人（19年度）。それでもJR東の山手線品川―田端間（112・1万人）の3分の1程度にすぎない。運輸収入に占める都市部の在来線の比率も、JR西は35％と、65％を占めるJR東の半分強にとどまる。

関西は私鉄の路線網が充実し、「私鉄王国」と呼ばれていた。国鉄の分割民営化後、JR西は特に京阪神地域を「アーバンネットワーク」と名付けて利用客の獲得に力を入れた。阪急電鉄などと並走し、主要駅間を迅速に結ぶ「新快速」は停車駅を増やして利便性を高め、運賃でも対抗した。

例えば大阪（阪急は大阪梅田）―高槻（高槻市）間の運賃は、国鉄時代の1986年当時は阪急より30円高い240円だった。22年12月時点では260円と阪急より20円安い。

ローカル線の赤字を都市部と新幹線の運輸収入で補う構図は本州3社に共通する。だが、利用客獲得と運賃の両方で私鉄と激しく競争し、都市部の収益力で劣るJR西は、コロナ禍の直撃を受けると立ちゆかなくなった。長谷川一明社長は「今までのみ込めていた（ローカル線の赤字）問題がのみ込めなくなった」と語る。

◇

赤字路線の収支が公表されてから、地元自治体との協議が各地で活発化している。だが、両者の立場は異なる。JR西が望むのは、存続か廃止かの判断を含めた議論だ。地元は路線の維持を前提に「活性化に向けた幅広い議論」（新宮市の向井雅男副市長）を求める。

近年廃止されたJR路線の総距離と区間

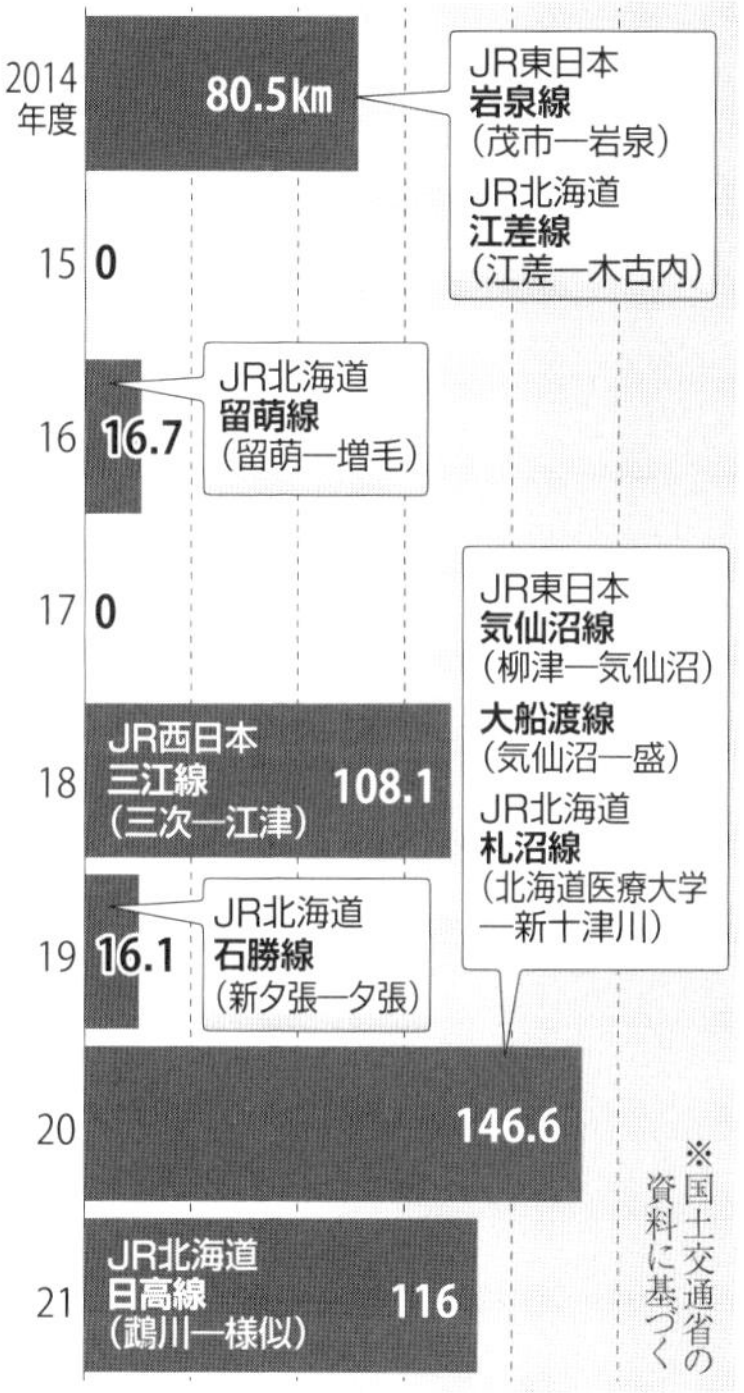

※国土交通省の資料に基づく

岡山、広島両県にまたがり中国山地を縫って走る芸備《げいび》線では収支公表前の21年8月から、JR西で輸送密度の最も低い東《とう》城《じょう》―備後《びんご》落合《おちあい》間などについて地元自治体と話し合ってきた。プロ野球・広島カープのキャラクターを多数あしらったラッピング列車などの企画が生まれ、一時的な利用者増という効果は出たものの、抜本的な解決策は見いだせていない。JR西は22年5月、存廃を含めた協議を申し入れたが、自治体側は「利用促進策以外は議論しない」と抵抗した。

広島や岡山を含む5県を受け持つJR西の蔵原潮中国統括本部長は「地域住民と観光客の両方の持続的な利用がないと、鉄道事業は成り立たない」と話す。

沿線住民の行動と感情が一致していないことも、問題を複雑にする。野村総合研究所がJR東と西のローカル線29路線の沿線住民約1万人に行った調査では、75％が「ほぼ利用しない」とした一方、「利用が少なくても今の公共交通を維持すべきだ」という回答が72％に上った。

「公共交通を再構築する大切な時期に来ている」（長谷川社長）のは間違いないが、議論がかみ合わない状況が続く。鉄道会社と自治体、地域住民がそれぞれ、公共の足について主体的に考える姿勢が問われている。

バス転換後も利用状況厳しく

2022年版交通政策白書によると、12〜21年度の10年間で廃止された鉄道のローカル線は523キロメートルに及ぶ。多くは路線バスに転換されたが、人口減少が進む地方ではバスも厳しい利用状況が続く。採算性や利便性を向上させようと様々な取り組みもみられる。

広島県と島根県にまたがるJR西日本の三江線《さんこう》（108・1キロメートル）は18年に廃止された。後継のバスは利用が低迷し、年間の赤字額は約2億円に上るが、沿線の一部地域では住民のニーズに応じようと、予約制の乗り合いバスの運行が始まった。

JR東日本は、11年の東日本大震災の津波で線路が流失した気仙沼線のうち柳津―気仙沼間（55・3キロメートル）について鉄道での復旧を断念し、線路の敷地をバス専用道として整備。12年からBRT（バス高速輸送システム）を運行している。22年12月5日には一部区間で自動運転を導入した。

JR北海道では、江差《えさし》線の江差―木古内《きこない》間（42・1キロメートル）が14年からバスに置き換えられた。JRから18年間分の運行経費などとして9億円の支援を受け、停留所の数を10駅から2倍以上に増やした。19年に廃止された石勝線の新夕張―夕張間（16・1キロメートル）もバスに切り替わり、1日5往復から倍増した。

3　安全最優先　福知山の教訓

金属加工などの町工場と住宅が混在する兵庫県尼崎市の一角、JR福知山線のカーブした線路近くに慰霊碑が立つ。謝罪と反省の言葉が刻まれている。

「心から深くお詫びいたします」「尊い人命をお預かりする企業としての責任を果たしていなかった」

2005年4月25日、宝塚（兵庫県）発同志社前（京都府）行きの快速列車が脱線し、線路沿いのマンションに衝突した。乗客106人と運転士1人が死亡、負傷者は563人に上り、JR発足後では最悪の事故となった。

JR西日本は事故現場周辺を買い取って追悼施設を設けた。長谷川一明社長ら経営陣は月命日に現場で再発防止を誓い、犠牲者の冥福《めいふく》を祈り続けている。

事故当時、神戸支社の次長として被害者対応にあたった長谷川氏は「鉄道事業をやっていく上で、決して忘れてはならない」と強調する。

◇

国土交通省の航空・鉄道事故調査委員会（現・運輸安全委員会）が07年6月にまとめた434ページの「事故調査報告書」は、直接の原因をブレーキの遅れによる速度超過でのカーブ進入と結論づけた。背景にも踏み込み、ミスをした運転士に懲罰的な教育や懲戒処分を科す厳しい管理体制が事故を誘引したと指摘した。

事故後、JR西は安全を最優先する企業体質への変革に取り組んだ。

06年3月に「判断に迷ったときは、最も安全と認められる行動をとらなければならない」とする安全憲章を制定。各職場の社員は朝礼や点呼の際に暗唱し、危険性が少しでもあれば「すぐに止める」という意識づけを徹底してきた。

08年には、社内規定を見直した。人や物に具体的な危険が伴った事象だけを「事故」とし、実害のないミスを対象から外した。さらに、16年からは、故意ではないミスは懲戒処分としない方針を打ち出した。前田洋明鉄道本部安全推進部長は「社員が自ら報告しやすくなった」と成果を説明する。

今では、台風や豪雨の際にＪＲだけが運休し、並行する阪急電鉄や阪神電気鉄道などが運行を続けることは珍しくない。運休や30分以上の遅延は増加し、21年度は福知山線脱線事故以降では最多となる１２４９件を数えた。一方、21年度の事故は29件と、10年前から7割減った。定時運行よりも安全を重視する姿勢の一つの表れと言える。


JR西日本は事故が減る一方、運休や遅延は増えている

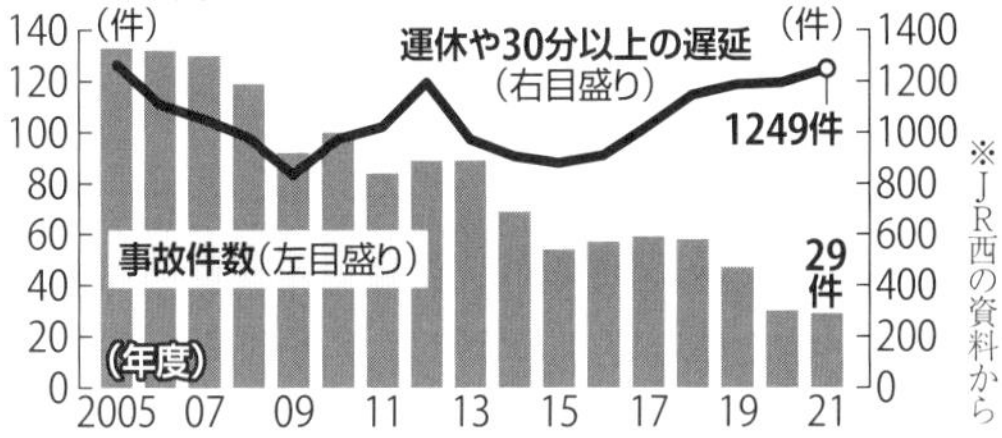

※ＪＲ西の資料から

06年に設立した安全研究所では、新たに採用した行動学や心理学の専門家を中心に安全性の向上に取り組んだ。研究成果は一部、実用化に至っている。

その一つが線路への転落防止策だ。過去の転落事例約１３０件を分析したところ、６割がベンチから立ち上がった後、線路に向かって歩き、転落していたことが分かった。新大阪駅（大阪市）のホームで15年1月、線路に並行して設置していたベンチを直角に置き換え、酔客らへの駅員の対応マニュアルを作成したところ、転落が６割減少した。

近年普及が進むホームドアは１駅あたり数億円が必要なのに対し、ベンチを置き直すだけなので費用対効果は高い。22年３月までに管内の約４割にあたる４５４駅に導入した。関西、関東の私鉄にも広がる。

◇

17年12月、ＪＲ西の博多発東京行き新幹線「のぞみ」で、乗務員が異常

に気づきながら走行を続け、台車枠に14センチの亀裂が入っていたことが後に判明した。亀裂がさらに3センチ進めば破断し、脱線などの重大な事態に発展する可能性もあった。運輸安全委員会は新幹線で初めて、事故につながりかねない「重大インシデント」と認定した。

年間500億円前後だった安全対策の投資額は福知山線脱線事故を境に大幅に増えた。多い年は1200億円超を投じている。それでも、台車枠の亀裂のように、大事故の「芽」は潜む。

事故後に入社した社員の割合は約6割に達した。当時を直接知る人は減り続け、いずれはゼロになる。JR西は「どの鉄道会社よりも安全でなければならない」（長谷川社長）。事故の教訓を次の世代に伝える責務を背負い続ける。

ATS・難燃化……事故後導入

大きな鉄道事故は、国鉄時代からこれまで幾度か起き、そのたびに新たな安全対策が取り入れられてきた。

1951年4月、東海道線京浜線（現・根岸線）の桜木町駅構内で列車火災が発生した桜木町事故では、逃げ遅れた106人が死亡。その後、乗客が手動でドアを開けられる非常用ドアコックの列車への設置が義務付けられた。

62年5月、東京都荒川区の常磐線三河島駅で貨物列車を含む多重衝突が起きた三河島事故は160人の死者を出した。事故後、国鉄は「自動列車停止装置（ATS）」の導入を決めた。

死者30人を出した72年11月の北陸トンネル（福井県敦賀市）火災は、車両の難燃化や、排煙設備の整備などトンネル内の安全対策が進むきっかけとなった。

91年5月、滋賀県信楽《しがらき》町（現・甲賀市）で、信楽高原鐵道の車両とJR西日本の車両が正面衝突し、42人が死亡した。当時、鉄道事故を対象にした国の調査機関はなかった。遺族の働きかけもあり、10年後の2001年、航空・鉄道事故調査委員会（現・運輸安全委員会）が発足した。

4　北陸新幹線延伸　着工に壁

政府の2023年度当初予算案の編成作業が大詰めを迎えていた2022年12月14日、東京・永田町の衆院議員会館。北陸新幹線の与党検討委員会の会合で、国土交通省の担当者が敦賀（福井県）―新大阪間の着工時期について告げた。

「23年度当初は厳しい」

地元・福井2区選出の衆院議員である高木毅委員長は「大変、遺憾だ」と憤った。

環境影響評価（アセスメント）が遅れ、与党や地元が目指してきた23年度当初の着工はかなわなかった。それにもかかわらず、12月23日に閣議決定された予算案には、地質調査費などとして12億円が盛り込まれた。一部の作業を前倒しして予算化し、「早期着工を求める関係者の顔を立てる対応」（国交省幹部）をとった。

関西との結びつきが強い北陸は、JR西日本の重要な営業エリアの一つだ。ところが、15年に北陸新幹線が東京から金沢までつながると、人の流れは大きく変わった。金沢から東京までの所要時間が従来より1時間以上短縮されて2時間半を切り、大阪より早く行けるようになったことが大きい。

国交省の旅客地域流動調査によると、16年度に石川県から大阪府までJRで移動した人は83万9900人と、金沢開業前の14年度に比べ12％増にとどまったのに対し、東京都へは131万3800人と、2・6倍に増えた。

◇

北陸新幹線は1973年に整備計画が決定し、首都圏から西に向かって段階的に開業してきた。2024年に敦賀まで延伸する。新潟県から西の営業を担うJR西は、大阪までの早期全線開通で利用客が増加し、東に傾いた人の流れを取り戻せると期待する。

だが、敦賀以西の計画は、着工に向けた手続きを進められない状態が続く。建設に慎重な地域住民が、環境影響評価のための土地立ち入りを拒否している。

22年10月7日夜、敦賀以西の「小浜－京都ルート」計画地の一部である京都府南丹《なんたん》市美山町《みやまちょう》で住民主催の勉強会が開かれた。古民家が多く並ぶ国の重要伝統的建造物群保存地区「かやぶきの里」で知られる。移住者も多く、日本の原風景を思い起こさせる景観の維持に誇りを持つ人々が暮らす。自身も移住してきた長野宇規《たかのり》神戸大准教授（地域計画学）が「新幹線の建設に入れば、工事車両や走行音で訪れる人が減る。地域の衰退は避けられない」と指摘すると、出席者は一様にうなずいた。

敦賀以西は当初、米原《まいばら》駅（滋賀県）で東海道新幹線と接続する「米原ルート」が有力だったが、JR西が小浜―京都ルートを提案した。米原ルートでは、西は米原―新大阪間の料金収入をJR東海と分け合うことになってしまう。東海としても、ドル箱の東海道新幹線のダイヤなどへの制約を避けたい。普段は東海道・山陽新幹線の運用で対立することも多い両社だが、ここでは思惑が一致。新たなルートの提案につながった。

与党の検討委が京都府舞鶴市を経由する「舞鶴ルート」を合わせた3案を比較した結果、「運賃が最も安くなり、時間短縮効果も大きい」との判断で16年12月に小浜―京都ルートに決まった。

しかし、古都・京都を通るルートには、美山町だけでなく、京都市や京田辺市といった通過地域の住民からも、計画への疑問の声は絶えない。

◇

新幹線の建設には、見込まれる利益を建設費などで割った「費用便益比」が1・0を上回ることが目安となる。小浜―京都ルートは1・1とわずかに上回る程度だ。しかも、2・1兆円と見込まれる建設費は、資材や人件費の高騰を受けて膨らむ可能性が高まってい

北陸新幹線の延伸ルート

る。物価上昇を反映して再計算すると、便益が費用を下回るとみられる。

JR西の長谷川一明社長は「新大阪まで延伸されてこそインフラとして真の効果が発揮される」と話す。新幹線はJR西の運輸収入の半分を占め、収益への貢献に期待が大きい。だが、「環境影響や費用対効果を調べた結果、着工できなくなる可能性もある。その場合にどうするかも考えなくてはいけない」(国交省幹部)との声も上がり始めている。

人口減、コロナ禍に伴う経営悪化、そして足元の物価高騰。鉄道網を巡る状況は、変数が増えるばかりだ。将来像を再考する時が来ている。

同列車　営業区間で違い

JR各社の営業エリアをまたいで運行される新幹線では、サービスの考え方や企業文化の違いが表れる。時には利用者からは不可解な差に映ることもあり、「きょうだいげんか」とも称される。

1989年にJR西日本が導入した2階建ての「グランドひかり」(2002年廃止)では、グリーン車に個人用小型液晶テレビを設置した。だが、JR東海は快適な車内の雰囲気を損なうとして、東海道区間では使えないようにした。

新大阪駅に到着する際の車内放送で、東海が運行する東海道新幹線は、京都や神戸方面への乗り換え路線を「東海道線」と紹介する。一方、西が運行する山陽新幹線は、愛称として使用している「京都線」「神戸線」と案内し、同じ路線なのに呼び名が食い違う。東海は「首都圏から来た人に京都線、神戸線と言ってもわからない」と説明する。

東海とJR東日本は90年代、品川駅近くの車両基地の利用を巡り対立した。東海は新幹線の新駅建設計画を打ち出し、東は通勤列車の混雑対策に活用すると主張。結局、新幹線新駅をつくることで決着し、2003年に東海道新幹線の品川駅が開業した。

インタビュー

移動に依存しない企業へ

長谷川一明《はせがわかずあき》氏 JR西日本社長

JR西日本は1987年の国鉄民営化で発足して以降、鉄道に加え、付帯する駅ナカ店舗やホテルなどの非鉄道事業も強化した。私鉄に劣っていたサービスは改善し、利用者は増えた。自主自立が求められる中、経営資源を配分し、収益拡大の好循環を生み出せた。

しかし、コロナ禍で全ての事業が共倒れした。非鉄道といっても鉄道旅客の移動に依存していたからだ。従来の「鉄道か、非鉄道か」ではなく、「移動に依存するか、依存しないか」という基準で事業構成を考えないといけない。2023年度からの新中期経営計画では、移動に依存しない事業の目標を示した。

カギになるのがデジタルだ。23年春には、交通系ICカード「ICOCA（イコカ）」の機能をスマートフォンで使える「モバイルＩＣＯＣＡ」を導入する。利用者の行動や購入履歴のデータを分析し、ＪＲ西の総合サービスアプリ「ウェスター」を通じて、個人に合わせた情報を提供する。

コロナ禍で唯一、黒字だった不動産事業は、駅ナカの飲食店や小売店の開発で培ったノウハウを活用し、駅チカや駅周辺へと開発を広げていきたい。

そうは言っても、鉄道が会社の中心であることは変わらない。コロナで傷んだ鉄道の再活性化にもチャレンジしないといけない。ローカル線の問題提起として、22年4月、赤字に陥っている17路線30区間の収支状況を初めて公表した。

23年には地域公共交通の再構築に向けた予算措置や、国を交えた沿線自治体との協議の仕組みに関した法制化が進む。我々としては、まずは自治体と協議する場作りに力を入れる。その中で、鉄道を残すならどう残すのか、鉄道以外の輸送手段に切り替えるのか。現状を是とせず、より良い方向にいくよう働きかけたい。

一方、鉄道の存在を前提に社会生活が構成されているので大きく変化できない部分はある。安全性向上にも常に取り組まなくてはいけない。今を守りながら、次の時代を切り開く「両利きの経営」が必要になる。

西日本には巨大都市はないが中核都市が各地方にあり、つながりや発展ができる。これからは地方の時代だ。開発などで寄与していきたい。

国鉄民営化から35年が過ぎ、ＪＲグループ内の世代交代が進んできた。経営者は今が最後の国鉄世代で、これからＪＲ世代に置き換わる。国鉄で一緒に働いた面識がある人がいなくなっていく。

ＪＲ７社間で競争もあるが、環境問題への対応など連携した方がいい面もある。７社でコミュニケーションできる緩やかな連合組織は一つの案だろう。

ＪＲ西は東日本、東海、四国、九州の４社と線路がつながっている位置関係にある。ＪＲの将来に向けて、共通の問題や課題の解決策を提起していきたい。

（22年12月31日掲載）

１９５７年三重県生まれ。81年東大法卒、国鉄入社。２００５年の福知山線脱線事故では神戸支社次長として被害者対応にあたった。近畿統括本部長、非鉄道事業を担当する副社長兼創造本部長などを経て、19年12月から現職。「敬意と共感」という言葉を大切にしている。

第8章

東 海

「新幹線一本足打法」からの転換へ

大勢の人々でにぎわう東京キャラクターストリート

1　リニア静岡工区　5年半進まず

山梨県笛吹《ふえふき》市と上野原市を結ぶ42・8キロメートルのリニア実験線。時速500キロメートルの高速鉄道に試乗した一般参加者からは「夢の乗り物だと思っていた」との感想が届く。JR東海山梨実験センターの森下和昌副所長はこう返す。「すでに現実の乗り物なんです」。リニア中央新幹線が実現すれば、東京・品川から名古屋を40分、大阪を67分でつなぐ。

リニアの開発が始まったのは、東海道新幹線が開業する2年前、1962年のことだった。国鉄から国家的プロジェクトを引き継いだJR東海は、累計420万キロメートル、地球105周分に相当する走行試験を繰り返した。現在も1日2000キロメートルを走り、安全性や快適性に磨きをかけている。高速走行中でも車両の現在位置を精密に把握できる運行システムを開発するなど、日本の鉄道技術の粋を集めた。「走行実験では机上の計算とは違うことが起こる。手探りで答えを出すことの繰り返しでここまで来た」。森下氏はこう話す。

だが、2027年を予定する名古屋までの開業は延期が確実な情勢だ。トンネル工事に伴って川の水量が減るのを懸念する静岡県が着工を認めないためで、JR東海と県との攻防が続いている。

苦渋に満ちた表情で、JR東海の金子慎社長は語った。

「静岡工区の着手が遅れており、リニア中央新幹線の2027年開業は困難だ。どれだけ遅れるかは静岡工区のめどが立たない中で申し上げるのは難しい」

２０２３年２月16日の定例記者会見。膠着《こうちゃく》は５年半に及ぶ。

リニア中央新幹線の品川－名古屋間２８６キロのうち、静岡工区は８・９キロメートル。南アルプス直下のトンネル区間に、静岡県の川勝平太知事が立ちふさがる。着工には知事による大井川上流の河川占用許可が必要なのだ。

リニア中央新幹線のルート

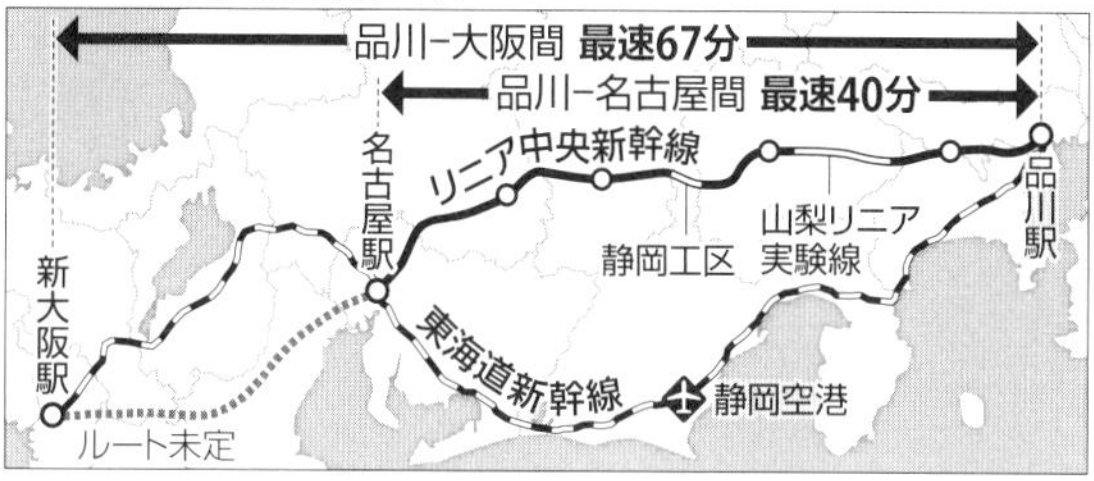

「ともかく工事をさせろという態度に堪忍袋の緒が切れた」。17年10月、記者会見でこう述べて以降、川勝氏は工事を認めない姿勢を続ける。

川勝氏はリニアそのものは評価している。22年11月、山梨県内のリニア実験線を視察した際は「さほど揺れを感じなかった。日本の技術は素晴らしい」と持ち上げた。ただ、工事に伴い、大井川の流量と、周辺の生態系に悪影響を及ぼす可能性があると主張する。

◇

南アルプスを源に駿河湾に注ぐ大井川は流域10市町、62万人の生活を支え、特産の銘茶を育む。静岡工区のトンネル工事で出る地下水は山梨、長野両県に流れるため、大井川の流量が減る可能性は否定できない。

静岡県が水にこだわる背景に、1世紀近く前の記憶がある。国鉄が1934年、東海道線の熱海－函南《かんなみ》間に開通させた丹那《たんな》トンネルの工事で、6億トンともされる地下水が流出した。飲料水や水田に多大な影響が出たという。函南町で当時盛んだったわさびの栽培は、現在はほぼ行われていない。

川勝氏はリニア着工が争点の一つとなった2021年6月の知事選で、「命の水を守る」と訴えて4選を果たした。県民の信任を得た川勝氏と、国家的プロジェクトとして早期着工を目指すJR東海は交わることがない。

見かねた政府は仲裁に乗り出した。国土交通省に有識者会議を設け、21年12月、JR東海が示した対策を講じれば、「トンネル掘削による中下流域への影響は極めて小さい」との報告書をまとめた。

対策とは、トンネルから流れ出る湧水の全量をポンプなどでくみ上げ、別に設ける導水路トンネルを通じて大井川に戻すというものだ。流域住民の懸念は解消が見込まれる。その案も、知事は認めなかった。量だけでなく水質も考慮し、工事期間中に流れ出た水そのものを全量戻すようにと新たな注文をつけた。着地点は遠ざかった。

◇

静岡県にはリニアの駅がなく、そもそも協力するメリットが乏しい。東海道新幹線で最速の「のぞみ」が静岡県内の駅に一つも停車しないことも、県民感情の底流にJR東海への不満をためていた。

リニア推進派の沿線自治体は、静岡で工事が進まない状況に手を焼き、「懐柔策」を探った。

仲介役を買って出た山梨県の長崎幸太郎知事が22年10月、自民党リニア特別委員会の古屋圭司委員長と会い、東海道新幹線の「静岡空港駅」新設を提案した。

空港新駅はかつて川勝氏が求めていた。静岡空港は真下を新幹線が通る。空港に直結する新駅が実現すれば、09年の開業以来赤字が続き、50億円余の県費をつぎ込んできた空港の利便性が飛躍的に高まる。

古屋氏も「どの県もウィンウィンの関係にもっていく」と、前向きな姿勢を見せた。だが、JR東海側は、隣の掛川駅に約15キロメートルと近すぎ、高速鉄道のメリットを損なうと難色を示す。

JR東海が地元の理解を得ようにも、18年8月に静岡県副知事名で出された要請文が障壁となっている。JR東海に関係市町と直接交渉することを控え、交渉窓口を県に一本化するよう求めている。

19年11月には、金子社長が環境保全策を説明するため、大井川の流域10市町の首長への面会を申し入れたが、市町側は拒否したことが明らかになった。21年9月にようやく、JR東海と市町の直接対話の場が設けられた。

知事と同様に慎重姿勢だった大井川の流域市町は変わりつつある。22年4月、JR東海が公表した、大井川の上流にある田代ダム（静岡市）で発電用の取水を抑制する案が契機となった。トンネル工事で県外に地下水が流出しても同じ量の取水を減らせば、実質的に川の流量の減少を抑えられるという内容だ。

この案を巡り、23年3月にJRと県幹部、流域10市町の首長らの会合が開かれ、首長側から賛同の声が相次ぎ、「待ったと言ったのは県だけ」（島田市の染谷絹代市長）だった。4月20日には10市町の首長が連名で、JRと県の協議に積極的に関与するよう国交省に要望書を出した。

「本年はリニア中央新幹線の全線開業に向け、大きな一歩を踏み出す年にしたい」

岸田首相は23年の年頭記者会見で、政府としてリニアの進展に強くかかわっていく意欲を示した。

政府は23年夏、リニア開業に伴う東海道新幹線の需要変動調査の結果を示す。リニアに需要が移り、新幹線の輸送に余裕ができれば、静岡県の駅に停車する「ひかり」「こだま」を増やせる。その経済効果を具体的に示す試みだ。

県内には新幹線の駅が六つもあるが、ダイヤの中心「のぞみ」は、全駅を通過する。県側の不満は大きく、川勝氏の前任、石川嘉延《よしのぶ》知事が「のぞみ通行税」の検討を表明したこともあったほどだ。

水資源や生態系への懸念に対策を示しながら、恩恵も差し出し静岡県民に理解を求める政府の動きが、川勝知事の態度にどのような変化を生じさせるのか。先行きはまだ見通せない。

沈む感覚　揺れほぼなし

本紙記者は2022年10月、山梨県内にあるリニア中央新幹線の実験線に試乗した。リニアは出発するやいなやグングン加速していく。最初は車輪走行で、乗車の感覚は新幹線と変わらない。時速150キロメートルに到達すると、車輪を格納し、磁力で車体を浮かせる「浮上走行」に切り替わる。その瞬間、ふわっと浮き上がるのではと思っていたが、実際には少し沈み込むような意外な感覚だった。ただ、車輪が路面をこする振動がなくなったことははっきりと分かった。

時速500キロメートルには発車3分たらずで到達した。揺れはほとんど感じなかった。終点に向かうにつれ、リニアは次第に減速し、時速150キロメートルで再び車輪走行に戻る。この時は飛行機が着陸した時のような振動があった。試験車両は42・8キロメートルの実験線を8分で駆け抜けた。

試乗前、時速500キロメートルに少し身構えていた。重力を強く感じるのではないか、耳が詰まった感じになりはしないか。いずれも杞憂《きゆう》に終わった。走行中の音は新幹線より大きく、会話には支障がないものの「ゴーッ」という低い風切り音は少し気になった。総じて快適な移動だったが、ほとんどがトンネルのため、旅情を誘う景色がないのはさみしい気もした。

◇

国鉄の研究を引き継いだJR東海は15年、山梨県内のリニア実験線で時速603キロメートルを記録した。有人走行では、現在でも世界最速の記録だ。どのような仕組みでそれほど速く移動できるのか。

リニアは車体と、路線の両側壁に強力な磁石を埋め込み、S極とN極が反発・吸引しあう力で25トンもの車両を地上10センチの高さまで浮かせている。推進力も磁石が生み出す。車体の磁石はS極とN極が交互に並ぶ。壁の電磁石に電流を流してS極とN極を交互に切り替えることで車体を前に押し出していく。壁側の極を切り替える速さで速度を調節する。

車体に搭載しているのは超電導磁石だ。超電導は液体ヘリウムを使って金属をマイナス269度まで冷やして電気抵抗がゼロになる現象で、強い磁力を生む。

リニアには浮上のための電力を外部から供給する必要がないため、停電しても急に地面に落下することがなく、安全に止まることができる。また、磁石の力により、車体が常にリニアの軌道となるU字形の構造物「ガイドウェイ」の中央にあることから、地震の際も脱線は起きない。

2　強まった国策色

リニア中央新幹線が国策事業の色を一気に強めたのは、2016年6月1日だった。参院選を1か月後に控えた安倍晋三首相が記者会見で打ち出したのだ。

「リニア中央新幹線の計画前倒しで、全国を一つの経済圏に統合する『地方創生回廊』を作り上げる」

リニアは品川―名古屋間を27年に先行開業し、大阪までの全線開業は18年後の45年を見込んでいた。大阪延伸を8年前倒しして最速37年に実現しようというのだ。

総事業費9兆円超と国家事業のような規模のリニア建設は経営リスクを高める。2007年の12月25日、自前の建設を打ち出した翌日、東京株式市場のJR東海株は年初来安値に沈み、「クリスマス・ショック」とも呼ばれた。市場は長期債務増加に伴う経営圧迫リスクを嫌ったのだった。

JR東海は名古屋開業から大阪延伸着工までの8年間は工事をせず、債務残高を減らす「経営体力の回復期間」とする計画を描いていた。前倒しは、回復期間をおかないことで実現する。政府はその裏付けとして、政府の信用を背景に市場からお金を集める財政投融資（財投）を使い、JR東海に3兆円を低利で貸し付けることとした。元本は約30年間据え置かれ、その後10年かけて完済すればよいという破格の条件だ。

もともと、JR東海はリニア事業を全額自己負担の民間事業として行うと標榜していた。どのように国の関与が強まっていったのだろうか。

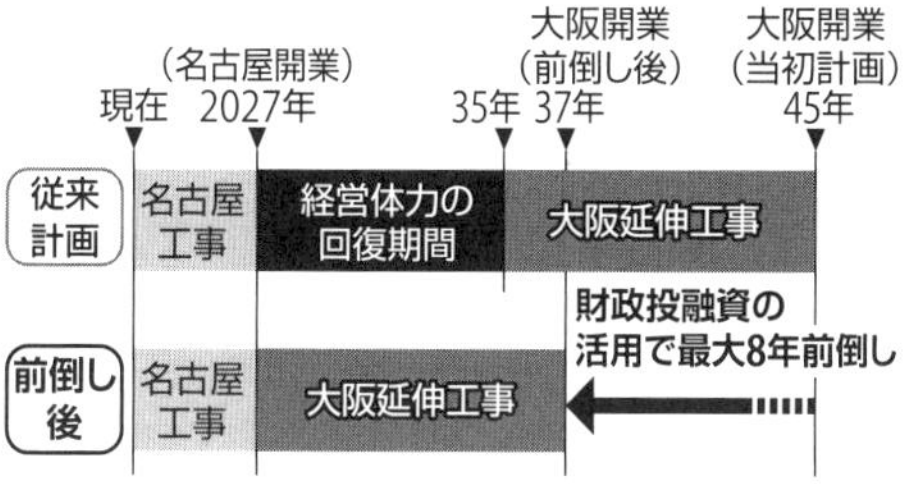

リニア大阪開業時期のイメージ

◇

リニア計画の源流は、田中角栄元首相が1972年に出版した『日本列島改造論』に記されている。

「増大する旅客をさばききれなくなり、第2東海道新幹線が必要になる」

翌73年、政府は東京から甲府市付近を通って大阪を結ぶルートの「中央新幹線」を、全国新幹線鉄道整備法に基づく「基本計画線」に指定した。

国鉄時代は棚上げだったが、87年の分割民営化で発足したJR東海はただちに「リニア対策本部」を設置した。すでに国の計画に盛り込まれていた中央新幹線にリニアを導入する検討を始めたのだ。

晩年、リニア建設に力を注いだ葛西敬之名誉会長は取り組む意義をこう語っていた。

「リニアが開通すれば、JR東海が日本の大動脈を担う使命をより長期にわたり完璧に果たせる」

リニア建設の大義はバイパス機能にある。東海道新幹線は建設から半世紀が過ぎ、老朽化が進む。南海トラフ地震が起きれば長期間不通となるおそれもある。

ＪＲ東海は、リニアを進めるに当たり、政府のお金を受け入れれば政治の口出しも強まると警戒した。国鉄の破綻は、度重なる政治介入で経営がゆがめられたことが理由の一つだった。

幸い、東海道新幹線の利用が順調に増え、ＪＲ東海の経営は健全の度を増した。国の財政は悪化の一途。国に頼らずに自前でリニアを建設できる環境が整っていった。

◇

「安倍さんから、16年7月の参院選公約の目玉として、大阪延伸（前倒し）を進めてほしいという話があった」

16年春に自民党政務調査会長だった稲田朋美元防衛相は振り返る。「アベノミクスによる低金利の環境を生かし、国土強靱《きょうじん》化のためインフラ整備を推進すべきだという先生もいた」

ＪＲ東海の「回復期間」に待たされる形となる関西の与党議員や経済界からは、大阪開業前倒しを求める声が根強くあった。

前倒しには財源が必要だ。一般会計からの支出には財務省が抵抗する。政府・与党で検討する中で浮上したのが財投だった。

「政権が代わっても経営の自主性が守られるのか」。当時のＪＲ東海経営陣は財投受け入れにあたり、駅の開設や廃止に政府が介入する口実になりかねないと懸念した。最終的に、安倍氏と10年以上の付き合いがある葛西氏が決断したという。

決め手となったのは、独立行政法人の鉄道建設・運輸施設整備支援機構がＪＲ東海に貸し付ける形をとり、国から資金を直接受け入れるわけではないことと、政府側が大阪延伸の前倒しを必達目標として借り入れの条件にしなかったことだった。当時副社長だった金子慎社長は「民間金融機関からの借り入れと変わらない」と強調する。「政府から仕組みを作ってもらったことで経営が制約されると思っていないし、されてはならない」

当時財務省の官房長だった岡本薫明元財務次官は、葛西氏への追悼文集に寄せたメッセージで、当時、政府方針への対応を葛西氏から相談されたことを明かし、「経営の自主性を重視する葛西さんにとってギリギリの解決策であった」と振り返った。

◇

16年11月、財務省の財投に関する有識者会議で、貸し倒れを懸念する声が噴出した。「破格の条件で、融資リスクが大きすぎる」。委員を務めた中央大の原田喜美枝教授はいまも危惧する。

21年４月、ＪＲ東海は品川―名古屋間の総工費が計画から約１・５兆円増え、７兆円になるとの試算を発表した。資源高や静岡工区を始めとする工期の遅れといった事態が重なれば負担はさらに膨らむ。コロナ禍による新幹線利用者減は経営を圧迫した。

金子社長は「不安なら時間で調整する」と話し、経営が揺らぐようなら財務体質の回復を優先し、大阪延伸開業を37年から遅らせることも否定しない。だが、早期開通を求める圧力を、財投を受け入れたＪＲ東海がかわし続けることはできるだろうか。財務悪化のリスクと政治圧力。リニア事業には静岡県のほかにも多くの障壁が立ちふさがる。

米輸出も視野

JR東海のリニア事業は中央新幹線だけではない。米国輸出も視野に入れる。ワシントン―ニューヨーク間（約370キロメートル）を結ぶ「北東回廊」構想だ。2017年2月、安倍首相は、就任間もないトランプ大統領との会談で「リニアならワシントンからトランプタワーのあるニューヨークまで1時間で結べる」と売り込んだ。

安倍氏は前任のオバマ大統領にもリニアのトップセールスを行っていた。当時は副大統領で、鉄道好きで知られるバイデン現大統領も同席した。関係者によると「『（デラウェア州にあるバイデン氏の地元）ウィルミントンにも通してほしいものだ』という話をして場を和ませた」という。

米国では現在、連邦鉄道局によるリニアの環境影響評価（アセスメント）の手続き中だが、進展は乏しい。柘植康英会長がニューヨークに飛んで直接、リニアの意義や効果を講演し、打開を図りたい考えだ。

JR東海はテキサス州ダラス―ヒューストン間（約385キロメートル）を結ぶ高速鉄道計画にも新幹線技術の輸出を企てている。20年11月、米政府は東海道新幹線の車両やシステムの導入を認めた。ただ、建設主体の米企業が200億ドル（約2兆6000億円）の建設資金を集めきれておらず、着工に至っていない。

3　リニア期待　名古屋駅一変

ＪＲ名古屋駅直結の百貨店「ジェイアール名古屋高島屋」。２０２３年の２月中旬まで開催していた名物のバレンタイン売り場は連日、女性客らでごった返していた。訪れた会社員女性は高揚した表情で「自分と家族用に５万円分買いました」と話した。

ＪＲ東海が59・２％出資し、高島屋と共同で運営する名古屋高島屋はバレンタイン期には関連商品を約30億円売り上げ、全国の百貨店の中でも最大級の販売実績を誇る。01年から全国に先駆けて大規模なバレンタイン催事を始め、東京でも買えないチョコがあるとして東海地方の外からも多くの客が訪れる。

名古屋高島屋が入る「ＪＲセントラルタワーズ」は、高さ２００メートル超の２棟の高層ビルからなる。ＪＲ東海が総額約２０００億円を投じ、１９９９年に開業した。百貨店のほか高級ホテルやオフィスが入り、葛西敬之名誉会長は社長だった当時、「経営多角化の切り札」と述べた。

ＪＲセントラルタワーズは駅周辺開発の呼び水となった06年にトヨタ自動車の「ミッドランドスクエア」（約２５０メートル）、15年に三菱地所の「大名古屋ビルヂング」（約１７０メートル）など高層ビルが次々に建った。３大都市圏の一角の玄関としては地味だとされてきた名古屋駅周辺の景色は一変した。

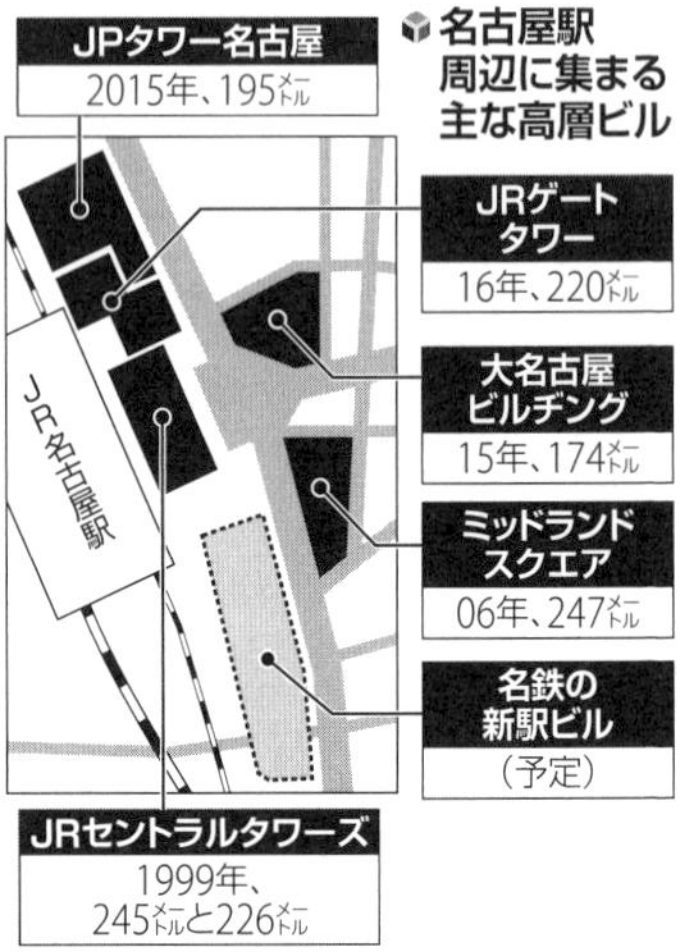

名古屋駅周辺に集まる主な高層ビル

それまで名古屋の中心は、徳川家康が築いた名古屋城の城下町として発展した栄地区だった。今、勢いは駅前が上回る。名古屋市内の商業地の公示地価をみれば明らかだ。22年1月1日時点、1平方メートルあたりで名古屋駅周辺の中村区２７０万円に対し、栄地区のある中区は１８０万円。08年に名古屋圏の最高価格地点を中区が中村区に譲ると、差は広がっていった。百貨店の売上高をみても、15年に名古屋高島屋の売上高が、栄地区で４００年の伝統を誇る松坂屋名古屋店を上回った。

◇

名古屋駅という最大の経営資源を重視しつつ、郊外開発にも力を入れ始めた。

JR東海事業推進本部の浅井彰規担当部長は、コロナ禍が沿線開発に与えた変化を指摘する。

「これまでは東京や世界ではやったものをどう取り入れるか、というビジネスだった。今は身近な生活を豊かにするニーズが高まっており、新たな発想が必要になる」

名古屋駅から車で約20分、中小の町工場が立ち並ぶ街に22年5月にオープンしたカフェ「24ピラーズ」。コンクリート製の柱がむき出しになっている店内に、天井の上を電車が走る音が響きわたる。女性客らは音を気にかける様子もなく、料理をスマートフォンで撮影し、食事や会話を楽しんでいた。

24ピラーズは、JR中央線の高架下にJR東海が誘致したテナントだ。かつて倉庫だった高さ約6メートルのスペースは開放的な雰囲気を味わえる。店のオーナーの勝崎慈洋社長は家具メーカーも経営する。「空間が広く、家具のギャラリーとしても適している場所だった」と話す。

JR東海は高架下の開発を進め、オフィスやジムを相次いで入居させた。倉庫や駐車場が定番だった場所を、人が集う場所へと変えつつある。

郊外にある駅の機能強化も進める。22年秋、愛知県北部にある尾張一宮《いちのみや》駅（一宮市）の商業施設「アスティ」を改装した。クラフトビールやカヌレの専門店が出店するなど、暮らしを少しぜいたくにする雰囲気を打ち出した。

◇

リニア中央新幹線が開業すれば、「のぞみ」で1時間半程度かかっていた東京と名古屋の移動はわずか40分に短縮される。名古屋と東京は一体的な都市圏となり、ビジネスだけでなく観光やレジャーといった波及効果も期待される。

「東海道新幹線が現在のルートを通ることで、今日の名古屋の繁栄の礎《いしずえ》を築いたように、リニア中央新幹線の開業で名古屋が一層飛躍し、日本の中で確固たる地位を築く千載一遇のチャンスとなる」

名古屋市が19年度に策定した総合計画は今後10年先の都市像を見据えこう記した。

他方、リニアが事実上の距離を縮めることで、消費者もビジネスも首都圏に吸い取られる「ストロー効果」が起きて名古屋の衰退につながりかねないとの見方もある。コロナ後とリニア開業をふまえた名古屋の街づくりは今後どうあるべきか。JR東海の構想力も問われることになる。

「名古屋飛ばし」に怒り　保線技術向上　97年解消

1992年3月に営業運転が始まった東海道新幹線「のぞみ」の登場当時、JR東海の地元・名古屋の政財界から反発が巻き起こった。下り始発列車1本に限り、名古屋、京都両駅に止まらないダイヤとなっていたためだ。

「名古屋飛ばし」と呼ばれ、東海地方の怒りに火が付いた。当時の須田寛社長が各方面で釈明に追われた。営業開始日に地元メディアでは、のぞみが名古屋駅を時速70キロメートルで通過する様子が報じられた。

のぞみは、始発列車で東京を出たビジネスパーソンが9時の大阪での会議に間に合うという触れ込みだった。当時は深夜の保線作業の関係で、早朝の列車は一部区間で徐行が必要になった。新大阪に8時半に到着するため、やむなく始発1本のみ名古屋を通過することにした経緯があった。

保線技術の進歩で97年には名古屋飛ばしは解消され、のぞみはすべて名古屋に停車する。だが、地元では、東京、大阪に対する名古屋人の複雑な感情を示す言葉として定着した。現在も、大都市を巡る大物ミュージシャンのコンサートが名古屋で開かれない時などに使われている。

4　新幹線依存　脱却に挑む

——東海道新幹線に依存する従来のビジネスモデルから脱却しなければ、将来にわたって成長することはできません。

グループの一番の弱みは、東海道新幹線の極めて高い収益性が守りの意識を生み「新たな事業への積極的な姿勢が失われている」ことです——。

『JR東海グループビジョン2032』。そう題された14ページの冊子が2022年12月20日、JR東海のグループ各社に向けて発行された。コロナ以後の将来に対する危機感が激しい言葉でつづられている。

JR東海は旅客6社の中で唯一、不採算ローカル線の収支公表を見送っている。コロナ禍でも、都市部の稼ぎで地方を支える「内部補助」が機能している証左だ。

品川駅開業、1時間最大12本の「のぞみ」を詰め込んだダイヤ策定など、東海道新幹線の磨き上げは完成形に近付きつつある。売上高全体に占める新幹線の割合は、コロナ禍前の18年度で68・8％に達する。

圧倒的な強みは、同時に弱みにもなりうる。次代に向けた布石の一つが、グループ内連携による新たな需要の創出だ。

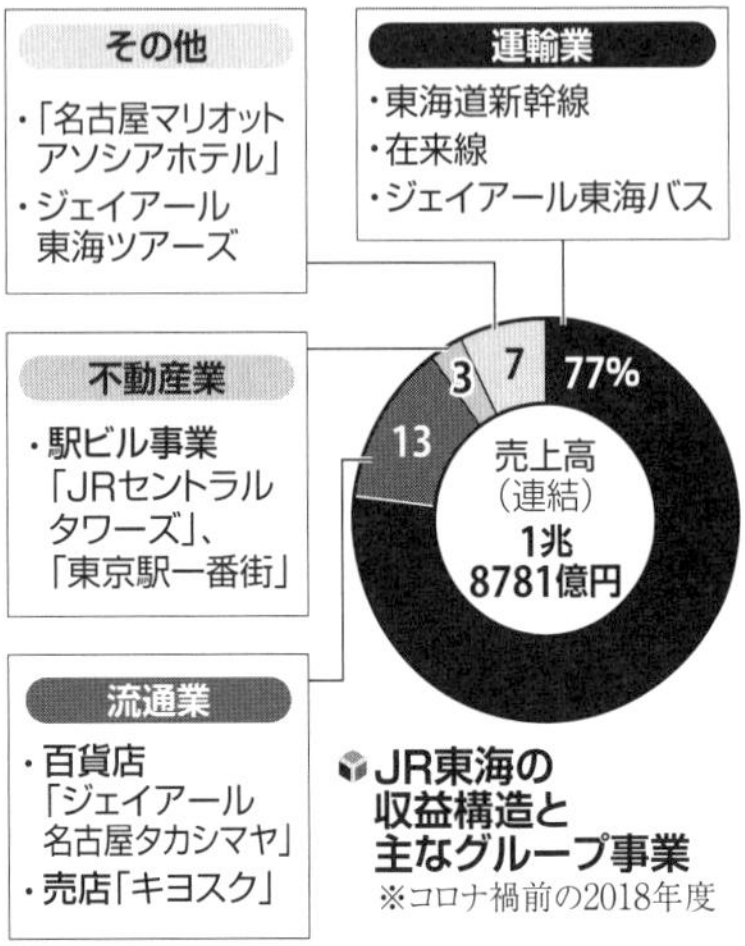

JR東海の収益構造と主なグループ事業
※コロナ禍前の2018年度

◇

コロナ禍の中、「密」が生じる観光地への旅行は忌避された。どうすれば旅行を楽しんでもらえるか。JR東海がグループで知恵を出し合う中で編み出したのが「ずらし旅」。週末やゴールデンウィークといった混雑する日や、京都のような有名観光地を外す。平日に人の少ない観光地を旅すれば、密を避けられて、今までとは違う風情を味わえるという提案だ。

三重県鈴鹿市に約200本の梅の木が並ぶ「鈴鹿の森庭園」がある。梅の開花期のみ一般公開され、鈴鹿山脈を背景に、桃色の花と枝ぶりが見事なしだれ梅を楽しめる。だが東海地方以外にはほぼ知られていない。JR東海はグループを挙げ、隠れた観光名所への東京、大阪などからの集客に動き出した。

中心となったのは、旅行子会社のジェイアール東海ツアーズだ。名古屋駅から庭園までは、私鉄とタクシーの乗り継ぎしか手段がなかったが、グループのジェイアール東海バスと協力した名古屋駅発着のバスツアーを22年から始めた。伊勢神宮など三重県内を周遊するプランに仕上げ、23年は2月25日から3月12日までの旅行商品として売り出した。東京からの予約は上々という。

JR東海営業本部の安斎辰哉担当部長は言う。

「ガイドブックをなぞるような旅の提案を卒業し、旅の目的そのものをつくる『観光コンテンツ開発』に転換する」

◇

東海地方から離れた地での事業開発にも腰を入れる。

22年11月、東京駅の八重洲《やえす》口側の一角、「東京駅一番街」にある土産物販売コーナー「東京ギフトパレット」に、老舗洋菓子店の「アマンド」など3店舗（計90平方メートル）がオープンした。東京駅構内の土地のほとんどはJR東日本が所有する。一番街は、JR東海が担う数少ないエリアで、子会社「東京ステーション開発」が運営する。

土産物といえば観光客や出張者を狙う商売が定番で、東京駅内でも競争が激しい。ギフトパレットはコロナ禍を踏まえ、東京駅近くで働く会社員らの手土産需要を狙う。

一番街は、ゲームやアニメなどのキャラクターグッズの店舗約30店を集めた「東京キャラクターストリート」、有名ラーメン店を8店集結させた「東京ラーメンストリート」、大手菓子メーカーの作りたて商品や限定品を楽しめる「東京おかしランド」と、駅構内としては異例の分野の店を開拓してきた。いずれも東京駅の人気コーナーに育ち、一番街の売り上げはコロナ禍前の18年度に約256億円と、05年度に比べ約2・5倍に伸びた。ステーション開発の佐々木義衛常務は「猫の額ほどのスペースで、〝とがった〟施設にして戦ってきた」と振り返る。

26年度には京都駅南側にホテルを開業する。22年7月、JR東海が京都駅から徒歩3分のホテル跡地3000平方メートルを購入した。訪日外国人客の増加を背景に、ホテル開発が相次ぐ一帯だ。

運営は子会社が担う。

不動産事業では自社用地の活用が中心だった。京都市内で事業用の土地を取得したのは今回が初めてとなる。金子慎社長は言う。「土地を仕入れて稼ぐのは難易度が違う。京都のホテルは挑戦だ。鉄道用地以外でも勝負をしていかなければならない」

グループビジョン２０３２は、グループの利益を10年で倍増する目標を掲げ、発想の転換を強調する。

「鉄道が主でグループ事業は従という考え方を転換し、新たな価値を提供するためにお互いの仕事を理解し協力する」

「新幹線一本足打法」で成長を続けてきたＪＲ東海が、グループの連携を深め、変化への対応力を高められるか。コロナ禍を経て発足以来の転換点を迎えている。

沿線開発　私鉄に追随

鉄道会社のビジネスモデルの一つが沿線開発だ。住宅地やリゾート地を開発し、新たな生活圏を生み出すことで、鉄道の乗客を増やす好循環を目指す。宝塚歌劇団や駅ビル百貨店などを考案した阪急電鉄創業者にちなみ「小林一三《いちぞう》モデル」とも呼ばれる。

東京から約１時間半の温泉街・箱根（神奈川県）は、小田急電鉄が新宿から特急「ロマンスカー」を走らせ、ケーブルカーや遊覧船、ホテルなどの事業を展開する。

高級住宅街の田園調布（東京都）は、東急の前身である田園都市株式会社が、100年前の1923年に「多摩川台住宅地」として分譲したのが始まりだ。東急は主要駅にスーパーや百貨店を設けて沿線の魅力を高め、今では自由が丘（東京都）やたまプラーザ（横浜市）などは民間企業が集計する「住みたい街」ランキングの常連となった。

JRの前身である国鉄は民業圧迫を防ぐ観点から関連事業への進出があまり認められてこなかったが、87年の分割民営化以降、私鉄のやり方に追随した。JR東日本が新幹線駅直結のスキー場「ガーラ湯沢」（新潟県）を作ったり、JR九州が分譲マンションを建設したりするなど沿線開発を進めている。

インタビュー

リニア投資　健全経営で

金子《かねこ》　慎《しん》氏　JR東海社長

日本の大動脈輸送を強くするのは国鉄から東海道新幹線を引き継いだ我々の使命だ。リニア中央新幹線の必要性は変わっていない。

2016年と17年に、政府から財政投融資を活用した低利資金計3兆円を借り入れた。大阪までの全線開業前倒しを目指すためだ。もとより政治や行政が経営に介入しうる仕組みはダメだと考えていた。政府が財政投融資そのもの（をJR東海に貸すの）ではなく、鉄道建設・運輸施設整備支援機構を介して、民間金融機関と同様の条件で貸し付ける案が示された。全体的にメリットがあると考えてお借りすることにした。

政府から（財政投融資活用の）仕組みを作ってもらったことで経営が制約されるとは思っていない。民間会社なので、健全経営が揺らぐと新幹線も在来線も立ちゆかなくなるため、責任感をもって進めていく。

着工できていない静岡工区は南アルプストンネルの難工事が予想され、早く着手したいと考えていた。地元合意の直前までこぎ着けた17年10月から事態が動いておらず、当初の心づもりからは5年以上遅れている。

着工前の環境影響評価でやるべきことはやったが、結果的に時間がかかってしまっていることには、当事者として責任を感じている。時間がかかっても、環境に対する地元の不安解消へ誠心誠意向き合いたい。静岡県を通るルートの見直しは現実的ではない。

リニアが開業すれば、東海道新幹線「のぞみ」の乗客がリニアに移るため、「のぞみ」の本数を減らして静岡県内の駅に停車する「ひかり」「こだま」を増やす余地が生まれる。静岡県にメリットがあるダイヤ改正ができないか検討している。

コロナ禍で落ち込んだ東海道新幹線の利用は8割程度まで回復してきた。今後は様々な乗車ニーズを掘り下げる。車内でテレワークができるビジネス専用の「Sワーク車両」や、社員旅行などで車両を丸ごと貸し切りにするサービスを始めた。グリーン車を超える上質な車両の導入も検討中だ。サービスの質を高め、見合った料金をいただいて収益を伸ばしたい。

ＪＲ東海の在来線は赤字路線が少なく、現時点で経営への負担は小さい。だが、収支の公表に踏み切ったＪＲ東日本や西日本と同質の問題を抱えており、人ごとではない。22年末からローカル線の実情について、沿線自治体に実態を説明し、利用を上向かせる余地がないか話し合っている。

国鉄分割民営化で発足したＪＲ７社のうち４社が上場した。それぞれ株主がいる以上、資本協力は難しいが、技術開発などでは協力できる。

23年４月には後任の社長に丹羽俊介副社長が昇格する。グループの旅客６社で初のＪＲ世代のトップだ。私たち国鉄に入った世代はＪＲグループの他社に直接知っている人間がいてやりやすかった面はあったが、丹羽副社長も各社と知己を増やして関係を築いていると聞く。グループで切磋琢磨する関係を目指してほしい。

（23年２月22日掲載）

１９５５年富山県生まれ。78年東大法卒、国鉄入社。87年のＪＲ東海発足後、人事や総務畑を歩み、２０１８年から現職。総合企画本部長の08年からリニア中央新幹線に携わり、政府の有識者会議で説明に当たった。大学時代は柔道部。

第9章

九州・北海道・四国

持続可能な鉄道に向けての苦闘

2023年３月31日、留萌駅を発車する深川行き最終列車

1 「ななつ星」念願の上場導く

のどかな風景が広がる大分県北東部のＪＲ杵築《きつき》駅に、光り輝く深いえんじ色の車両がゆっくりと滑り込んだ。ＪＲ九州が国内で初めて導入した豪華寝台列車「ななつ星in九州」。２０１３年に運行を始め、22年秋、初の大規模改装に踏み切った。

有田焼や組子《くみこ》細工といった九州の伝統工芸を採用した従来の内装に加え、新たに畳敷きの茶室を整備し、バーラウンジを新設。客室は4部屋減らして10部屋とし、料金は最高で1人１７０万円に引き上げた。それでも、定員20人の枠を求めて引っ切りなしに申し込みがある。運行開始からの約9年間で最も高かった倍率は３１６倍に上った。

プロジェクト発足時の責任者だったＪＲ九州の古宮洋二氏は現在、社長を務める。「運行を始めた後、東京で名刺を出したら『ななつ星のＪＲ九州ですか』と言われるようになった」と語る。

１９８７年の国鉄分割民営化時、ＪＲ九州は営業エリアの人口が少なく、北海道、四国とともに赤字経営が前提の「3島会社」と呼ばれた。観光列車の成功がＪＲ九州の未来を大きく切り開き、２０１６年には株式上場を成し遂げた。ＪＲの上場は4社目だが、3島会社の一つが収益基盤の厚い東日本、西日本、東海の本州3社に追いついたことは鉄道関係者を驚かせた。古宮氏は言う。「ななつ星がＪＲ九州のブランドイメージを全国区に押し上げ、上場への最後の一押しになった」

◇

東京・兜町の東京証券取引所に集まったJR九州の歴代トップらが、晴れやかな表情で順番に鐘を打ち鳴らした。2016年10月25日、東証1部への上場を記念して開かれた式典。青柳俊彦社長（当時）は「上場はゴールではなく、新たなステージへの出発点だ」とかみしめるように語った。

国鉄時代に九州を走っていた車両は、関東や関西で使われた中古ばかり。寝台列車が通勤用として使われることもあった。「九州は車両の墓場」と揶揄《やゆ》する言葉も飛び交っていた。

JR九州が国鉄九州総局から引き継いだ29路線（計約2400キロメートル）は全て赤字。1975年度に3億人を超えていた年間輸送人員も、民営化直前の86年度には2・4億人にまで落ち込んでいた。マイカーの普及も逆風だった。収益基盤は弱く、上場は「遠く仰ぎ見る星」（JR九州幹部）だった。

JR上場4社の比較

	上場年	株価	時価総額
東日本	1993年	7353円	2兆7158億円
西日本	96年	5374円	1兆2783億円
東海	97年	1万5700円	3兆1631億円
九州	**2016年**	**3025円**	**4659億円**

※株価と時価総額は2023年3月17日の終値

それでも上場を目指し続けたのは「屈辱を味わったためだ」と、09〜14年に4代目の社長を務めた唐池恒二相談役は語る。霞が関の官僚は北海道と四国、九州を「3島会社」とまとめて呼び、本州3社とあからさまに区別していたという。

◇

民営化の直前、縁もゆかりもなかった九州に国鉄総局長として赴任を命じられ、そのままJR九州の初代社長に就いた石井幸孝氏は「国民の目から見て国鉄改革が成功したと思われるには、国民の大半が住む本州で成功する会社をつくる必要があった。3島会社はその犠牲になった」とみる。

赤字路線を背負ったJR九州は、国から「弱者救済」(石井氏)のために経営安定基金3877億円を資産として受け取り、運用益で鉄道事業の赤字をカバーする経営が求められた。

90年代に入ると、バブル崩壊による急速な景気悪化で運用益は下降曲線をたどり始めた。国の当初の試算では、民営化後に運賃を年5%上げていけば収支が改善し、経営が成り立つとみられていた。だが、石井氏はあえて値上げという手段をとらなかった。「国鉄が歩んだ道を再び進むことになる」と考えたからだ。

本州3社は民営化から10年で東証上場を果たした一方、JR九州はその間に鉄道事業が黒字化することはなかった。それでも、将来に向けた種はまいていた。

国鉄時代に利用者が抱いていたイメージを払拭するため、「乗りたくなる車両」の開発に乗り出した。89年に導入した観光列車「ゆふいんの森」は、曲線を採り入れた緑色の斬新なデザインで人々の目を引きつけることに成功した。

工業デザイナーの水戸岡鋭治《みとおかえいじ》氏を起用し、特徴的な観光列車を次々と導入した。民営化時に68万人だった1日の鉄道利用者数は、2000年代後半には80万人台を超えていた。

東日本大震災の翌日、11年3月12日には、九州南部で先行開業していた九州新幹線が博多駅まで延伸して全線開通し、鹿児島から大阪まで直行できるようになった。記念行事は大半が中止になったが、沿線住民が開通を喜び手を振る様子を走行中の車窓越しに映したCM動画は、九州にとどまらず、震災で傷ついていた日本全国で「元気づけられる」と話題になった。

「上場できる体力はすでに整っていたが、九州新幹線開業後も高い収益力が確認できたことで、完全民営化に向けた環境が整った」。14～15年に国土交通事務次官を務めた本田勝東京メトロ会長は振り返る。

15年に、資金調達や社長人事に国の認可が必要だったJR会社法からJR九州を適用外とする改正法が成立した。鉄道事業の赤字を埋め合わせるために与えられた経営安定基金は、九州新幹線の貸付料の一括前払いや借入金の償還などに充てることが認められ、上場前に全額取り崩した。

逆境をはねのけて完全民営化を実現させたJR九州は、さらなる成長に向けて先を見据えていた。

「豪華」「観光」他社に影響

JR九州は「ななつ星in九州」のほかにも、「デザイン&ストーリー（D&S）」と銘打った個性豊かな約10種類の観光列車を九州各地で走らせている。

2011年の九州新幹線の博多－鹿児島中央間開業にあわせて運行が始まった「指宿《いぶすき》のたまて箱」は、浦島太郎の竜宮伝説が残る鹿児島県の指宿枕崎線を走る。車体を半分ずつ白と黒に塗り分けた外観は「玉手箱を開ける前後の浦島太郎の髪の毛」を表す。ドアが開く際には、玉手箱の煙を模した水蒸気が出る仕掛けで観光客らを驚かせる。

22年9月の西九州新幹線（武雄温泉－長崎）の開業に合わせてスタートした「ふたつ星4047」は、海沿いの風景を楽しめる。

ななつ星に刺激を受け、豪華寝台列車の導入が他社でも相次いだ。JR東日本の「トランスイート四季島」は北海道、東北などを周遊し、最高級の客室にはヒノキ風呂を備える。JR西日本の「トワイライトエクスプレス　瑞風《みずかぜ》」は山陽、山陰地方を巡る。いずれも最高で1人100万円を超えるが、人気を集めている。

2　マンション　首都圏攻める

川崎市のJR横須賀線・新川崎駅から約1キロメートル離れた住宅街で2023年2月中旬、7階建てマンション「MJR新川崎」（92戸）の建設工事が進んでいた。販売価格5000万円台が中心のファミリー向け物件。「JR」の名を冠したマンションだが、事業主は横須賀線を運行するJR東日本ではなく、遠く離れたJR九州だ。通りかかった地元住民は「なぜ九州のJRが川崎で？」と首をひねる。

JR九州は売上高に占める運輸事業の割合がわずか3割にすぎない。マンション分譲などの不動産事業を中心とした多角化が収益を支える。本州3社のJR東日本、西日本、東海が売上高の5～7割を本業でたたき出しているのとは対照的だ。「もはや鉄道会社ではない」とも言われる。

民営化直後の1989年から手がけるマンション事業は、分譲と賃貸を合わせて九州を中心に約30年で1万5000戸超の供給実績がある。「地場最大の不動産デベロッパー」（不動産関係者）と言われるJR九州が事業拡大に向けて乗り出したのが、最重点エリアと位置づける首都圏市場だ。

第1弾として22年3月に販売を始めた東京都江東区の分譲マンションは、全165戸が完売した。24年1月末の完成を予定するMJR新川崎では、説明資料の前面に豪華寝台列車「ななつ星in九州」などを出し、JR九州のブランドをアピールする。

JR九州に入社して約30年、マンション事業一筋の沢亀慎司住宅開発部長は「今後は首都圏の物件がより増えていく」と自信をみせる。九州での実績を通じて、銀行や大手ゼネコンと有望な土地の情報を仕入れやすい関係ができていることが背景にある。

◇

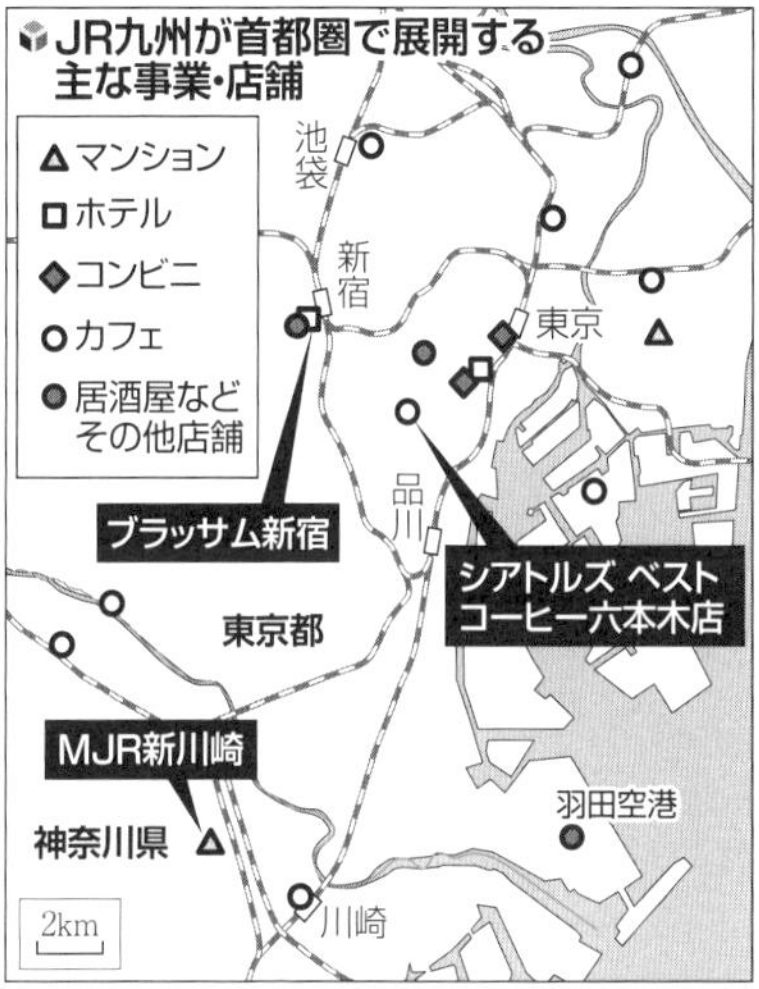

JR九州が多角化に傾倒したのは、本業の鉄道事業が赤字体質だったため、そうせざるを得なかった面が大きい。初代社長の石井幸孝氏は社員らとの懇談で「やりたい事業があれば、どんどん言ってくれ」と他分野への進出を推し進めた。

多くの幹部候補社員を小売業の丸井グループやセゾングループなど他業種に出向させ、新規事業のノウハウを取り込ませた。

JR九州の4代目社長を務めた唐池恒二相談役も丸井に出向した一人だ。「経営者としての原点は国鉄でもJRでもなく、丸井だ」と言ってはばからない。外食事業のトップを長く経験し、鉄道事業を主

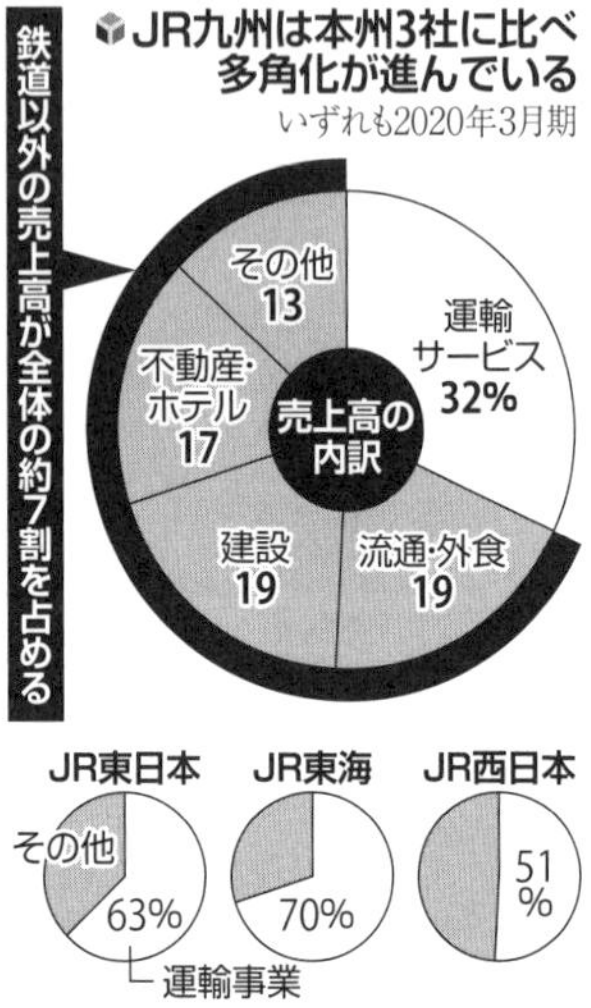

に担当した期間はわずか4年と、異色の経歴を持つ唐池氏が社長に就いたことが、JR九州の企業像を表している。

14年には、唐池氏が社長時代に手がけたホテル「ブラッサム新宿」を東京・新宿にオープンした。ホテルから約100メートルの距離にはJR東日本の本社ビルがそびえる。開発当時JR九州会長だった石原進特別顧問は、JR東日本の幹部に一言、断りを入れたという。

ただ、石原氏は社内には「鉄道は別にして、東京はみんなのものだから」と、首都圏への展開をためらう必要はないとの見方を示していた。

このホテル事業が域外での多角化を加速させる契機となり、様々な事業で首都圏の攻略を進めた。東京・六本木の六本木ヒルズのすぐ近くにあるカフェ「シアトルズベストコーヒー六本木店」。店内はパソコンを持ち込んで仕事をする客らでにぎわう。この米西海岸生まれのコーヒー店もJR九州グループが運営を担う。

JR九州ファーストフーズ（福岡市）がシアトルズベストの米国本社とフランチャイズ（FC）契約を結び、同ブランドの日本国内全約80店のうち9割を運営している。

首都圏には19年以降、吉祥寺や池袋、二子玉川、大宮などに次々開いた。村上悟郎営業本部長は

「人口が少ない九州の商圏でも利益が出る効率経営を磨いてきた。ノウハウがあるので首都圏での出店余地は大きく、十分に戦える」と強調する。

鉄道建設を手がけるグループ会社の三軌建設は、首都圏で東京メトロ副都心線や千代田線の綾瀬車両基地などの工事を積み重ねてきた。21年、東京本部を本社に格上げして福岡との2本社体制を敷き、役員を東京に常駐させた。松本喜代孝社長は「首都圏で戦っていく本気度を示した」と語る。

首都圏市場への進出を急ぐのは、九州の経営環境が「人口減でますます厳しくなる」（JR九州幹部）という危機感の裏返しでもある。会社発足当初から生き残りをかけてあらゆる事業に挑んできた文化が、他地域進出への原動力となっている。

車販売、銭湯、釣り堀……「ダボハゼ経営」失敗も

JR九州の多角化経営は、地元では「何でも手を出すダボハゼ経営」と冷やかされることもある。なりふり構わぬ姿勢で、多くの苦い経験もしてきた。

代表例が、自動車メーカーのマツダが高級ブランドとして展開していた「ユーノス」の販売店だ。1989年、鉄道会社にとって輸送客獲得のライバルとも言えるマイカーの販売に乗り出すも軌道に乗ることはなく、運営会社を95年度末に解散し、大きな損失を出した。当時の幹部は「自動車という高価格商品を売るサービスは国鉄時代に全くなく、肌に合わなかった」と振り返る。

ほかにもスーパー銭湯や釣り堀の運営などに挑んだが、成功に至らなかった。海外では2012年に中国・上海に居酒屋を出店し、5店まで広げたが、日中関係の悪化やコロナ禍などで撤退した。

3　被災路線　復旧かBRTか

熊本市内の会議室で2022年12月、熊本県とJR九州、国土交通省の幹部らが顔を合わせていた。「被災地域に人を呼び込み、地域を活性化するには鉄道の復旧が不可欠だ」。熊本県の田嶋徹副知事は、地域における鉄道の重要性を強調した。

20年夏の豪雨で被災し、約7割の区間が運休しているJR肥薩線の復旧方法がテーマだった。熊本県と鹿児島県を結ぶ肥薩線は、日本3大急流の一つとして知られる球磨《くま》川沿いの風景を楽しめ、被災前は豪華寝台列車「ななつ星in九州」の運行コースにも入っていた。

だが球磨川が記録的な大雨で氾濫して鉄橋2本が流失し、駅や設備など約450か所が被災した。運休となった八代《やつしろ》(熊本県八代市)―吉松(鹿児島県湧水町)間の距離は87キロメートル。復旧に向けてJR九州が試算した必要額は約235億円に上る。

ただ、肥薩線の被災前の1キロメートル当たりの1日の平均利用者数を示す輸送密度は、沿線の人口減などで民営化直後と比べ7割減っていた。運休区間の収支は年間約9億円の赤字だった。上場企業のＪＲ九州にとって、赤字が続く路線への大型投資は株主の理解を得られない可能性もある。国と自治体は一部を公共工事で賄うなどしてＪＲ側の負担を軽減する手法を検討するが、「税金を出してもらって復旧しても、利用者が減っていては意味がない」（古宮洋二社長）というのがＪＲの本音だ。

「私の任期中に道筋をつける覚悟をもって、全力で取り組む」。熊本県の蒲島郁夫《かばしまいくお》知事は会合から2日後の県議会一般質問で、24年4月までにめどをつける決意を示したが、ＪＲと自治体の溝を埋める妙案は見通せない。

◇

九州はもともと台風の接近や上陸が頻発する地域だが、近年は広範囲に甚大な被害をもたらす大雨が毎年のように発生している。

肥薩線が被災した20年の豪雨では、大分県内の久大線豊後森《ぶんごもり》―由布院《ゆふいん》間でも鉄橋1本が流失し、全線再開まで8か月を要した。久大線は21、22年にも大雨や台風で被災し、一時運休を余儀なくされている。

宮崎県と鹿児島県にまたがる日南線も、たびたび自然災害の猛威にさらされている。22年9月の台風で運休となった区間は23年3月15日、半年ぶりに全線再開にこぎ着けた。

一方、ＢＲＴ（バス高速輸送システム）への転換を選んだのが日田彦山《ひたひこさん》線だ。17年の豪雨で、福岡県と大分県を結ぶ約30キロメートルの区間が不通となった。鉄道での復旧を強く求める沿線市町村と、自治体に費用の一部負担を求めるＪＲ九州が対立。福岡県が調整し、Ｊ

R九州として初のBRT導入が決まった。23年夏から運行が始まった。

車両は電気バスとディーゼルバスを使うほか、23年秋からはトヨタ自動車の協力を得て、水素で走る燃料電池バスの実証運行も行い、環境負荷の低減を強くアピールする。

◇

災害の有無にかかわらず、ローカル線の行く末は不透明だ。発足以来、鉄道事業は実質的に赤字が続くJR九州だが、これまで廃線にした路線はない。首都圏や東海道新幹線のようなドル箱路線を持たない中、多角化の経営努力で補塡《ほてん》してきた。

ただ、19年度から、利用客が特に少なく収支が厳しい7区間で沿線自治体と検討会を設けている。自治体側には「そのまま廃線の議論につながるのでは」との警戒心がくすぶる。

九州では鉄道の長期運休につながる災害が相次ぐ

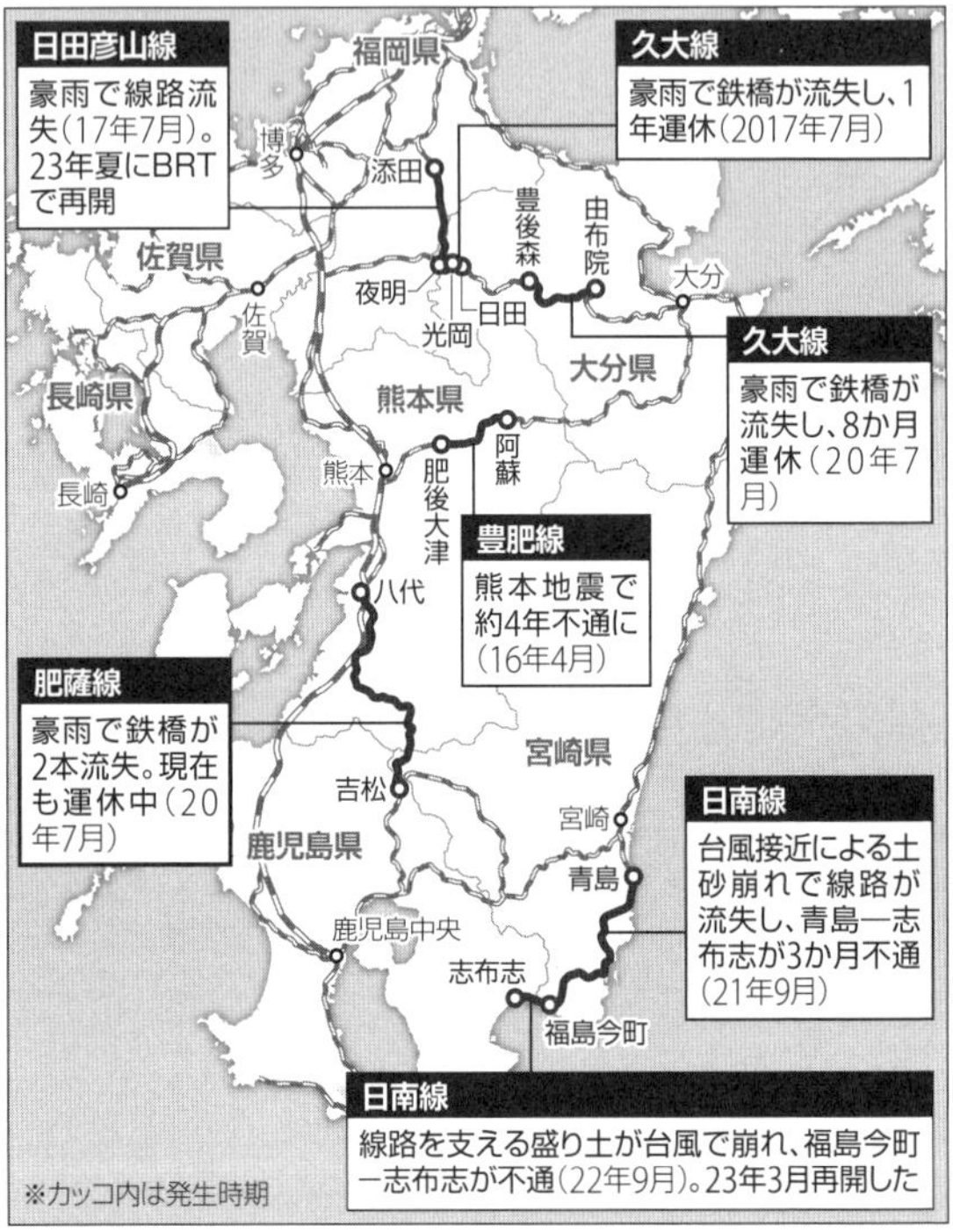

日田彦山線
豪雨で線路流失(17年7月)。23年夏にBRTで再開
久大線
豪雨で鉄橋が流失し、1年運休(2017年7月)
久大線
豪雨で鉄橋が流失し、8か月運休(20年7月)
豊肥線
熊本地震で約4年不通に(16年4月)
肥薩線
豪雨で鉄橋が2本流失。現在も運休中(20年7月)
日南線
台風接近による土砂崩れで線路が流失し、青島―志布志が3か月不通(21年9月)
日南線
線路を支える盛り土が台風で崩れ、福島今町―志布志が不通(22年9月)。23年3月再開した
福岡県
佐賀県
長崎県
熊本県
大分県
宮崎県
鹿児島県
博多
添田
豊後森
由布院
大分
夜明
光岡
日田
佐賀
長崎
熊本
肥後大津
阿蘇
八代
吉松
宮崎
青島
鹿児島中央
志布志
福島今町
※カッコ内は発生時期

災害への対応や市場縮小という地方の難題にどう対処していくのか。JR九州は22年、鉄道事業本部の各部署や管理部門を中心とした組織横断チームをつくって「未来鉄道プロジェクト」と名付けた計画を打ち出した。

観光列車を強化したり、駅を基点としたまちづくりに取り組んだりし、新規顧客やリピーターを獲得することで収入増を狙う。他方で自動運転技術や、人工知能（AI）による設備の点検などに積極的に投資し、必要経費の削減策を練る。

3島会社で初の上場を成し遂げたJR九州は、10年先を見据え、持続可能な鉄道のあり方を探っている。

新幹線　地震対策急ぐ

災害対策の一環でJR各社が整備を急ぐのが、運行中の新幹線を地震から守る設備だ。高速で走る新幹線が大地震に遭えば、脱線して重大な事故につながりかねないためだ。

最大震度7の揺れが2度発生した2016年の熊本地震では、最初の「前震」で九州新幹線1編成の全6両が脱線した。回送中だったため乗客はいなかったが、国の運輸安全委員会は調査報告書で、JR九州に対し、レールに取り付ける「脱線防止ガード」の導入加速などを求めた。JR九州は、22年9月に開業した西九州新幹線とともに対応を進める。

南海トラフ地震への対策が急務となっているJR東海は、東海道新幹線全体の約7割（21年度末）で脱線防止ガードの設置を終えた。28年度の完了を目指す。

課題も残る。22年3月の福島県沖地震では、被害軽減を目的にJR東日本が東北新幹線に導入していた装置が一部機能せず、車両が脱線した。国土交通省は、より有効な地震対策に向けて検証と見直しを進めている。

インタビュー

収支「見える化」危機克服

古宮洋二《ふるみやようじ》氏　JR九州社長

鉄道は、観光客が一時的に乗っても、日常の利用者を増やさなければもうからない。赤字ローカル線の一部区間では、利用促進に向けて沿線自治体と検討会を設けている。現時点でローカル線全体の存廃について決めていることはないが、地元と一緒に普段の生活で使ってもらうための知恵を出し合い、持続可能な交通網にしていく必要がある。

JR九州は発足直後、いきなりピンチを迎えていた。車両は国鉄時代に走っていた古いものばかりで、初年度の鉄道事業は250億円を超える赤字だった。国鉄に入社して2年後、民営化に伴って九州に配属された際、自分自身も「いつ会社が潰れるか」「最終的にJR西日本に吸収合併されるのではないか」と不安だった。

次の大きなピンチは1996年だった。九州を南北に貫く九州自動車道と、東西の九州横断自動車道がつながった。マイカーの利便性が増した影響で、鉄道収入が96年度から毎年減っていった。抜本的な対策として、列車の運行をワンマン化したり、自動改札機を導入したりした。余剰人員を外食や不動産などの新規事業に振り向け、多角化の柱を複数つくることに成功した。

成長への流れが一気に加速したのは、2011年の九州新幹線（博多―鹿児島中央）の全線開業と、新たな博多駅ビルの開業だ。13年には「ななつ星in九州」も導入し、上場に向けて駆け上がった。

再び「会社が潰れるのではないか」と強い危機感を抱いたのがコロナ禍だった。感染拡大当初は鉄道事業本部長だったが、満員だった朝の通勤電車が一変し、席に座れるほどに乗客が減った実情を自身で経験した。駅に利用者が来ないため、駅ビルもホテルもことごとく売り上げが落ちた。

一方で、コロナ禍となって改めて気づいたこともあった。例えば博多駅では、利用客が半分以下となっても、自動改札機や券売機を全て稼働させていた。電気代や維持費を考えると、不要な費用が発生していた。

運行の安全を保ちながら減らせるコストはあるという意識を社員に持ってもらうため、鉄道事業の全職場で23年度から京セラの「アメーバ経営」をモデルとした経営手法を導入する。外食チェーンで店舗ごとの収支を管理するように、部署や職場単位で収支を「見える化」する。鉄道会社では極めて珍しい取り組みで、京セラからノウハウを学んだ。

人口減は進むため、経費の削減だけでは限界がある。長期的な視点で収支改善を図るためにも、列車の自動運転や設備のメンテナンス作業などでは最新技術に積極的に投資する。運行ダイヤも、気象の変化や大型イベントの開催などによる需要の増減を人工知能（ＡＩ）で予測し、柔軟に運用できないか研究を進めている。

（23年3月30日掲載）

１９６２年福岡県生まれ。85年九大工卒、国鉄入社。87年のＪＲ九州発足後、長く鉄道畑を歩み、２０１３年に運行を始めた豪華寝台列車「ななつ星in九州」のプロジェクト発足時に責任者を務めた。22年4月から現職。休日はゴルフやジムで汗を流す。

インタビュー

「地域のため」走る企業に

唐池恒二《からいけこうじ》氏 ＪＲ九州相談役

「鉄道が嫌い」とずっと言ってきた。そんな私が作ったのが、「ななつ星」だ。

２００９年の社長就任後、すぐに「やるぞ」と社内に宣言した。11年の九州新幹線の後に「次の大きな夢」が必要とも思っていた。「社長の道楽」と言われ、東京の大手旅行会社に相談に行くと「そんな高い列車に乗る人はいない」と酷評された。古宮洋二現社長にも「社長、何言ってるんですか。もうかりませんよ」と最初は反対された。

私も勝算は半々だと思っていたが、富裕層を顧客にする東京の百貨店や一流ホテル、レストランでは「必ず乗りたい人はいる。高ければ高いほどいい」と言われ、海外まで目を広げれば必ず客は付くという確信を持った。

ほとんどが特注の部品で作られ総工費は30億円。有田焼の洗面鉢や福岡の家具職人による組子細工など1点モノも多く、普遍的で上質なものにこだわった。豪華な客車だけが魅力ではない。車窓から見える九州の豊かな田園風景という地域の資源が最大の売りで、「30億円の額縁」と呼んでいる。

当初の最高価格の3泊4日で1人55万円を付けた時は、おそるおそるだったが、ふたを開けてみれば、最高級の部屋ほど倍率が高い。その後は何度も値段を上げたが、リピーターも増え続けている。価格を上げるからこそ、乗務員も「価格に応えるサービスを」と緊張感も生まれている。

この列車はいわゆる鉄道好きを狙ったものではない。鉄道路線がすべて赤字だった民営化直後のJR九州で、「まだ見ぬお客様に会いに行こう」ということをやり続けた集大成だ。

いま思うと九州は分割されて良かった。国鉄は大きすぎた。JR九州になり、九州のことは九州で決められるようになった。福岡都市圏を中心に列車を大増便し、乗客を増やした。博多駅も駅ビルの大型開発で様変わりした。

JR九州の民営化後の経営は厳しく、石井幸孝初代社長は「国鉄時代のやり方では会社が潰れるぞ」と言っていた。国鉄時代は、管理職と現場の組合員が対立し、職場は荒れていた。JR九州になってすぐ、小売り大手の丸井に修業に出された。4か月だったが、その後の私の経営の原点は丸井にある。

出社して机の引き出しに歓迎のメッセージがあり、ロッカーを開けるとハンガーに花が飾ってあった。廊下を歩くと、すれ違う社員が皆あいさつをしてくれる。たったこれだけでも、私にとっては「これが民間会社か」と感動させられた。

丸井では、「どうしたらお客様を感動させられるか、喜んでもらえるか」というのが徹底して議論されていた。ターゲットを設定して、戦略を考えるという基本をたたき込まれた。

九州に配属された人間として、「見返してやる」という思いが原動力だった。経営が厳しい北海道、四国、九州の3社は、本州の3社と区別されて「3島会社」と呼ばれた。「本州も島だろう」と腹が立っていた。屈辱感でみな燃え上がったと思う。

JR九州に戻って最初の仕事は熊本の阿蘇を走るSLの企画。当時は、昔の日本の客車を再現するような企画が常道だった。鉄道マニアにはその方が喜ばれるからだ。ただ、普段はマイカーで移動して、ほとんど鉄道には乗らない家族連れをターゲットにしようと思った。そういう人の「嫌い」という心理を理解しなければ、顧客は増えないと思ったからだ。私が「鉄道が嫌い」と言い続ける理由はそこだ。

阿蘇の雄大な草原を西部劇の舞台に見立てて、客車もアメリカの開拓時代風にして、乗務員の制服も西部劇風にして、家族が楽しめる遊び心がある「あそBOY」が生まれた。

同じ考えで「ゆふいんの森」や「指宿のたまて箱」などの列車を投入していくと、評価してくれたのは女性や子どもたちで、「九州には面白い列車がある」と認知されるようになった。

16年には、分割民営化の時は、実現不可能と思われていた上場を果たした。株式上場を前にした国土交通省の調査で、ななつ星などを通じて、地域と一体となって盛り上げていることが評価された。業績を上げることはもちろん必要だが、それだけでなく地域のために存在している企業ということが大事だ。「本当の民営化」が達成できたと思っている。

かつて多くのローカル線が敷設された時代は、公共交通の選択肢がほぼ鉄道しかなかった。これから20~30年後を考えると、鉄道のあり方を本気で考える時期に来ている。

実は、地方のローカル線の赤字の絶対額は小さい。県庁所在地のような路線で、それなりに人が乗るため廃止できない路線の方が赤字額が大きい。路線を廃止してバスに転換するのは、地元への説明といった労力を含めてものすごいコストがかかる。短期的にみたらむしろ廃止しない方がよい。

鉄道のそもそもの存在意義は、移動サービスを提供することだ。地域に適した交通モードは何か、将来を考えて地元とともに考えていく必要がある。

（23年6月1日掲載）

1953年大阪府生まれ。77年京大法卒、国鉄入社。87年のJR九州発足後、韓国と博多を結ぶ高速船事業や外食事業など鉄道以外の部門を長く担当。観光列車も数多く送り出した。2009年社長、14年から会長。22年から現職。大学時代は柔道部で、国鉄入社も部OBとの縁から。

4　万年赤字　消える路線

北海道の留萌《るもい》・空知《そらち》地方を走るJR留萌線を舞台にした、1999年放送のNHK連続テレビ小説「すずらん」。物語は倍賞千恵子さん演じる老年となったヒロインが、廃線となった旧産炭地の駅舎を再訪するシーンで始まる。営業担当部長としてロケに立ち会ったJR北海道の島田修会長は振り返る。「当時は留萌線の廃線など予期していなかった。ドラマが予言になった」

放送から24年、留萌線の石狩沼田―留萌間（35・7キロメートル）は2023年4月1日付で廃線となり、112年の歴史に幕を下ろした。最終運行日の3月31日、乗客をぎっしり乗せた4両のディーゼル列車がまだ雪の残る田園地帯を駆け抜けた。「明日萌《あしもい》駅」としてドラマの舞台になった恵比島《えびしま》駅（沼田町）ではセレモニーが開かれ、地元住民や鉄道ファンが別れを惜しんだ。横山茂町長は涙ながらに語った。「赤字で鉄路が消えることに憤りを感じる」

JR北海道は1987年の発足以来、本業の鉄道事業で営業利益を出したことが一度もない。経営難から2016年11月、留萌線を含む5路線の廃止を打ち出した。東京から名古屋の距離に相当する鉄路（計311・5キロメートル）が消える。

◇

札幌市内にある本社ビル7階に、JR北海道の「資金運用室」はある。銀行や証券会社で研修を積んだ社員7人が、株式市場や債券相場の動きに日々目を光らせ、社の命脈を握る基金を運用している。

元手となるのは、国鉄分割民営化時に先々の困難を見越して割り当てられた経営安定基金6822億円。運用規模は中堅地方銀行に匹敵する。

22年にわたり運用に携わる相山将臣室長は話す。「国から与えられた基金を預かる緊張感がある。会社の黒子として本業を下支えしたい」

運用に特化した部署はＪＲ四国にもある。基金は、国鉄を分割民営化した際、ＪＲ本州３社のように新幹線や都市部のドル箱路線を持たないＪＲ北や四国の経営を支えるため、国が手渡した持参金だった。ＪＲ四国には２０８２億円が与えられた。ＪＲ北の基金の額が四国の３倍超あるのは、見込まれる赤字の規模がそれだけ大きかったと言える。

ＪＲ北は北海道新幹線（新青森－新函館北斗間）を含む全ての路線が慢性的な赤字だ。21年度の1キロメートルあたりの1日平均利用者数を示す「輸送密度」が国が存廃協議の目安とする１０００人未満の区間は、保有する21区間のうち7割近い14区間に上る。

16年には「自社単独では維持困難」な13区間（計1237・2キロメートル）を公表。うち輸送密度200人未満の5路線の廃止が23年3月までにまとまった。それでも国境に接する北の鉄路は、国防の観点や、国内各地に農産物を供給する必要性から赤字でも政策的に維持が求められる。

基金の運用益で本業の赤字を穴埋めし、最終利益で黒字を確保するのが国鉄改革法12条が定めた経営モデルだった。だが、想定していなかった出来事が

JR北海道が単独で維持が困難と公表した線区

経営を圧迫していく。低金利時代の到来だ。

◇

当初のシナリオは、基金を原資に債券や株式に投資し、ＪＲ発足前10年間の長期国債の平均利回り７・３％で運用すれば、毎年約５００億円の運用益がＪＲ北に転がり込むというもの。鉄道事業の赤字を埋めてあまりある計算だった。86年９月召集の「国鉄国会」で橋本龍太郎運輸相は「この程度の運用利回りは確保できる」と太鼓判を押した。

当初はバブル経済のただ中で金利は高く、株式市場は活況にあった。だがバブル崩壊後、金利は低下の一途をたどり運用益を出すのは難しくなった。発足時に４９８億円あった運用益は08年度には２３１億円まで減った。基金を取り崩すことはＪＲ会社法で、原則できないと定められている。

想定外の展開に政府は焦った。国土交通省の外郭団体、鉄道建設・運輸施設整備支援機構は、基金の一部をＪＲ北から市場より高利で借り入れ、機構がＪＲ北に利息を支払う助成措置を取った。下支えは断続的に行われたが、抜本的な経営改善にはつながらなかった。

国鉄改革から30年目となる16年度の連結決算で、ＪＲ北は初めて経常赤字を出した。本業の赤字を、基金の運用益などで埋め合わせられない末期的状態だった。

◇

札幌ドーム（札幌市）で23年３月７日に行われた就職イベント。一角にあるＪＲ北のブースで、学生９人を前に採用担当の幸元洋征・総務部副課長が熱弁を振るった。「30年度末に北海道新幹線が札幌まで延伸する。皆さんの世代が新幹線を作り上げていく」

JR北では人材流出が深刻だ。22年度は自己都合による退職者が過去最高の232人に上った。11年度の19人から12倍に増えた。毎年300人前後を新たに採用するが、若手や中堅社員が同規模で辞めていく。深刻な経営難が人手不足につながる悪循環となっている。

北海道の一企業の離職問題は国会でも取り上げられた。「JR北の給与水準が（財政破綻した）夕張市役所よりも低いと聞いてショックだった」。JR北や四国への支援強化を審議する21年3月の国会で、赤羽一嘉国土交通相は本音をこぼした。

JR北は22年春闘の結果、業績が厳しい中でも21年ぶりに基本給を底上げするベースアップに踏み切った。「なんとか人材流出に歯止めをかけていかないといけない」とJR北の綿貫泰之社長は言う。

廃線後バスに転換

北海道では2019年以降、23年3月末までに4路線が廃線となった。鉄路が姿を消した地域では、いずれも住民の不便を補うためバス路線が拡充されたが、乗客数や利便性はまちまちだ。

代替バスによって利便性が高まったとされるのが、19年で運行を終えた石勝《せきしょう》線（夕張—新夕張間）だ。06年に財政破綻した夕張市はJR北側へ廃線を持ちかけ、1日10往復のバスを運行。鉄道の5往復より増やし、6駅から44か所の停留所となった。市は「鉄道より格段に便利になった」と評価する。

一方、バスが苦境の地域もある。21年に運行を終了した太平洋岸の日高線（鵡川《むかわ》―様似《さまに》間）では、廃線後に新設したえりも町―苫小牧市（約160キロメートル）をつなぐ高速バスの利用者数は、1便平均4・61人（21年度）。町内に住む主婦の細川美恵さんは、通院や買い物のため月に2回程度乗るが「列車の頃はもっと本数があって楽だった」と懐かしむ。

20年に廃線になった札沼《さっしょう》線（北海道医療大学―新十津川《しんとつかわ》間）では、沿線で5往復していた代替バスは、22年10月から週末は4往復に減便した。休日の利用者が少ないためだ。

5　惨事の教訓

山を貫くトンネル二つの間に、国内屈指の秘境駅がたたずむ。JR室蘭線の小幌《こぼろ》駅（豊浦町）だ。四方を山に囲まれ、近くには人家も車道もない。1943年、列車交換のための信号場として設置され、87年のJR北海道発足時に旅客駅に昇格した。1日平均利用者数は極端に少なく、今は維持を町が担う。月2回、町職員が訪れ、駅設備の破損や不審物がないか見回る。

JR北ではこうした駅を「自治体管理駅」と呼ぶ。現在18駅あり、道内に約340あるJR駅の5％に相当する。北海道出身の作家・三浦綾子の代表作『塩狩峠』の舞台となった塩狩駅（和寒《わっさむ》町）もその一つ。町は駅を観光資源と位置づけ、2021年度から管理を引き継いだ。

JR北は毎春のダイヤ改正にあわせ、1日の平均利用者数3人以下の無人駅の存廃を自治体に打診してきた。自治体が存続を希望すれば、残すかわりに維持費を負担してもらい、さもなくば駅を廃止する。二者択一を迫る手法には地域の反発も根強いが、引くわけにはいかない。過去の惨事の教訓があるからだ。

◇

特急「スーパーおおぞら14号」がトンネル内で緊急停車した。暗闇の中に真っ赤な炎が見えた。その後、車内に煙が入ってきた。乗客約２４０人は恐怖に包まれ、死を覚悟した。11年５月、占冠《しむかっぷ》村にある石勝線第１ニニウトンネル（長さ６８５メートル）での出来事だ。６両編成の列車が脱線し、炎上した。乗客は暗闇の中を約５００メートル歩いてトンネル外に避難した。車中にあった喜多龍一道議は当時を振り返り、「犠牲者が出なかったのは、乗客同士が冷静に助け合ったからだ。JR側は『動かないで』とアナウンスしたきりだった」と憤る。死者こそ出なかったが、79人が煙を吸うなどして負傷した。

事故から４か月後。JR北の中島尚俊《なおとし》社長が失踪し、小樽市沖合で溺《でき》死体となって見つかった。国土交通省から提出を命じられた改善策の提出期限を５日後に控えていた。

中島氏が自宅に残した書き置きにはこうあった。

「真っ先に戦線を離脱することをおわびする。お客様の安全を最優先にすることを常に考える社員になってほしい」

中島氏の願いは届かず、事故やトラブルは続いた。13年９月、函館線大沼駅（七飯《ななえ》町）構内で貨物列車が脱線事故を起こす。けが人はなかったが、事故の調査過程で、現場がレールの検査データ

JR北海道が起こした事故や不祥事

2011年5月27日	石勝線（新夕張−占冠間）のトンネル内で列車が脱線して炎上、79人が軽傷
13年9月19日	函館線大沼駅構内で列車脱線事故
11月12日	大沼駅の事故調査で、レール計測データの改竄が発覚
14年1月21日	国土交通省がJR会社法の監督命令の行政処分を通知。保線部署44か所中33か所でレール計測データの改竄を公表
2月10日	レール計測データ改竄で、国交省などがJR北を鉄道事業法違反容疑で北海道警に刑事告発
19年2月6日	レール計測データ改竄事件で、札幌簡裁は法人としてのJR北に鉄道事業法違反で罰金100万円の有罪判決。同法違反に問われた元幹部3人は無罪（いずれも確定）

を改竄したことが判明した。ＪＲ北の信頼は地に落ちた。

14年1月には第2代社長で当時相談役だった坂本真一氏が余市町の港で遺体で見つかった。社長経験者2人が命を絶つ異常事態。ＪＲ北海道という企業の業の深さを物語る。複数の労働組合が対立し、現場に悪影響を及ぼしていたことや、経営側が組合に萎縮していたことなどが背後にあったと指摘される。安全への懸念から列車の団体旅行のキャンセルが相次ぎ、営業への影響も大きくなっていた。

「問題は安全にかける資金の不足ではないか」

政府の要請で14年4月に、ＪＲ東日本の仙台支社長からＪＲ北に副社長として送り込まれた西野史尚氏は、ＪＲ北は必要な修繕費まで切り詰めているのではないかと疑った。本来は車両や設備の修繕に毎年３００億円規模の修繕費が必要なのにもかかわらず、歴代経営陣は２００億円以下に抑え、「何とか黒字が少しでも出るよう、決算数字をつくっていた」（元ＪＲ北役員）。事故や不祥事の連続は、経営難を背景に、現場の職員と経営陣の職業倫理の欠如が重なった帰結だった。

安全投資を確保するには鉄道事業のスリム化が不可避となった。鉄道の要である駅の管理を自治体に委ねざるを得ないのはこれが理由だ。旅情を誘う特急列車の車内販売も、年2億円前後の赤字を出していたため18年度に打ち切った。

他のJR各社に比べ、長い冬の除雪があるJR北の経費はただでさえかさみがちだ。冬期は1日1100人を投入して駅構内や踏切の除雪作業にあたる。人件費や電気代など除雪関連費用は年50億円に上る。

人口減で売り上げの大幅な伸びは見込めない。必要以上の経費節減は事故リスクの増大に直結する。JR北がおかれた八方ふさがりの状況について、ある元国交次官は言う。

「国鉄改革は全体で見れば成功した。だが、思いがけない低金利や想定を超えた人口減少で、最もしわ寄せが行ったのがJR北海道だった。現在の事態になると想像できたら、このような分割にはしていなかっただろう」

駅建設　地元が費用負担も

JRが自治体に管理を委ねる駅が増える一方、地元が整備費用を負担し、JRに建設を要望してつくる「請願駅」という形態もある。2022年3月、札幌市近郊の当別《とうべつ》町に開設したのがロイズタウン駅だ。「ポテトチップチョコレート」などで知られる菓子メーカー「ロイズコンフェクト」が駅舎とホームに約9・3億円、町が駅前広場に約6億円の整備費を出した。ロイズは従業員や工場見学者の利便性向上を、町は工場そばにある道の駅の観光客増加を見込んだ。

ロイズのイメージカラーの青色を使った箱形の駅舎は週末、親子連れでにぎわう。ロイズは「駅を目的に訪れ、店に立ち寄る人も増えている」という。

札幌市の隣の北広島市では、プロ野球・北海道日本ハムファイターズの23年からの新球場を核とする複合施設「北海道ボールパークFビレッジ」に最寄り駅をつくる動きがある。JR北は19年、約7年の工期で建設費80億〜90億円と試算。ところが23年2月、資材高騰などの影響で建設費が4割増えると修正した。市側は3月、工費削減を求めて再試算を依頼。JR北は駅の設計変更も含め検討している。野球ファンが待ち望む新駅完成の時期は不透明になっている。

6　「札幌延伸」に望み

緑色に丸太のようなラインが入ったディーゼル機関車と客車が、国立公園・釧路湿原を望みながらゆっくりと走る。大型連休に入った2023年4月29日、観光列車「くしろ湿原ノロッコ号」が釧網《せんもう》線で今季の運行を始めた。JR釧路駅では、沿線自治体の首長らが、テープに見立てた釧路町特産の昆布をカットして出発を祝った。

この列車はJR北海道発足直後の1989年に運行を始めた。新型コロナウイルス感染拡大により２０２０年春の運休は運行中止を余儀なくされ、その後も旅行需要の減退に悩まされた。それが23年、指定席がほぼ満席となり、観光客のにぎわいが戻り始めた。

釧網線では、冬季には道内唯一の蒸気機関車「ＳＬ冬の湿原号」が運行した。時には特別天然記念物のタンチョウやエゾシカに遭遇できる観光列車だ。23年は１～３月に計32日運行し、前年の２倍以上となる１万３５５３人が乗車した。

釧網線の21年度の輸送密度（1キロメートルあたりの1日の平均輸送人数）は２４５人。ＪＲ北海道が存廃を線引きする目安としてきた「２００人未満」こそ上回るが、廃線予備軍だ。「観光路線」として残せるか。ＪＲ北の模索が続いている。

◇

新たな布石も打たれつつある。ＪＲ横浜駅で23年2月に行われた鮮やかな青色に包まれた豪華列車「ザ・ロイヤルエクスプレス」（ＲＸ）の試乗会。稚内《わっかない》観光協会の岩木直人事務局次長の姿があった。贅《ぜい》を尽くした車内でバイオリンの生演奏が行われ、本格フランス料理が供された。岩木氏は「豪華な造りにめまいがしそうだ」と語った。

ＲＸは普段、東急が伊豆地方を走らせている。20年から夏の観光シーズンに東急とＪＲ北が組み、道内で豪華列車ツアーを運行している。岩木氏が視察に訪れたのは、23年に初めてＲＸが稚内市に乗り入れるためだ。

ＲＸは３泊４日で１人あたり80万円を超えるが、毎年定員を超える応募があり、リピーター率は３割に上る。富裕層が立ち寄れば地元経済の活性化につながると期待は膨らむ。

◇

北海道観光の活性化に向けて強く待ち望まれているのが、北海道新幹線の札幌延伸だ。30年度末に予定される。16年3月に開業した新青森－新函館北斗間の乗車率は1～2割にとどまり、年約140億円の赤字が続く。JR北は延伸後の31年度に北海道新幹線で500億円の収入を見込む。コロナ禍前のおよそ6倍で、低迷脱却への切り札を担う。

延伸は非鉄道事業の柱である不動産事業にも増収効果をもたらすと、JR北はそろばんをはじく。23年度には札幌市に、道内最高となる高層駅ビル「JRタワー」2棟目（43階建て、高さ約245メートル）の建設を始め、28年度に開業する。現在のJRタワーはJR北で最大の稼ぎ頭で、テナントの売上高は駅ビルとして国内トップクラスを誇る。2棟目も札幌駅に直結させ、延べ床面積は1棟目を上回る約39万平方メートルと計画する。東京を象徴する高層ビル・六本木ヒルズ森タワーを上回る規模だ。

◇

JR北と地元の期待を一身に背負う札幌延伸。だが、30年度末開業には暗雲が立ちこめる。追加の軟弱地盤対策が必要となるなど、すでに複数箇所で工期が3～4年遅れている。23年5月2日には羊蹄《ようてい》トンネル（倶知安《くっちゃん》町－ニセコ町）の工事を受注していた共同事業体が品質試験で虚偽の報告をしていたことが判明した。さらなる影響も懸念される。整備費用も膨張している。資材費高騰で、当初想定より6450億円増えて2兆3200億円に上る見通しだ。北海道の経済団体幹部は言う。「30年度末は無理だろう。みんな口には出さないが、地元はそれを見越して動いている」。完成が延びるほど、JR北の収支改善も遅れる。

政府は21年4月、改正国鉄債務処理法を施行し、JR北に対する30年度末までの経営支援を決めた。最初の3年間の支援額は1300億円に上る。

21年3月の国会で、札幌市を地盤とする荒井聰衆院議員（当時）は「私が想定していた以上の水準だ。精鋭が真剣に取り組んでくれた」と国土交通省の幹部を実名を挙げて激賞した。

支援の期限は、札幌延伸の効果を見越して決められた。政府は18年にJR北に出した監督命令で、31年度の経営自立をJR北に厳命している。

制度設計を手がけた国交省の木村大官房参事官は、「JR北がこの支援で歯を食いしばることができれば、普通の会社になれる。今度こそ自立しなければならない」と話す。政府頼みの体質から脱却し、独力の経営を実現できるのか。JR北のゆくえは、1987年の国鉄改革の総決算となる。

工期遅れ　五輪招致に影響

北海道新幹線延伸の行方は、札幌市が取り組む2030年冬季五輪・パラリンピックの招致活動にも影響を及ぼす。

市はもともと26年の招致を目指していたが、新幹線延伸の時期を見据えて30年に切り替えた経緯がある。

ここにきて道内の政財界からは、30年の招致についても、新幹線延伸工事の遅れに絡めて34年以降の開催を望む声が聞こえ始めた。招致関係者は「世界中から札幌に人が集まるのに、肝心の新幹線が延伸工事中ではみっともない。34年なら新幹線は完成しているし、経済効果も大きくなるはずだ」と話す。

折しも、東京五輪を巡る汚職・談合事件で市民の不信感は高まる。招致を推進してきた秋元克広市長は、23年4月9日の市長選で3選を果たした後に「時期については状況を見極める」と述べた。34年大会も含めた可能性に言及したもので、30年大会の実現は難しいという受け止めが広がる。

インタビュー

安全確保・コスト減　両立

綿貫泰之《わたぬきやすゆき》氏　JR北海道社長

累積債務を抱えていた国鉄が分割民営化されたのは、間違っていなかったと思う。本州のJR各社に加え、九州も上場して利益を出していることをみれば、大きな成功だった。

私が国鉄に入った当時は、マイカーや都市間バスとの競争激化が予想されていた。しかし、鉄道の役割は大きく、都市間輸送のスピードアップや、札幌圏での利便性向上で、北海道の鉄道はまだまだ可能性があると考えていた。

ただ、当初から北海道での経営は厳しいとわかっていた。経営安定基金の運用益で運営していくはずだったが、超低金利が長期化し、経営が厳しくなった。国から何度も下支えしてもらったが、それでも厳しい。支出を削って収支の均衡を優先させたことにより、必要不可欠な安全投資や修繕を抑制してしまった。

その結果が、2011年の石勝線の脱線火災事故や一連の不祥事だ。安全に必要な資金を確保できないのであれば、事業規模や輸送サービスを身の丈に合わせ縮小すべきではないか——。当時、鉄道事業者として当然の判断ができなかったことを反省している。二度と同じようなことを繰り返さないため、全社で安全を取り戻すよう取り組んでいる。

新型コロナ禍では鉄道、開発事業ともに、大幅な減収を強いられている。コスト削減や、一部特急列車の臨時列車化などダイヤの見直しも行ってきた。収入の回復をはかり、開発関連事業を一段と拡大・強化して、長期ビジョンで示した経営自立を目指したいが、今のままでは厳しいというのも事実だ。

JR九州には、特に開発関連事業で学ぶべきところがたくさんある。不動産事業では、急ピッチで九州各地の沿線に土地を購入し、開発を進めている。見習っていきたい。

とはいえ、九州の面積は北海道の半分で、人口は約2・5倍。JR九州の多大な努力の成果なのはむろんだが、一定の人口規模の七つの県庁所在地が鉄路でつながり合っているのは、北海道と大きく異なる。

赤字のローカル線については、輸送密度（1キロメートルあたりの1日平均利用者数）が200人未満の5線区の廃止が決まった。鉄道は地元にとって大切な足で、残せるなら残したいという気持ちは理解できる。だが、安全を確保するため、線路やトンネル、橋梁《きょうりょう》の維持管理などに相当なコストがかかる。鉄道は大量輸送に適しているが、輸送量が少ない線区では効率が悪く、コスト面でバスに利がある。

コロナによって、本州を含めた全国レベルでこの議論が始まったが、以前から経営が厳しかった当社は先行してこの問題を考えてきた。持続可能な交通体系の確立のためには、事業者と地域の共通認識が必要だ。

マイカーに乗らない人の移動手段を確保しつつ、コストを削減するにはどうすればいいのか。地元と一緒に今も考え続けている。国や道とも様々な方法を相談し、利用者の少ない線区を維持する仕組みを構築することが必要だ。

（23年5月7日掲載）

1962年北海道旭川市生まれ。85年北海道大経済卒、国鉄入社。87年のJR北海道発足後、営業や総務畑を歩み、2013年のレール計測データ改竄事件時は総務部長として対応に当たった。22年6月から現職。大学時代は剣道部主将。座右の銘は「努力は素質を上回り、気力は実力を超える」。

7　瀬戸大橋開通で人は道路へ

徳島県南部を走るJR牟岐《むぎ》線。阿南《あなん》駅（阿南市）に徳島市方面から普通列車で到着し、終着の阿《あ》波《わ》海南《かいなん》駅（海陽町）行きに乗り継ごうとすると、「徳島バス」と表示された「0番ホーム」の案内板が目に入る。

案内に従うとホームはなく、高知県室戸市方面行き高速バスが停車する近くの停留所に誘導される。JRの切符のままバスに乗り込むと、阿波海南の一つ手前の浅川駅（海陽町）まで行くことができる。

並行するバスに鉄道の乗車券や定期券で乗れる「四国モデル」と呼ばれる取り組みだ。JR四国が2022年4月、徳島バスと共同で始めた。阿南より南の区間で普通列車を10本近く減便したのがきっかけとなった。

全国初の試みを参考にしようと、交通網維持が課題となっている地方の自治体、JR他社から視察が相次ぐ。

異なる交通事業者が運賃を調整する四国モデルは本来、独占禁止法のカルテルにあたるが、2020年の規制緩和で、地域の基盤サービス維持が目的の場合は認められるようになった。岡村侑哉総合企画本部副長は「過去のような競争をしている場合ではない」と言い切る。

◇

長年のライバルのバスと組む背景には、JR四国の脆弱な経営基盤がある。コロナ禍前の19年度連結売上高は489億円と、JRグループ7社で最も少ない。東日本（2兆9466億円）の60分の1程度で、北海道（1672億円）や貨物（1989億円）にも水をあけられている。

JR四国の鉄道運輸収入と四国内の高速道路延伸の推移 ※JR四国の資料から作成

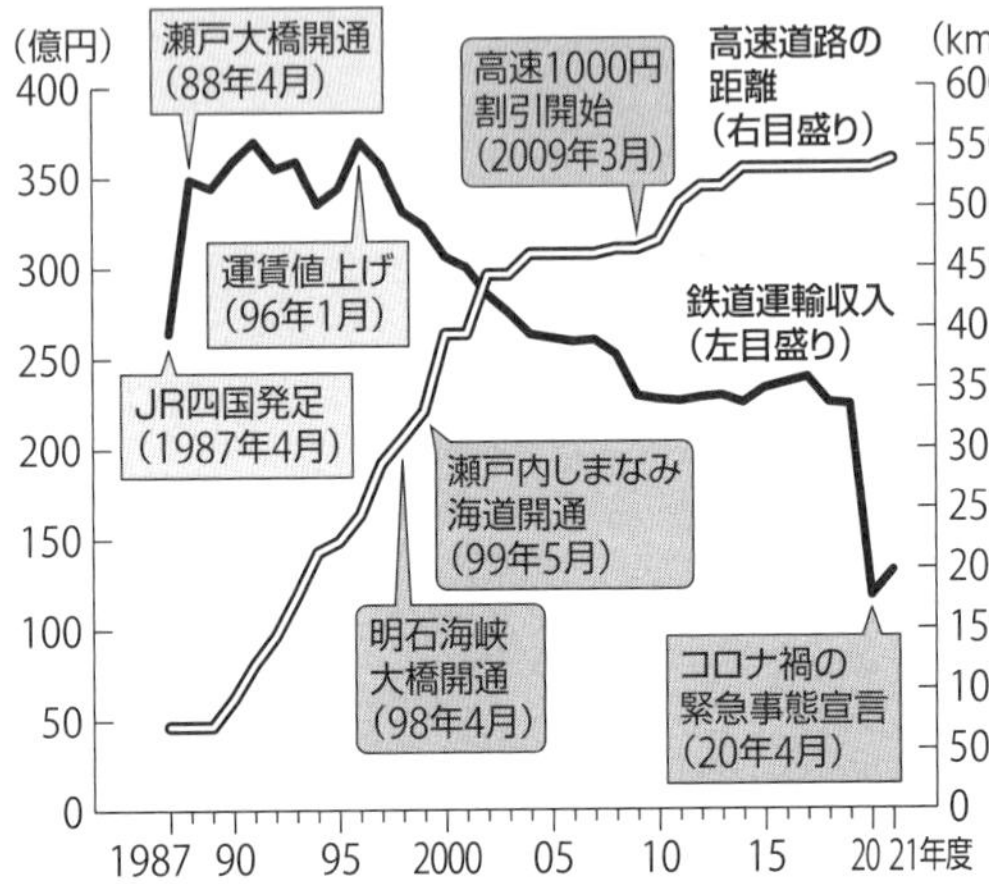

四国は4県合計の人口が362万人（22年）と、福岡県（511万人）1県より少ない。西牧世博社長は「札幌や福岡のような大都市がないので人の移動が生まれず、『大量輸送』という鉄道の特性を生かせない地域だ」と説明する。

本州と四国を結ぶ瀬戸大橋は悲願だったが、救世主とはならず、翻弄《ほんろう》された。JR四国発足の翌1988年に開通した瀬戸大橋を渡るJR本四備讃《ほんしびさん》線（岡山県倉敷市－香川県宇多津町）には、観光客やビジネス客が殺到した。乗客をさばくためJR西日本から車両を借りるほどの活況に沸いた。88年度のJR四国の鉄道運輸収入は前年度から3割も増えた。

しかし恩恵は長く続かず、むしろ橋開通のマイナス面が大きくなっていった。本州と道路がつながったことで、四国の道路網整備が加速したのだ。JR四国の集計では民営化以降、総延長約469キロメートルの高速道路が建設された。反比例して鉄道利用客が減少を続ける状況に、3代目社長の松田清宏氏は「桃栗3年、橋1年」という言葉を残した。

会社発足以降、営業利益は一度も黒字になったことがない。経営安定基金2082億円の運用益で穴埋めする算段だったが、運用利回りは当時想定した年7・3％から大幅に低下し、何とか最終利益で黒字を確保する経営が続く。

瀬戸大橋を抱え全9路線中唯一黒字だった本四備讃線ですら、2020年度の営業収支がコロナ禍で赤字に転落した。「四国は、北海道より未来がない」。JRグループ内ではそんな声がささやかれる。

◇

20年3月には、JR四国は国土交通省から経営不振を理由に行政指導を受けるに至った。「31年度の経営の自立を目指し、25年度までに事業の抜本的な改善を検討する」ことを求められた。持続可能な経営体質を実現する必要がある。

打てる手は多くない。JR四国幹部は「四国モデルは路線の延命には効果的だが、問題の抜本的解決にはならない」と話す。

現実的な手段として、不採算路線の廃線や、設備を自治体に譲渡して運行を請け負う上下分離方式などへの移行が想定される。

23年4月下旬、JR四国は四国モデルのルートを含む牟岐線の阿南―牟岐間や、愛媛県と高知県を結ぶ予土《よど》線全区間など3路線4区間について、地元自治体に存廃協議を始めたい意向を伝えたと明らかにした。いずれの区間も1キロメートルあたりの1日平均利用者数を示す輸送密度が、国の有識者会議が協議入りの目安とする1000人未満で推移している。

23年10月には、改正地域公共交通活性化・再生法が施行される。事業者や自治体が要請すれば、存廃について話し合う協議会を国の判断で設置できるようになる。ＪＲ四国はそうした場を活用し、「具体的な議論を始めたい」（西牧社長）という。

人口減少がほかより25年早く進行し、日本の課題先進地域とされる四国。将来の公共交通の解を出せるかという重責を、ＪＲ四国は負っている。

６社で唯一　新幹線なし

四国はＪＲ旅客６社の管内で唯一の新幹線の空白地帯だ。そんな四国にも、岡山と香川を結ぶ瀬戸大橋《せとおおはし》と、淡路島（兵庫県）と徳島を結ぶ大鳴門橋《おおなるときょう》には、将来の新幹線建設に備えたスペースが確保されている。

四国の新幹線構想は、１９７３年に遡る。政府は▽大阪―徳島―高松―松山―大分▽岡山―高知の２ルートを基本計画として決定した。だが、北海道や東北、北陸、九州の各新幹線が整備計画に格上げされて開業や準備が進む一方で、四国新幹線は進展がない。

地元の自治体や経済界でつくる「四国新幹線整備促進期成会」は、岡山から瀬戸大橋を渡り、松山、高知、高松経由で徳島と3方向に分かれる路線を提案し、政府への陳情を重ねている。瀬戸大橋を活用することで建設費を抑えられるとしているが、事業費は1兆５７００億円に上り、採算を見込むのは難しい。

しびれを切らした大鳴門橋の地元自治体は、新幹線用スペースを２０２７年度頃に自転車道に転用する方針を決めた。経済の活性化やJR四国の再建につながると四国新幹線を期待する声は依然あるが、今や風前のともしびだ。

8 収益多角化に模索

JR武蔵小杉駅（川崎市）の構内にあるセルフうどん店「めりけんや」。2022年3月の開店以来、通勤客や学生、近くの家族連れらで連日にぎわう。看板には「香川直送　本場さぬきうどん」の文字。歯ごたえがしっかりした麺にイリコのだし汁を合わせた讃岐《さぬき》うどんを提供する。カウンターに並ぶ天ぷらを自分で選ぶのも本場と同じスタイルだ。

運営するのはJR四国の100％子会社めりけんや（香川県宇多津町《うたづちょう》）。国鉄分割民営化の際、事業の多角化を進めるために設けた社内起業制度から1990年に誕生した。車両整備を担う子会社の社員が「香川のうどん文化を全国に広めたい」と提案した。

贈答用うどんの製造販売事業から始め、96年に香川県内で初出店。98年から県外に進出し、現在は首都圏に6、大阪府に1、香川県に4の計11店舗を構える。

讃岐うどんチェーンの競争は激しいが、駅構内など立地の良さも生かして一定の収益をあげてきた。コロナ禍で2020年度から3年連続で赤字に沈んだが、客足は戻りつつある。中村浩一郎社長は「30年までに30店舗に拡大したい」と話す。

「3島会社」と呼ばれるJR四国や北海道、九州は大都市圏を持たず、鉄道事業の成長は望めない。非鉄道の収益源確保という分割民営化以来の課題に取り組み続ける。

めりけんやは一定の成功を収めたが、失敗に終わった事業も少なくない。「負の遺産」(西牧世博JR四国社長)が香川県東部のさぬき市にある。県内最大規模の住宅地「オレンジタウン」だ。

約42ヘクタールの広大な丘陵地に、戸建て住宅用の682区画を整備。1998年に販売を開始した。同名の新駅を開業し「駅を降りれば目の前が我が家」をうたい文句にした。だが、今も区画の6割が売れ残る。

◇

沿線に住宅地を開発して鉄道との相乗効果を図る手法は、関西私鉄の雄・阪急電鉄創業者の小林一三が編み出した。鉄道会社がこぞって取り入れたビジネスモデルにJR四国も商機を見いだし、当時の売上高の2割にあたる110億円を投じた。

開発が始まったのは91年。1区画の面積を通常の戸建て住宅の1・5倍に設定し、高級住宅街を志向した。だが、バブル崩壊後の不景気に直面。2年間で30戸しか売れなかった。

県が2004年に都市計画を変更し、郊外の住宅開発が容易になったことも追い打ちをかけた。JR四国不動産開発の黒長勝社長は唇をかむ。「都市計画の変更は予想しておらず、大きな痛手だった」

オレンジタウンの失敗で不動産事業は縮小を余儀なくされた。1993年から手がけるマンション開発は2000年に一時撤退した。その後の不動産市場の活況を受け、16年に再参入したが、これまで手がけた6棟のうち5棟は、リスクを減らすため他社と共同で行う形をとる。単独で手がけるより利益は少なくなる。

黒長社長は、「本業の鉄道事業が苦しい中、不動産事業で安定的な収入を得て会社を支えたい。いずれは単独でしっかりやっていきたい」と話すが、先行きは楽観できない。

◇

仮想世界で遍路を巡るアプリ。電車に変身するVチューバー。都市部のファミリー層を呼び込み、休暇を楽しみながらオンラインで仕事もするワーケーション——。

22年、JR四国は総額300万円の賞金を用意し、「新時代創造プロジェクト」と銘打って新規事業のアイデアを社内外から募った。全国から寄せられた応募は想定を大きく上回り、542件。

JR四国の主な非運輸事業

2021年度連結決算の事業別の売上高。
( )内は営業損益。▼はマイナス

西牧社長は「社内では思いつかない斬新な企画が多い」と舌を巻く。23年5月の最終審査で、事業化するアイデアを選んだ。

プロジェクトを担当する事業開発本部の森田雅祐担当部長は「成功すれば、会社が厳しい中でもやれることがあると自信が付き、社内の雰囲気も良くなる」と意義を強調する。

JR四国は長期経営ビジョンで、売上高のうち本業以外が占める割合をコロナ禍前の約55%から、30年度までに6割超に伸ばす目標を掲げている。

国が求めた31年度の経営自立まで時間は限られている。厳しい事業環境の中、新規事業の成否は企業としての生き残りを左右する。

駅ビル開発　本業にも効果

JR各社は、駅ビル開発に力を入れている。高い利便性を生かした集客力による安定的な利益と、本業の鉄道利用を増やす相乗効果を期待できるからだ。

JR東日本は1990年に四ツ谷駅で始めた「アトレ」ブランドの駅ビル事業を首都圏の主要駅で積極的に展開している。JR西日本は大阪駅西側で、オフィスや商業施設が入る23階建ての複合ビルを建設している。「3島会社」でも、JR九州は博多駅、JR北海道は札幌駅といった主要駅で大型駅ビルを運営する。

JR四国では駅ビルの大型開発はあまり進んでいなかったが、高松駅北側の社有地に2024年3月の開業を目指して地上4階建ての駅ビルを建設している。飲食店や物販店など約70のテナントを誘致し、芝生エリアや、屋根付きの屋外広場も設ける。年間の来場客は500万人、売り上げは60億円を見込んでいる。

周辺には体育館や外資系高級ホテルの建設が予定される。瀬戸大橋開通までは本州からの連絡船が就航し、「四国の玄関口」だった高松のにぎわい復活に期待がかかる。

インタビュー

「四国モデル」安定化模索

西牧世博《にしまきつぐひろ》氏 ＪＲ四国社長

我々はＪＲ北海道と同様、経営安定基金で営業赤字を補塡するという極めて特殊な収支構造にある。四国には大都市がなく人口が少ないため、大量・高速・定時の輸送という鉄道の強みを生かしにくく、鉄道以外の事業も難しい。

嘆いても仕方ない。鉄道事業では、コロナ禍の前から安定化策を模索してきた。その一つが、全国に先駆けて実現した「四国モデル」だ。徳島県南部を走る高速バスと在来線の運賃を統一し、ＪＲの切符でバスに乗れるようにした。公共交通事業者がダイヤの連携や運賃統一などで協力するスイスをモデルにした。スイスは「より速く」「より頻繁に」「より快適に」を掲げて公共交通の最適化と利便性向上を実現しており、四国でもそれを目指したい。

公共交通機関の位置づけを考える際、どういう街をつくるかを前提とする欧州の手法は参考になる。改正された「地域公共交通活性化・再生法」にはまちづくりの観点もあり、新しい局面への第一歩だと言える。

赤字路線の存続については、事実とデータに基づく議論を進めることも重要だ。国からの行政指導で２０２５年度までにローカル線をどうするのかという宿題を出されている。情報を開示し、これからどうするかを地域と一緒に考えていく。地方の人口が減る中で、街を新たにデザインする時に交通のあるべき姿を考える必要がある。

事業者としても利用増に向けた努力を続けてきた。例えば、22年11月に提供を始めたJR四国独自のアプリ「しこくスマートえきちゃん」だ。スマートフォンでいつでもどこでも切符を購入できるようになるので、乗客にとっては使い勝手が良くなる。当社にとっては、どういう属性の人がどこからどこまで移動したというデータを得られるので、新たな商品企画や臨機応変な価格設定に活用できるようになると期待できる。

だが、鉄道事業の成長は見込めず、ほかの事業を伸ばさないといけない。ホテル事業はコロナ禍から立ち直りつつある。四国は市場が小さいので、ホテルやマンションなどの不動産事業は、我々の線路がない地域にも積極的に出ていかないといけない。関西や首都圏に進出する人材やノウハウはまだないが、これから力を蓄えていきたい。

国鉄の分割民営化が目指す経営の自立には、残念ながらまだ到達していない。時間はかかるかもしれないが、国の支援がなくても安定的に利益を上げられ、持続可能な経営の構築を目指す。

JR各社の連携強化は技術分野で必要だ。脱炭素や人工知能（AI）、自動運転などの分野や、運行管理システムとか通信関係のセキュリティー面でも協力を進めるべきだ。（23年5月9日掲載）

1955年岡山県生まれ。81年大阪大院工学研究科修了、国鉄入社。87年の分割民営化に伴い、JR四国の構造物検査センター所長に就任。総合企画本部長などを経て2020年6月から現職。趣味は植物栽培。リンゴや柑橘類からコチョウランまで幅広い。「辛抱強くなる」効果もあるという。

第10章

貨物

物流危機に立ち向かうために

貨物列車にコンテナを積む吹田貨物ターミナル駅の作業員

1　物流危機に脚光

静岡県湖西市にあるスズキの自動車部品工場から毎週月曜と木曜の午後3時、長さ9・4メートルの鉄道用コンテナを載せた大型トラックが出発する。コンテナはJR貨物の西浜松駅（浜松市）で貨物列車に積み替えられ、夜通し西へ駆ける。翌朝、1000キロメートル近く離れた福岡貨物ターミナル駅（福岡市）に到着する。

スズキは2023年4月、バンパーなど部品を鉄道で輸送するために自社専用コンテナを導入した。スズキの大平健部品工場長は言う。「トラック輸送より半日ほど余計にかかるが、急を要さない輸送は今後、どんどん鉄道に切り替える」

背景には「物流2024年問題」への危機感がある。トラック運転手に時間外労働の上限規制が適用され、輸送能力が急低下するのは確実だ。他の企業にも不安が広がっており、代替輸送手段として貨物鉄道が脚光を浴びる。

◇

JR貨物の吹田《すいた》貨物ターミナル駅（大阪府吹田市）に、宅配大手の佐川急便幹部ら約30人が集まった。施設や荷さばきの様子をくまなく視察する。

佐川急便が「物流2024年問題」への対応のため、「飛脚JR貨物コンテナ便」を始めてから2か月たった23年4月下旬のことだ。環境に配慮した輸送を強化するため、JRに頼む仕事を増やすことを視野に入れている。案内したJR貨物の藤田善典駅長は「貨物鉄道への荷主の関心の高まりを感じた」と話す。

吹田貨物ターミナル駅には、アサヒビール吹田工場が隣接する。この工場で生産した「スーパードライ」など800箱（1箱24缶）相当は毎日、貨物列車によって260キロメートル離れた金沢市へ運ばれる。

「以前なら500キロメートル以下で鉄道を使う発想はなかった」

アサヒビール物流システム部の市原誠司次長は言う。

アサヒが北陸向けの配送をトラックから鉄道に切り替えたのは17年。当時すでにトラック運転手の確保が難しくなりつつあった。企業として環境負荷の小さい輸送手段への転換にも取り組んでいた。市原氏は「貨物鉄道がトラックと大差ないコストになるなら、もっと積極的に使っていく」と語る。

貨物列車は運転士1人で10トントラック65台分の荷物を運ぶことができる。二酸化炭素（CO_2）排出量もトラックの10分の1ほど。世界的に環境規制が強まる中、存在感が高まっている。

◇

JR貨物が国内を走らせる貨物列車は1日約400本、距離は約19万キロメートルで、地球5周分に相当する。

しかし、国内の貨物輸送における鉄道のシェア（市場占有率）は4・5％にすぎない。トラック55％、内航海運40％との差は大きい。この構図は1987年の発足時から変わっておらず、本業で

※2022年4月時点。売上高、営業損益は23年3月期連結決算。（　）内は旅客最大手のJR東日本

営業キロ
7954キロ
（7401キロ）
営業路線
75路線
（69路線）
駅
241駅
（1677駅）
従業員（単体）
5685人
（4万3013人）
1日の列車本数
402本
（1万2017本）
車両数
7756両
（1万2554両）
売上高
1876億円
（2兆4055億円）
営業損益
▼36億円
（1406億円）
主な関連事業の売上高
不動産
220億円
（不動産・ホテル
3822億円）

グループ唯一の全国営業網を持つＪＲ貨物の概要

ある鉄道事業は赤字が定着している。

鉄道がトラックと運賃や輸送時間で勝負できるのは従来、８００キロメートルを超える長距離帯が中心だった。物流の大動脈である東京と大阪の間（約５００キロメートル）は、コストが同等でも、速さと利便性でトラックに太刀打ちできなかった。

その競争条件は、24年から変わる。

「24年度以降、トラックでは東京と大阪を運転手１人では運べなくなります」

荷主向けの説明会で、営業開発室の渡部純也サブリーダーはこう説明し、企業の危機意識に訴えかけている。

手薄な５００キロメートル前後の中距離帯を積極的に狙いにいけ——。ＪＲ貨物の社内では現在、こんな号令がかかっている。

◇

自動車部品や飲食料品、農産物など幅広いものを全国各地に運んでいるＪＲ貨物は、線路を保有する旅客各社に使用料を払って運行を担う「上下分離」の経営形態をとっている。使用料の負担は線路の修繕費の一部程度とされ、旅客各社よりも運行コストは格段に低い。

だが、その分肩身の狭い思いをしている。鉄道運行の要であるダイヤを柔軟に組めない。ＪＲグループ内では、旅客と貨物は対等な関係とされるが、それは表向きの話だ。貨物列車は旅客列車が走らない深夜などの時間帯に都市圏を走らざるを得ない。

途中で遅れが生じ、都市圏の通過時刻が通勤時間帯と重なると、旅客を優先するため数時間留め置かれることも珍しくない。「10分の遅れが10分ですまなくなり、九州に着く頃には数時間単位の遅れになる」（ＪＲ貨物の犬飼新社長）こともある。

「遅延や運休などのトラブルが多い」「有事のフォローが弱い」「我々のニーズにダイヤが合っていない」。鉄道貨物の利用拡大を検討する国土交通省の有識者会議。22年3月の初会合以降、参加した食品メーカーや農業団体など荷主側からは苦言が相次いだ。

国交省幹部は言う。

「制約も多いが、物流２０２４年問題をテコに今の2倍稼げる会社にならないといけない。そうすれば完全民営化も視野に入る」

日本で鉄道が開業した翌１８７３年、旅客列車と同じ新橋－横浜間で産声をあげた貨物鉄道は23年、１５０年の節目を迎えた。ＪＲ貨物はＪＲグループの中で唯一線路を持たず、運行に特化して全国に営業区域がまたがる独特の形をとる。経営環境に好条件がそろった今、本業の赤字体質を脱却することができるか。

「花形」から「お荷物」へ

「貨物は景気、旅客は天気」。国鉄時代、貨物鉄道の特徴を表すこんな言葉があった。旅客列車は天気に恵まれれば乗客が自然に集まるとみられていた。これに対し、貨物は需要動向を見極める難しさから、東大卒の幹部候補「特急組」があてがわれるエリート部門だった。2022年5月に死去した葛西敬之JR東海名誉会長も、名古屋鉄道管理局貨物課長を務めた。北海道では旅客の札幌駅長よりも貨物を扱う岩見沢駅（岩見沢市）の駅長が、九州では博多駅長より貨物の若松駅（北九州市）駅長の方が格上とされた。

貨物輸送は戦後、経済復興を支えた石炭が中心だった。エネルギーの主役が石炭から石油へ移ると炭鉱の閉鎖が進んで貨物鉄道の役割は縮小し、赤字が膨張していった。

分割民営化の議論のさなかの1983年度、国鉄の赤字1兆6600億円のうち、貨物部門が45％の7451億円を占めた。かつて花形だった貨物に不要論まで浮上した。旧運輸省有志が国鉄改革を回顧して90年にまとめた秘録「国鉄改革の記録」では、「国鉄経営を圧迫するお荷物」と評されるに至った。

物流をめぐる環境変化は、再び貨物を表舞台に立たせようとしている。

2　災害運休　顧客離れ危機

ＪＲ貨物を苦境に追い込んだ１００日間がある。２０１８年７月の西日本豪雨。本州と九州を結ぶ大動脈の山陽線が水没し、７月５日から10月12日まで計４４２１本の貨物列車が運休を余儀なくされた。１９９５年の阪神大震災時には75日間、４４８８本が運休したが、これに匹敵する規模となった。減収額は年間の鉄道収入の１割弱に相当する１００億円に上った。

ＪＲ貨物は山陰線への迂回《うかい》や、トラックの代行輸送で対応した。それでも運べたのは平時の26％。山陰線は単線が多く、最大26両もの長い貨物列車を走らせるのは難しい。１編成で７両しか走らせられなかった。

近年、地球温暖化の影響で自然災害が激甚《げきじん》化し、鉄道網の寸断が増えている。台風や大雨による運休は06～10年の５年間で２７００本だったのに対し、16～20年は３・７倍の９９００本に上った。長期運休のたびに客離れが起こる。高橋顕戦略推進部長は、「迂回路の限られる山陽線は被災のダメージが大きい。手を打たないと信頼を失うばかりだ」と話す。

ＪＲ貨物は23年４月、初めて内航船（総トン数４９９トン）を物流大手と共同購入した。山陽線の被災時に瀬戸内海を使って輸送を続けるためだ。緊急時には、代行輸送のトラックを大量に受け入れるための駐車場の確保も各地で進めている。

◇

貨物鉄道を脅かすのは災害だけではない。列車が通る路線そのものが廃止されればどうしようもない。

JR各社は利用が著しく低調なローカル線を廃線にしたことはあっても、貨物が通る重要な幹線に手を付けたことはない。

その幹線の一つ、函館線の函館（北海道函館市）－長万部（長万部町）間では、第5章でも触れたように存続を問う議論が続いている。北海道から本州へ送られるタマネギや小豆《あずき》といった農産物を運ぶ大事な路線だが、北海道新幹線の札幌延伸に伴い、JR北海道から経営分離される。地元自治体が維持費用を負担して存続させるか、廃止するかの判断を迫られる。

沿線自治体は恩恵が少なく、財政負担に二の足を踏む。JR貨物の高橋秀仁経営企画部長は「ネットワークが寸断されてしまう危機感がある」と懸念を示す。

国土交通省もJRと地元の協議の仲立ちに加わった。貨物だけのために148キロメートルの鉄路を温存するべきか。今後、各地の幹線で同様の議論が起こる可能性がある。

◇

別の難題も浮上している。2031年度以降、整備新幹線の並行在来線を走る際に、運営する地元の第3セクターに線路使用料を払えなくなる恐れがあるのだ。

JR貨物がJR東日本などの旅客会社に支払う線路使用料は、国鉄分割民営化時の取り決めで割安に設定されている。JR貨物は経営基盤が弱かったが、JR北海道や四国、九州のように経営安定化のための基金を与えられず、線路使用料を抑えることで経営を支援するかたちとした。

しかし、並行在来線の３セクは、ＪＲ各社と同様に割安な使用料を認めるほど経営に余裕はない。そこで、ＪＲ貨物が３セクへ支払う線路使用料を補塡するため、「貨物調整金」という仕組みを作った。新幹線の建設を担う独立行政法人で、ＪＲ貨物の株式１００％を保有する「鉄道建設・運輸施設整備支援機構」がＪＲ旅客各社から受け取る新幹線設備の貸付料の一部や、ＪＲ株の売却益をその原資としてきた。国鉄改革の陰で生まれた「弱者」であるＪＲ貨物と３セクをともに救済するための苦肉の策に映る。

ところが、31年度以降、新幹線の貸付料は貨物調整金の財源として使えなくなる。北海道新幹線や北陸新幹線の開業前倒しの建設費に回すためで、政府・与党の整備新幹線検討委員会が15年1月に決めた。

八つの３セク事業者に支払われている貨物調整金は年約１４０億円に上る。24年春には北陸新幹線の延伸に伴い、ＪＲ西の北陸線（敦賀―大聖寺《だいしょうじ》間）が並行在来線に移行する。新幹線が延伸するほど必要となる貨物調整金も増えるが、本業赤字のＪＲ貨物が負担を増やすのは難しい。

自民党の整備新幹線等鉄道調査会（稲田朋美会長）は23年6月1日、在来線の幹線の将来についてこうまとめた。「今後急速に進む人口減少下では幹線も維持困難となり、地域生活が成り立たなくなる懸念がある」「幹線は物流、災害や有事対応など他のモード（交通手段）で代替できない極めて重要な機能を有し、分断があってはならない」

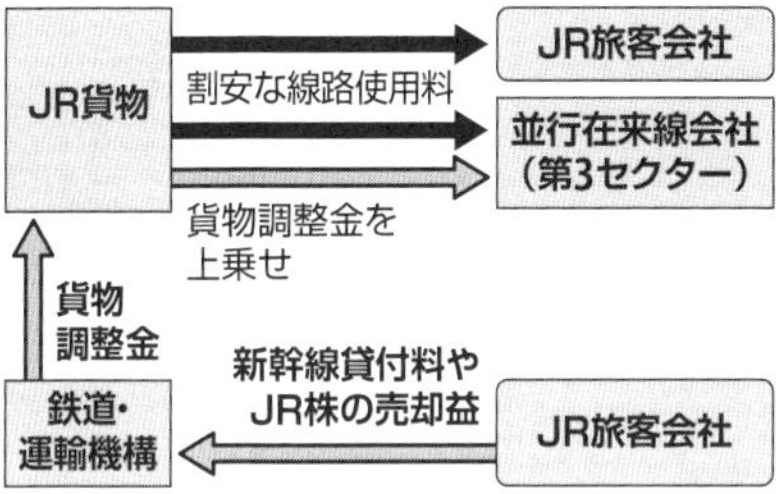

貨物調整金の仕組み

多くの国民が首肯《しゅこう》できる内容だが、問題はそのための財源をどう負担するかにある。道筋は見えてこない。

線路使用料　分割時取り決め

ＪＲ貨物が旅客各社に払う線路使用料は、ＪＲ７社間の取り決めに基づき、20年ごとに改定される。経済学用語「アボイダブルコスト」（回避可能経費）の考え方が採用されており、払うべき費用は貨物輸送で傷んだレールや枕木などの修繕費に限定されている。

この仕組みでは、トンネル修繕費や除雪費、作業員の人件費といった貨物走行の有無に関係なく生じる費用は、旅客列車の必要経費と整理される。この結果、ＪＲ貨物の費用負担は、旅客会社が投じる経費の１割程度ですむ場合もあるという。

ＪＲ貨物が廉価で線路を借りられるのは、先に触れたように国鉄分割民営化時の取り決めがあるためだ。線路使用料を高くすれば、経営基盤の弱いＪＲ貨物は再び破綻すると懸念された。一方、北海道や四国のように経営安定化のための基金も与えられなかったため、使用料を抑えた。

旅客各社の思いは複雑だ。「（重い）貨物列車が走るほど線路は傷み、維持・更新コストが増えるが、十分に回収できない仕組みだ」。２０２２年４月、国交省の有識者会議で、ＪＲ東海の丹羽俊介常務（現社長）はこう述べた。過去に見直しを強く主張してきたのは、経営基盤の弱いＪＲ北海道や西日本が中心だったが、最近では東海や東日本からも公然と声があがるようになった。

――旅客各社のローカル線経営が苦しさを増す中、次の使用料更新は27年度に迫る。

3 鉄・海・陸 協調

岐阜市にある物流会社「濃飛倉庫運輸」の輸送拠点。大小様々なトラックが持ち込んでくる荷物は、えんじ色をした最大積載量5トンの専用コンテナ（通称「ゴトコン」）に積み替えられ、100メートル先の岐阜貨物ターミナル駅に運び出されていく。

この拠点の一部は2023年4月、JR貨物の「積替ステーション」に衣替えした。JR貨物が外部企業との連携で実現した初めての積み替え施設だ。従来、鉄道で貨物を運んでもらうにはゴトコンを載せられる専用のトラックで持ち込む必要があったが、ステーションを経由すれば、軽トラックで持ち込んだ荷物でも鉄道コンテナ輸送を使える。

濃飛倉庫運輸通運事業部の白木健司副部長は「鉄道で荷物を運びたいという需要があっても、トラックの運転手不足で収集が難しかった。荷物を持ち込んでもらえるようにすることで、より貨物鉄道の利用が広がるだろう」と話す。

JR貨物が21年6月に新設した総合物流部の五島洋次郎部長は「他のエリアでも協力できる物流事業者を募っていく」と語る。

競争から協調へ――。JR貨物が22年8月に出した新聞広告では、ライバル関係にある貨物鉄道とトラックが一枚の写真に納まった。運転手不足で輸送力低下が懸念される「物流２０２４年問題」を控え、トラック業界は代替輸送の確保を急ぐ。５００キロメートル前後の中距離帯などでの競合は一部に残るが、トラック輸送の一部に鉄道を組み込んでもらう協調路線を打ち出した。

政府も連携姿勢を後押しする。斉藤鉄夫国土交通相は23年6月13日の記者会見で「貨物とトラックの連結を容易にすること」の重要性を強調し、「鉄道貨物輸送を増やしていきたいと強く決意している」と述べた。

◇

鉄道、海運、陸運の協調を象徴する新施設が22年7月、国内最大の貨物駅、東京貨物ターミナル駅（東京都品川区）に誕生した。JR貨物の物流施設「東京レールゲートEAST」だ。首都高速道路が近くを走り、海の玄関口である東京港のコンテナターミナル、羽田空港にも近接する。ヤマト運輸や近鉄グループの物流会社が入居し、満床での稼働となった。20年3月に先行開業した1棟目の「WEST」とあわせ、投資規模は約３００億円に上る。

「日本一の立地に日本一のスペック（仕様）の物流施設ができた」。竣工式で、施設の管理・運営で協力する三井不動産の三木孝行専務執行役員は強調した。

大型物流施設は札幌貨物ターミナル駅にも整備されている。今後、大阪、名古屋、福岡、仙台でも検討する。

JR貨物の真貝康一《しんがいこういち》会長は「陸・海・空の結節点を全国に拡大し、切れ目のない物流を実現する」と意気込む。鉄道コンテナ輸送を核としつつ、東京レールゲートのように不動産を有効活用して「総合物流企業」として収益力を高める。

◇

JR貨物の鉄道事業は慢性的な赤字が続いてきたが、体質改善も進む。会社発足から30年目の16年度、5億円の営業黒字を計上した際は、初の快挙として社員に一時金3万円が支給された。

13年6月に日本郵船副社長や日本貨物航空社長を歴任した石田忠正氏を会長に迎え、進めた経営改革が実を結んだ。権限と責任を全国6支社に委譲し毎日運行する500本（当時）の列車ごとの収支管理を徹底させた。赤字の列車に照準を合わせて営業を強化し、空コンテナを運ぶムダを減らした。

平日の積載率は13年度の76・5％から、17年度には過去最高となる82・8％に改善した。コンテナ列車の1キロメートルあたりの収入は19・7％増え、空コンテナの回送費は15・7％減った。その後、災害とコロナ禍が続いて再び本業は赤字に戻ったものの、JR貨物の取締役の一人は、「改革以降、頑張れば報われるんだとの機運が社内に出ている」と話す。

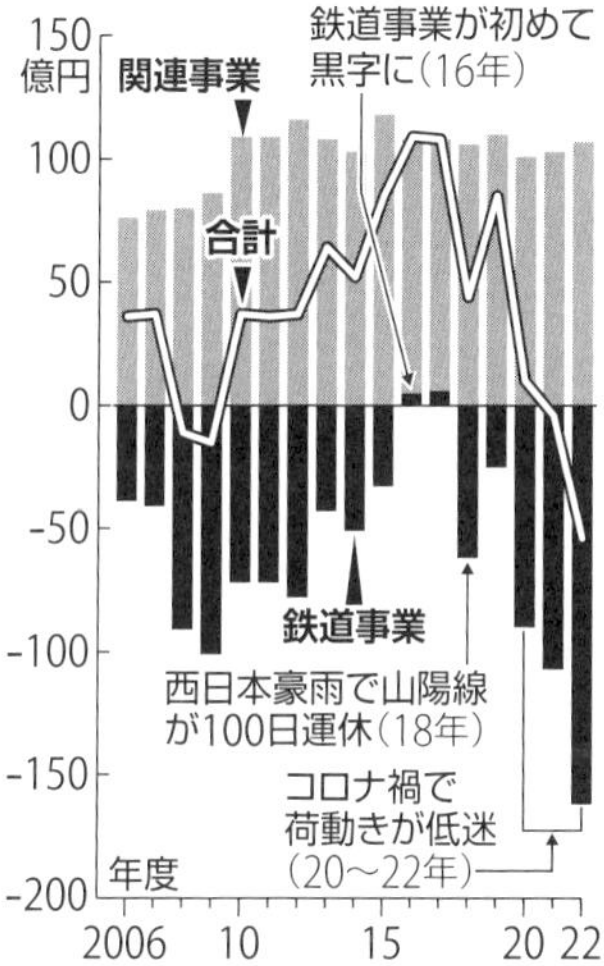

JR貨物の営業損益（単体）

23年6月16日、政府が閣議決定した「経済財政運営と改革の基本方針（骨太の方針）」では初めて「物流2024年問題」に言及した。対策の一つとして「貨物鉄道の拠点やネットワークの機能強化による物流の効率化」を明記した。

現在も政府100%出資の特殊会社であるJR北海道、四国、貨物3社のうち、JR貨物はもっとも完全民営化に近い存在とみられている。2024年問題という千載一遇の好機に、他業態とも協調しつつ「稼ぐ力」をどこまで伸ばせるか。政府の庇護《ひご》から脱し、完全民営化に向けた試金石となる。

貨物新幹線　高いハードル

貨物専用の新幹線構想は2022年、国土交通省の有識者会議で本格的な議論が行われた。これを契機にJR貨物も調査や検討を始めた。会議では慎重意見が支配的だったが、国交省幹部は「実現できれば物流業界に革新が起きる」と期待を寄せる。

東京―札幌間は、在来線の貨物列車で約18時間。これに対し北海道新幹線は、30年度末を見込む札幌延伸開業時の計画では5時間を切り、大幅に短縮できる。朝採れた北海道の新鮮な魚介や野菜が夜に首都圏の食卓に並ぶのも夢ではない。

ただ、課題は多い。通常の新幹線と比べて重くなる貨物新幹線が安全に高速走行ができるのかや、騒音や振動が荷物にどう影響するかは検証の必要がある。

最大の関門は旅客会社とのダイヤ調整だ。例えば東海道新幹線は数分おきの過密ダイヤとなっている。合間を縫って貨物新幹線を走らせるのは容易ではない。

一方で、新幹線を使った物流の試行は進んでいる。JR東日本は、東北や北陸の生鮮食品などを、新幹線の空きスペースを使って運ぶ「はこビュン」というサービスを行っている。23年6月16日には10両編成のうち3両を貨物用に使い、過去最大の600箱の荷物を運ぶ実験を行った。

インタビュー

2024年問題　大量輸送で貢献

犬飼《いぬかい》　新《しん》氏　JR貨物社長

貨物鉄道は1人の運転士で10トントラック65台分の荷物を一度に運べる。定時・大量輸送という他の輸送機関にはない特性がある。高度成長時代に比べれば役割は縮小しているが、環境対策や、「物流2024年問題」に象徴される働き方改革といった社会課題に貢献できると思っている。

これまではトラックに後れを取っていた東京―名古屋（約350キロメートル）や東京―大阪（約500キロメートル）などの中距離帯でも、鉄道を利用したいという声が出てきている。

ただ、待ちの姿勢で荷物が入ってくるとは思っていない。トラック会社も簡単には顧客を手放さない。荷主も生産拠点や物流の仕組みを見直し、トラックで運べるよう工夫している。海運会社も航路を広げ、船の容量を増やしている。こちらから打って出る姿勢が必要だ。

貨物鉄道は長距離に重点を置いてダイヤを組んでいる。旅客列車とのダイヤの制約もある。2024年問題を契機にどこまで競争力をつけられるか。いまの輸送力のうち、7割くらいしか荷物が載っていない。行きで商品を運んだら、帰りは空になってしまう列車もある。これを荷物で埋めることができればお客同士を結びつけることができる。

欧米などの外資系企業では環境意識が高まっている。自分たちの原材料や製品がどういう手段で運ばれているのかを気にしている。日本企業でもこうした意識が高まってくるだろう。トラックに比べて二酸化炭素排出量が10分の1という鉄道の環境特性を広く知ってもらうよう、営業担当者に強く言っている。

モノを運ぶだけに甘んじていては付加価値を生み出せない。保管の機能を自前で持つなど「鉄道プラスアルファ」を突き詰めていきたい。

一方で、トラック会社との協力関係も重要だ。2018年の西日本豪雨では貨物列車が100日間運休し、荷主の鉄道離れが起きた。災害時の代行輸送はトラック事業者らの力なしにはできない。

国鉄の分割民営化の議論では、大赤字の貨物鉄道は長持ちしないとして「安楽死（清算）論」もあったが、何とか潰れずに頑張ってこられた。完全民営化は国鉄改革で求められているので目指していく姿勢に変わりはない。

ただ、完全民営化イコール上場ではないと思っている。上場にもいろんな形がある。新規株式公開（IPO）で全株を売り出す場合もあれば、例えば国に一部を持ってもらったり、線路を借りている旅客各社に株主になってもらったりする形もある。まずは鉄道事業を黒字化し、きちんと利益が出る体質に変えていくことが重要だ。

（23年6月21日掲載）

1959年東京都生まれ。85年早大教育卒。間組（現安藤ハザマ）入社。新聞広告で見つけたJR貨物の「幹部募集」の求人に応募し、2003年入社。営業統括部長などを歴任し、22年6月から現職。会社の軟式野球部に所属し、経営も「全員野球」をモットーとしている。

▼番外編　予算編成

政府が２０２３年1月23日、国会に提出した当初予算案には、ローカル線を含む地域公共交通の見直しを促す新たな支援策が盛り込まれた。防衛費の大幅増額が最大のテーマで、それ以外の分野は例年以上に厳しく査定された今回の予算編成で、どのようにして交通分野に新たな予算を獲得できたのか。関係者の話から探る。

◇

「本年を地域公共交通再構築元年とすべく、全力で取り組む」

斉藤鉄夫国土交通相は1月6日、年頭記者会見で述べた。

23年度予算が成立すれば、従来にはない地域交通への支援ができるようになる。不採算のローカル線を抱える沿線自治体に対し、廃線する場合はバス高速輸送システム（ＢＲＴ）に転換する費用の一部を補助する。存続する場合でも、駅舎改装や列車の高速化といった費用について、利便性の向上や収支の改善が見込めると実証することを条件に、一部を支援する。自治体と鉄道会社が存廃について話し合う際、お金の面で裏書きする仕掛けを整えた。

国交省鉄道局が手にした新たな財源の名は「社会資本整備総合交付金」（社総交）。従来、道路や河川整備などにしか使えなかった。公共交通を地域の「社会資本」と位置付けることで、公共事業予算として扱えるようにした。国交省は交付金5492億円のうち、50億円程度について地域公共交通事業としての活用を見込む。

◇

22年6月、国交省は与党の後押しを受け、「経済財政運営と改革の基本方針（骨太の方針）」の中に、ローカル線について「従来と異なる実効性ある支援」と、踏み込んだ文言をねじこむことに成功した。ただしそれは同時に、鉄道局が新たな財源を確保しなければならないことを意味した。第1章で触れたように、国交省の当初予算のうち2%程度しか持たず、予算獲得の手練を持ち合わせていない鉄道局には難題だ。

そこに援軍が現れた。安倍・菅両内閣で首相補佐官として辣腕をふるった和泉洋人氏だ。国交省出身で、官僚を退き建設関係の財団法人顧問を務める和泉氏は、以前から国交省内の縦割り構造に疑問を持っていた。春以降、岸田首相周辺や国交省幹部に、「社総交の仲間に鉄道局も入れてやればいいじゃないか」と進言した。国交省予算の総額をほぼ変える必要がないアイデアだ。この案が官邸筋から国交省に逆流する形で伝わり、検討が加速した。

ただ、社総交はもともと、道路局や都市局など主に旧建設省の各局が自らの予算を削って捻出した「旧建設省の牙城」（財務省幹部）だ。手をつけると省内のみならず、建設関係の族議員や地方から大きな反発が予想される。旧運輸省分は21年度に自治体への交付が決まった6249億円のうち2%程度、港湾関係の約100億円あった。旧建設省分には触れず、旧運輸省の公共事業予算の一部を交通分野が譲り受ける形で省内の調整がまとまった。

最終関門は予算を差配する財務省との交渉となる。社総交に交通分野を含めることは、国交省としての総額は変わらないため、抵抗は少なかった。問題は、24兆円という巨額の国鉄債務を国民負担とすることで誕生したJRの事業が、補助の対象になる可能性があることだった。

「JRへの税金投入など国民の理解が得られるわけがない」。予算折衝が本格化した11月中旬、財務省1階の主計局執務室。国交省予算を担当する坂本成範主計官は、対座する国交省の田口芳郎鉄道事業課長に詰め寄った。

ただ、ローカル線を存続する場合でも鉄道インフラの強化に使えるところが今回の枠組みの要だ。JRへの投入が認められなければ、廃線する場合のバス転換のような使い道しかなくなってしまう。田口課長は譲らなかった。

「JRに『廃線にするな』というだけでは一段と投資が減り、地域が衰退するばかりだ」

激しい主張を交わした結果、必要額に対する国の補助の割合を、地方鉄道や第3セクターの路線には半分とする一方、経営基盤の強いJR東日本、西日本、東海の本州3社の路線には3分の1にとどめ、JRの負担も求めることで妥協点を見いだした。

予算案がほぼまとまった12月21日午後、斉藤国交相は鈴木俊一財務相との大臣折衝の後、報道陣を前に「JR各社に大臣指針の順守を徹底させる」と述べた。

財務省が予算を認める条件として、JRに「路線を適切に維持する」よう求めた2001年の国交相指針の堅守を要請したことへの答えだった。

今回、活用を見込む予算額は50億円程度と多くはない。だが、国交省幹部は強調する。「一度穴があくことが大事だ。いずれ必要があれば増やせばいい」

ＪＲの情報開示　疑問の声

政府の当初予算案で、借金の返済に充てる「国債費」には、かつての国鉄が作った借金約24兆円の返済費も入っている。今も毎年３０００億～５０００億円程度と重い負担となっている。借金を国に付け替える形で誕生したＪＲは、その一方で国鉄から都市部の駅ビルなど優良資産を継承し、順調に成長を遂げてきた。財務省がＪＲに甘くなるわけにいかない理由だ。コロナ禍で一時的に苦境にあるとはいえ、まだまだ余力はあるとみている。実際、ＪＲ東日本、西日本、東海、九州の上場4社は再び黒字基調に回帰する見通しだ。

ＪＲに対する疑問の声は、所管する国交省からも上がる。22年、ＪＲ東やＪＲ西は相次いで不採算のローカル線の収支を公表し、都市部の稼ぎで地方を支える「内部補助」は限界だと訴えた。だが、山手線など都市部のドル箱路線の収支は公表しなかった。

国交省首脳は言う。「全路線の収支を出すべきだ。赤字というけれど本当はもうかっていませんか、と問いたい」。ＪＲは今後、一段の情報開示を求められるかもしれない。

（23年1月24日掲載）

▼番外編　「国鉄改革」世間に訴え、世論に支えられ

インタビュー

井手《いで》正敬《まさたか》氏　元ＪＲ西日本会長

鉄道開業１５０年の節目に、元ＪＲ西日本会長で、国鉄内部から改革を主導した「国鉄改革３人組」の一人である井手正敬氏が取材に応じ、国鉄分割民営化について証言した。

《元ＪＲ東日本会長・松田昌士氏が２０２０年５月に、ＪＲ東海名誉会長・葛西敬之氏が22年５月に逝去し、改革３人組の中で当時を語れるのは最年長の井手氏のみとなった。井手氏は当初、分割論者ではなかった。》

政府の言う「分割」しかないと思い始めたのは１９８２年頃だ。私は80年から経営計画室計画主幹として、81年に認可される国鉄最後の経営改善計画の策定に携わった。改善につながることをこれだけやっても借金は24兆円残り、毎年政府から１兆円前後のお金を頂戴する前提だった。計画には職員のボーナスカットもあり、組合の協力は得られそうになかった。結局、計画があっても駄目じゃないかと思い始め、組織の形を変える民営分割論へと傾いていった。

今、国鉄改革をもう一度やれるとは思わない。当時できたのは、いくつかの要因があるが、自民

党運輸族だった三塚博衆院議員の存在は大きい。

三塚さんとは、私も葛西君も仙台での総務部長経験を経て、親しくなった経緯がある。81年秋、2人で表敬に行った。国鉄は当時、職場規律が乱れていた。ヤミ手当の支給、点呼に応じない、枕木を交換しない、勤務時間中に風呂に入っちゃうなど、言いだしたらきりがなかった。三塚さんにはこうした実情をお伝えした。すると「もっと聞かせてくれ」となり、今度は松田君も引き込んで3人で訪問し、詳しく説明した。

82年2月、その三塚さんをトップとする国鉄再建小委員会が自民党内に発足し、事態が動き出した。我々3人は三塚さんの秘密部隊となり、その後も内部事情の報告を続けた。

ある日、三塚さんに「現場がどれだけ荒れているのか正確に実態を把握したい」と頼まれ、考えた末、全国の駅の助役以上にアンケート調査をすることにした。葛西君らと旅館に泊まり込み、徹夜で集計した。その結果を見て、自民党は「こんなにひどいのか」と危機感を強めていった。

当時、労務担当の職員局長だった太田知行氏は(職場規律の乱れに関わりのあった)労働組合に対し、厳しい態度で臨もうとしていた。だが、次第に様子が変わった。常務理事への出世を控え、組合を敵視しちゃいかんと思ったのかもしれない。

ある日、小委員会が終わった後、葛西君らと「最近太田さんが変わってきたね」という話をした頃から、本格的に「民営分割の方がいい」となっていった。3人はもともと、基本的に労政を直さなきゃいけないという点で意見が一致していた。

その頃の職員局は「組織が徐々によくなっている」と言い、不祥事を隠すようなこともあった。

世の中に実態がなかなか伝わらない。そこで、3人は知人のマスコミ関係者に情報を流し、世論に訴えた。私は広報部次長時代の人脈や経験が大いに生きた。国鉄改革が成功したのは、中曽根内閣の政治力を除けば、世論の支えも大きかったと思う。

◇

《国鉄改革の契機は巨額債務だった。1964年度に赤字に転落すると、以後87年の分割民営化まで負債を膨張させた。政治による我田引鉄や、めったなことでは値上げが許されない硬直的な運賃など、経営が政治に振り回されてきたことへの反省が改革の原点にある。》

鉄道路線の敷設に関して影響力があったのは、列島改造論の田中角栄さんだった。64年に特殊法人「日本鉄道建設公団」を設立したのは、角栄さんの力だ。国鉄は路線を作れと言われても資金がなかった。そこで、公団が建設を肩代わりした。公団は「こっちにやらせろ」と、どんどん作っていった。国鉄の意思のない路線が作られていくというのは、大変だなと思っていた。

国鉄改革は労使問題を除けば、債務問題への対処だった。改革を通じ、ある程度対処を終えられたと思うが、そこにいきつくまでは大変だった。

《82年11月、中曽根内閣が発足し、翌83年3月には、経団連名誉会長の土光敏夫氏をトップとする第2次臨時行政調査会（第2臨調）が、国鉄は分割民営化するべきであると最終答申した。》

土光さんの懐刀で第2臨調委員だった瀬島龍三氏と葛西君は自宅が近く、仲も良かった。葛西君とは何度も瀬島さんの事務所に足を運んだ。瀬島さんからは、「分割民営化したら列車の運用や待機はどうなるのか」といった細かな問い合わせも多々あった。改革にあたってのそうした細かい事務的な質問について、秘密裏に信頼できる仲間を集めて全部答えていった。日曜日も作業に当たったのを思い出す。

ただ、答申が出た後も、国鉄経営陣は、国鉄を分割しないで再建を目指す「国体護持派」のままだった。これに対し、三塚さんは1984年、『国鉄を再建する方法はこれしかない』というタイトルの本を出版した。分割民営化の必要性を強く訴える内容だ。

《三塚氏を後ろ盾に3人組が改革の準備を進める中、国体護持派から改革派への圧力は強まった。幹部人事を扱うポストの国鉄総裁室秘書課長だった井手氏は84年9月、東京西鉄道管理局長に異動を命じられる。85年3月には経営計画室計画主幹だった松田氏も北海道総局総合企画部長に異動。いずれも左遷とみられる。》

答申は出たものの、勝算は乏しかった。84年末、改革派のメンバーで都内のホテルに集まった。そこで、葛西君が「我々の決意を書きましょう」と提案し、文言を考えた。別の人が達筆でしたため、皆でサインをして回した。世に言う血判状だ。この改革運動が失敗に終わっても、私欲による行動ではなかったのだと示したかった。

総裁更迭、勝利を実感

《85年1月、分割に反対する国鉄経営陣は独自の改革案をまとめて公表した。これが中曽根首相の逆鱗《げきりん》に触れた。翌2月、中曽根首相は国会で「臨調答申の線に背くような考えを持っている人がいたらけじめを付けなければならない」と発言。同年6月、当時の仁杉巌総裁ら国鉄経営陣を更迭し

た。》

中曽根さんが仁杉総裁に辞表を取りまとめるよう指示を出したことは全然知らず、本当にびっくりした。この時はじめて、我々は勝ったと思えた。

私は国鉄改革のことを宮廷革命と呼んだ。民衆（職員）が蜂起した革命ではなかったからだ。民衆を抑え込んでいる体制側の国体護持派と、中堅・若手が中心の我々改革派の二つの勢力が宮廷（国鉄）の中にはあった。少数派の我々が勝てたのは、中曽根さんが応援してくれたからだ。国鉄改革はそういう図式だった。

《中曽根首相は仁杉総裁の後任に運輸次官の杉浦喬也氏を据えた。杉浦氏は井手氏と松田氏を本社に呼び戻し、一気に分割民営化の準備を進めていく。》

総裁就任直後の杉浦さんに総裁室に呼び出され、こう尋ねられた。「君に全部任せる。責任は俺が取るから、思い切りやってくれ。ところで、どういう組織にしたら良いと思うか。君のポジションは何が良いか」。私は全体を見るために、大本営を作りましょうと提案した。与えられたのは、総裁室審議役という新設ポスト。翌86年には総裁室長となり、広報部長も兼務しながら、87年4月の分割民営化を迎えた。

《国鉄は新生JRに生まれ変わり、井手氏はJR西日本の代表取締役副社長に就任した。松田氏はJR東日本の常務取締役、葛西氏はJR東海の取締役総合企画本部長に、それぞれ就いた。これらの人事には橋本龍太郎運輸相の意向が働いたとされる。》

87年2月3日、新橋で飲んでいたら、ある人から「橋本さんが赤坂にいるから来い」と言われ、店に向かった。その席上、橋本さんから「君はJR西日本だ」と告げられた。「総裁の命令なら別だが、すぐにはお受けできません」と答えた。

JR西日本での役職は思いがけないものだった。常務はあるかもしれないと思っていたが、51歳で代表権を持つ副社長。驚いた。（元運輸次官で初代JR東社長となる）住田正二さんのお宅にすぐ電話した。「今こういう指示を受けたが、どうしましょうか」と。すると、「そんなの受けとけばよかったのに」と、笑われた。翌日、橋本さんの秘書がやってきて、「大臣がおっしゃってるのに、あんた、副社長という立場をわかってるんですか」と怒られた。

国鉄分割民営化の際、学士（幹部候補職員）の配属は、1番優秀な人がJR東、2番目が西、3番目が東海。その後は、貨物を挟んで、北海道、九州、四国という順番で、その次は再び東に折り返しながら、新たな職場に割り振っていった。

貨物は日本の物流の根幹で全国運用なので重要だ。もともと「貨物は景気、旅客は天気」といって、貨物営業には景気判断が必要、頭が良くないとできないとされてきた。一方の旅客は、天気さえよければお客さんが来てくださるというような意味が込められていた。貨物が本州3社の次に位置するのは、こういう事情がある。

さて、私はJR西日本で、大阪の人々から何と呼ばれたか。ボートピープル（難民）だ。要するに、宮廷革命を成し遂げても、結果的に東京に残れず、敗残兵のように流れてきたと見えている、ということだ。思えば、それまでも色々な呼ばれ方をした。たとえば3人組もそう。その3人のアルファベットの頭文字をとったKIMというのもあった。いずれも好きではない。

ＪＲ西の会長にはアサヒビールの村井勉会長が就任した。87年3月、村井さんが、初代社長となる角田達郎さん（元海上保安庁長官）と私を赤坂の料亭に呼び、こう言った。「頼むよ。私は鉄道を全然知らないし、角田さんにも経験がない。井手君に全部任せる」。そうなると逃げられなかった。

ＪＲ四国に統合持ちかけも

《ＪＲ西は、首都圏を抱えるＪＲ東、東海道新幹線を持つＪＲ東海とは異なり、収益力が弱かった。しかも、関西は私鉄が強い。井手氏は89年3月、京阪神の都市近郊区間を「アーバンネットワーク」と位置付け、新車両の投入やダイヤ増発などでサービスの質を引き上げていく。》

発足当初のＪＲ西日本は角田さんが、「井手君、何で（通勤時間帯の）朝にこんなに座れるんだ。空気を運んでるのか」と言うぐらいの状況だった。そこで、まずは私鉄に学んだ。やっぱり運賃が高く、サービスが悪いことに尽きていた。まずは車両を変えた。接続も良くし、輸送効率を上げた。

アーバンネットワークは89年3月のダイヤ改正を契機とした輸送網の呼称だ。お客さんの多い都市圏輸送に力を入れなければ、将来はないと思っていた。そこで、高槻、芦屋にも新快速が止まるように変えるなど、徹底的に改良し、便利にしていった。

信号の変え方にも変更を加え、輸送時間をさらに短縮した。次第に、今までＪＲに乗っていなかったお客さんたちが「便利じゃないか」と変わっていった。

安全投資にも力を入れた。いかにも危なっかしい木製の電柱をコンクリート製に切り替えたりして、最初の頃は随分コストがかかったものだ。

《井手氏がＪＲ西の相談役だった２００５年４月、乗客１０６人が死亡した福知山線脱線事故が発生した。》

私は事故後、当時のＪＲ西の社長だった垣内剛君が国会で、企業風土に問題があったと言ったことに怒っている。それは、先輩らがちっともいい風土を作ってくれなかった、先輩や職員らの責任だと言うのと同じではないか。事故を企業風土という言葉で片付けようとするのは責任逃れだ。

《ＪＲ西日本は、「組織全体で安全を確保する仕組みと安全最優先の風土を構築できていなかった。尊い人命をお預かりする企業としての責任を果たしていなかったことを深く反省している」としている。その反省は、兵庫県尼崎市の現場に整備された追悼施設「祈りの杜《もり》」の碑文にも刻まれている。》

事故原因を企業風土に帰結させる考え方には、いまだに納得していない。

《発生から17年、３年ぶりに開かれた慰霊式で、遺族は「17年たってもつらい気持ちは変わらない。事故を起こさない会社になってほしい」と話した。》

事故に対する道義的責任はある。ご遺族には大変申し訳なく思っている。それはもう、何とも言いようがないものだ。

《分割民営化後の経営努力が奏功し、ＪＲ本州３社は順調に成長を遂げる一方、北海道、四国の経営は苦しさを増した。九州と合わせた３島会社は、過疎地を走る赤字ローカル線を多く抱えることもあり、分割民営化時、計１兆２７８１億円の経営安定基金が渡され、運用益で収入不足を埋めるはずだった。》

もともと、国鉄分割の議論の中で、本州については東西2分割があるかもしれなかったが、3島会社への分割については、ある程度合意していた。当時は金利が高く、現在のマイナス金利など全く想定していない。この低金利が誤算だった。

ある時、JR四国はこのままではダメだろうと思い、「一緒になろう」と水面下で声をかけたことがある。経営統合を念頭に置いていた。同じことを九州にも言ったが、いずれも「子会社にはなりたくない」と総スカンだった。

もっとも、苦しくなっているのは本州3社も同様だ。私の時代は、鉄道事業はうまくやればまだ出来るかなと思われたが、今後は厳しい。人口減少の加速とコロナ禍で、鉄道と沿線不動産の開発を通じて相乗効果を生み出す小林一三さん（阪急電鉄創業者）の事業モデルは崩れた。私鉄も含め、どうしたらいいのか考え直し、思い切った攻勢に出なければならない。

《新幹線は地方が敷設を求める時代が長く続いた。並行在来線の経営がJRから切り離されれば、地方にとっては負担が増すが、それを上回るメリットが見込まれていた。》

鉄道会社の経営としては、新幹線はほしい。一番儲かるんだから、魔力がある。初期投資はかかるけれども、こんないいものはないはずだった。ところが、状況は変わってきた。一番良い例が佐賀県だ。佐賀県は西九州新幹線はあんまりメリットがないんじゃないかと考えている。そういう意味では、鉄道に対して新しい方策があるべきだと思う。真剣に考えていかなければならない課題だ。

国鉄改革から35年。どんな組織でも30年もたてば、変化が必要となる。大事なのは、物が言える組織かどうかだ。末期の国鉄は、物を言ってはダメだった。私が入った頃の国鉄は、自分の責任の下、信念を堂々と言えた。末期の国鉄なら再び入ろうとは思えない。

もともと、中学から大学までラグビーをやっていて、人を使って組織的に仕事をするのが面白そうだと思っていた。それで、日本最大の組織である国鉄にでも入ろうかという感じで入った。鉄道も好きだった。私が入社した1959年の国鉄なら再び入ってもいいと思う。

国鉄改革に共に汗を流した葛西君は、非常に明晰な頭脳の持ち主だったが、国鉄への愛情はなかった。大学生の時、落とした学生証と定期券を駅に受け取りに行き、「東大生なら出世が早い」と助役に言われたのが入社動機だったことからも分かるだろう。

実は、葛西君と私は親戚にあたる。鉄道省で局長まで務めた芥川治さんという人がいる。3人の子供の名前に「鉄」「道」「省」を1文字ずつを付けた。鉄男さんは私の妹と、省子さんは葛西君とそれぞれ結婚した。葛西君とは公私ともにご縁があった。

松田君は、父親が国鉄の駅長をやっていたと聞いたことがあり、そもそもが国鉄ファン。3人組とくくられるが、一様ではなかった。それでも、ラグビーのように互いに仲間を信頼し、戦った。

国鉄改革の過程では、労組も含めて色々な事があったが、今はノーサイドだ。試合後、敵も味方も関係なく、互いの健闘をたたえ合うノーサイドの精神は、素晴らしいと思っている。


（22年10月22日掲載）

1935年福井県生まれ。59年東大経卒、国鉄入社。総裁室長などを経て、87年のJR西日本発足で副社長に就任。92年社長、97年会長。在来線の高速化、ダイヤの過密化で競争力を

高めた。２００３年相談役。乗客１０６人が死亡した05年のＪＲ福知山線脱線事故を巡り業務上過失致死傷罪で強制起訴されたが、17年6月に無罪が確定した。中学から大学までラグビーに打ち込んだ。

あとがき　人口減少社会と鉄道のゆくえ

鉄路は未来への希望を抱かせる魅力をたたえる。独特の哀感も帯びている。旅立ち、出会い、そして別れといった人々のドラマに寄り添ってきたからだろう。列島各地に配された鉄道員たちを思うと、情感はいっそう募る。

令和の今、哀感の比重が増した。ＪＲ西日本と東日本は２０２２年（令和4年）、採算が合わないローカル路線の収支を初めて公表した。疲労の蓄積に耐えかねた両社の悲鳴は、鉄道開業１５０年、国鉄分割民営化＝ＪＲ発足35年の節目に上がった。この年は鉄道史の転換点になるかもしれない。そう考え、国鉄分割民営化を検証し、ＪＲの将来像を探るべく、取材班を編成した。本書は読売新聞紙上で同年7月から展開してきた連載「ＪＲ考」をまとめたものである。

山口百恵の「いい日旅立ち」が国鉄のキャンペーンソングとしてヒットした１９７８年（昭和53年）、国鉄再建の取り組みはすでに加速していた。その9年後。高級幹部による「宮廷革命」を経て国鉄は分割民営化され、ＪＲ７社が産声を上げた。昭和末期から平成期は、ＪＲが企業として独り立ちしようと試行錯誤を重ねた時代と言える。慣れない水産業に参入しようとして失敗したという、今振り返れば滑稽にすら映るエピソードからは、親方日の丸からの脱却にもがいていた組織の健気さが感じ取れる。ローカル線を維持することの難しさは積年の課題であった。新型コロナウイルスの感染拡大という令和の危機が、乗客の急減を通じて事態の深刻さを顕在化させた。

取材を始めるにあたり、宮廷革命を担った「国鉄改革３人組」へのインタビューは欠かせないと考えた。だが、その一人、葛西敬之ＪＲ東海名誉会長は、取材に着手したばかりの２０２２年５月に他界された。そこで、ご健在である井手正敬ＪＲ西日本元会長に取材をお願いした。井手氏はＪＲ福知山線の事故で刑事責任を問われたのを境に、メディアの取材には沈黙を守ってきた。再三の依頼にも難色を示されたが、最後には「葛西君が亡くなった今、応じないわけにはいかないな」とご快諾いただいた。井手氏は３人組と呼ばれることを好まない。中国の文化大革命を主導し、後に刑に処された４人組を連想させるからだ。それでも井手氏は２日間にわたり、事故の遺族への申し訳なさを語りつつ、国鉄改革の舞台裏を詳述してくれた。井手氏の意見についてはＪＲ内部で異論もある。だが、国鉄改革を主導した井手氏のインタビューが実現しなかったら、本書は日の目を見なかっただろう。

取材・執筆には、読売新聞東京本社経済部の金島弘典、木瀬武、黒木健太朗、中西梓、佐野寛貴、大阪本社経済部の杉山正樹、松本裕平、高松総局の黒川絵理、西部本社経済部の松本晋太郎、川口尚樹、北海道支社編集部の宮下悠樹があたった。取材の総指揮と原稿の取りまとめは、東京本社経済部筆頭次長の鹿川庸一郎が担当した。記者のほとんどは国鉄を知らない世代である。日々のニュースを追いかけながら進めた取材は、文献を漁り、往時を知る人たちを訪ね歩き、現在のＪＲの課題を洗い出すという作業の繰り返しだった。新聞というメディアの伝統的な手法を重ねた成果が本書である。全編を通じて幾度にもわたる取材を受け入れていただいたＪＲ各社、国鉄・ＪＲのＯＢ、国土交通省はじめ政府の関係者、沿線自治体の方々の多大な協力に感謝を申し上げたい。

ＪＲは生まれ変われるか。本書は取材班の素朴な問題意識をタイトルとし、「国鉄改革の功罪」をサブタイトルに掲げた。国鉄時代を知る多くの国民は、民営化後のサービス向上を踏まえると、「功」が優ると捉えるかもしれない。たとえが適切かどうかはともかく、日露戦争の激戦地にもなぞらえられた分割民営化はスタートから波乱の連続だった。１９８７年（昭和62年）３月31日深夜、たまたま私は国鉄線に乗車していた。日付をまたいだとき、車掌が「日本国有鉄道はただいまをもってＪＲに生まれ変わりました」とアナウンスし、新生ＪＲに愛顧をたまわるよう挨拶した。乗り合わせた酔客が「さっきまで国鉄だったのに、民間企業ぶってるな」と独りごちていたことが忘れられない。鉄道を利用する側にも複雑な感情があっただろう。そして、分割民営化の裏には過酷な要員合理化があり、本州の路線を過度に重視する歪みがあったことは否定できない。こうした負の側面も総括し、よりよいＪＲ像を模索したいというのが本書の狙いである。

手応えを感じたのは、新聞連載と並行して、政府がローカル線の対策に本腰を入れ始めたことだ。乗客が少ない路線の再編を促す「地域公共交通の活性化及び再生に関する法律（地域交通法）」が２０２３年（令和５年）の通常国会で成立し、同年10月１日に施行された。沿線自治体や鉄道事業者からの要請を受け、国が鉄路の存廃を話し合う再構築協議会を設置できるようになった。斉藤鉄夫国土交通相は年頭の記者会見で、「本年を地域公共交通再構築元年とすべく、全力で取り組む」と宣言した。ローカル線は、廃線の報が広まるとにわかに脚光を浴び、ラストランに多くの鉄道ファンが集まるという皮肉な構図がつづいている。地域住民の貴重な交通手段をいかに残すか。あるいは、残せないのであればベターな選択肢は何なのか。この法律がどのように活用されていくかを見届けたい。

書籍化にあたり、中央公論新社の黒田剛史氏、上林達也氏、山田有紀氏には、最初の読者として適切なご指導をいただいた。深い謝意を表したい。

第1章に記したように、JRの誤算は想定をはるかに上回る地方の人口減少が契機だった。令和の現在から振り返れば凡庸な理由かもしれない。今に影を落としているのは、昭和の時代に多くの国民が夢想だにしなかった事態である。

JRの行く手を考えることは、人口減少に端を発する政策課題を考えることに等しい。鉄道に関心がある方々はもとより、人口減少社会を考えるうえで、多くの人たちに本書を手に取っていただければうれしく思う。

読売新聞東京本社経済部長　小野田徹史

JRは生《う》まれ変《か》われるか
——国鉄改革《こくてつかいかく》の功罪《こうざい》

2023年10月10日　初版発行
2023年12月15日　3版発行

著　者　読売新聞経済部《よみうりしんぶんけいざいぶ》

発行者　安 部 順 一

発行所　中央公論新社
〒100-8152　東京都千代田区大手町1-7-1
電話　販売 03-5299-1730　編集 03-5299-1740
URL https://www.chuko.co.jp/

DTP　今井明子
印　刷　図書印刷
製　本　大口製本印刷

Published by CHUOKORON-SHINSHA, INC.
Printed in Japan　ISBN978-4-12-005699-4　C0065
定価はカバーに表示してあります。
落丁本・乱丁本はお手数ですが小社販売部宛にお送りください。
送料小社負担にてお取り替えいたします。

既刊より

読売新聞経済部 著

検証 財界

中西経団連は日本型システムを変えられるか

ＩＴの発展やグローバル化は産業構造を大きく変えつつある。財界はどこへ向かうのか？　読売新聞に長期連載された大型企画の書籍化。経団連、旧財閥系グループ、就職活動、春闘、渋沢栄一の経営理念、株主総会、中小企業・地方経済、英ＥＵ離脱・対韓経済外交、業界団体など、多角的な視点から財界の現在を探る。

中央公論新社

既刊より

読売新聞大阪本社社会部 著

情報パンデミック
あなたを惑わすものの正体

米大統領選→コロナワクチン→ウクライナ侵攻、次々に連鎖していく陰謀論。誤情報をネットで流布する匿名の発信者を追い、デマに翻弄される人々の声を聞く――。高度化する〝嘘〟の裏側に迫るドキュメント。『読売新聞』長期連載「虚実のはざま」、待望の書籍化。

既刊より

読売新聞取材班 著

わいせつ教員の闇
教育現場で何が起きているのか

長年見過ごされてきた、教員から教え子へのわいせつ事案。近年、SNSを利用した教員・生徒間のコミュニケーションや、少子化によって生まれた「空き教室」の悪用などにより、被害者が増え続けている。現場で起きていることや、その深刻な被害の実態、そして、国会での「わいせつ教員対策新法」の成立までを追った——。

中公新書ラクレ